rowohlt
BERLIN

Leo Müller

Ackermanns Welt

Ein Tatsachenbericht

Rowohlt

1. Auflage September 2006

Lektorat Frank Strickstrock
Satz aus der Sabon PostScript (InDesign)
bei Pinkuin Satz und Datentechnik, Berlin
Druck und Bindung Clausen & Bosse, Leck
Printed in Germany
ISBN 13: 978 3 498 04505 0
ISBN 10: 3 498 04505 9

Dieses Buch ist meinen Töchtern
Sophia und Beatrice gewidmet

Inhalt

Die Ackermann AG

Anhang

Vorwort

Geld regiert die Welt. Und seine leitenden Angestellten liefern das Personal für unsere neuen Helden. Sie werden zu Superstars und sie setzen Regeln. Ihre Sprache wird von der Politik adaptiert, ihre Fragestellungen bestimmen die Forschungsziele unserer Wissenschaften, ihr Lebensstil prägt die Architektur unserer mondänen Innenstädte, ihre Reiseziele legen die Flugrouten unserer Fluggesellschaften fest. Und ihre Entscheidungen beschäftigen die Gerichte in einem Maße, wie dies die Justiz noch nie erlebte.

Daher ist es an der Zeit, den prominentesten Wirtschaftshelden der Deutschen zu beschreiben, die Menschen und das Denken in seinem Umfeld genauer zu beobachten. Josef Ackermann ist zum politischen Zankapfel geworden, glorifiziert von den einen, verachtet von den anderen. In diesem Buch soll seine Welt empirisch und nicht ideologisch untersucht werden, mit den Augen und Instrumenten eines Journalisten. Das Ergebnis ist ein Tatsachenbericht.

Erzählt werden bedeutsame und aufschlussreiche Episoden seines Lebens, die uns die Annäherung an seine Person ermöglichen. Untersucht werden die Bruchstellen in seinem Leben, die ihn veränderten. Beschrieben werden Persönlichkeiten, die ihn prägten wie das Jugendidol John F. Kennedy, sein Doktorvater Hans Christoph Binswanger, die Zürcher Bankierslegende Rainer E. Gut und der Mann, der ihn nach Frankfurt holte: Hilmar Kopper. Ebenfalls einen wichtigen Platz in Ackermanns Leben haben zwei junge Männer, die unterschiedlicher nicht sein könnten: der ihm unbekannt gebliebene Fotograf Oliver Berg, dessen Schnappschuss das Bild der Öffentlichkeit von Ackermann als «Mister Victory» prägte, und Axel Wieandt, der aufstrebende strategische Kopf der Deutschen Bank, der wichtigste Mann in der nachfolgenden Generation des Geldhauses.

Dies ist kein Konferenzprotokoll aus dem Leben des Chief Executive Officer Josef Ackermann, auch keine autorisierte Biographie, sondern der Versuch zu verstehen, welchem Pfad er folgte, als er vom ehrgeizigen Buben aus dem Sarganserland zum geachteten Schweizer Bankier aufstieg und schließlich den Thron des imperialen Konzernlenkers bestieg.

Ackermann hatte sich hohe persönliche Ziele gesetzt. «Sie können die Zukunft nicht gestalten, wenn Sie die Herkunft nicht berücksichtigen», sagte er und er wollte auf dem Weg nach oben integer bleiben. «Echt», wie er es nannte. Er spürte schon sehr früh, wie schwierig dies werden sollte. Als er 1993 mit 44 Jahren zum Präsidenten der Generaldirektion der Schweizerischen Kreditanstalt (SKA) ernannt wurde, der wohl wichtigste Schritt in seiner Karriere, reflektierte er öffentlich zum ersten – und zum letzten – Mal seine Selbstzweifel. «Bescheiden, offen, ehrlich, glaubwürdig», das waren seine Vorgaben, «große Stück» halte er darauf.

Er ahnte damals bereits, dass es auf dem weiteren Weg schwierig werden würde, seinen Grundwerten treu zu bleiben, die ihre Wurzeln in der ländlichen, traditionsbewussten und rechtschaffenen Bürgergesellschaft der Ostschweiz haben. Konnte er im Club der superreichen Leader noch «echt» sein, seinen Ansprüchen von einst genügen, ohne professionelle Deformationen und Blessuren überleben? Musste er alles verraten, an das er je geglaubt hat? Hat er gar im Höhenrausch die Balance verloren und die für uns alle geltenden Normen der Gesellschaft verletzt? Hat er wirklich «keinen ausreichenden Bezug mehr zu der Welt, in der wir leben», wie es Bundesrichter Klaus Tolksdorf im Revisionsverfahren des Mannesmann-Prozesses ausdrückte? Ist er in der Welt der global operierenden Managerkaste, die alle nationalen Fesseln abgeworfen hat, dem normalen Leben völlig entrückt?

Dies sind letztlich die Fragen, die nach dem Willen des Bundesgerichtshofes in aller Öffentlichkeit zu erörtern sind, denn um nichts anderes geht es in dieser Gerichtsverhandlung über einen prominenten Angeklagten. Die obersten Richter der Republik wiesen ihre Kollegen am Landgericht Düsseldorf an, den Beweis über die «subjektive Seite der Tatbegehung» zu erheben. Sie wollen ermittelt sehen, welche Beweggründe Josef Ackermann und seine Managerkollegen in Vorstand und Aufsichtsrat der Mannesmann AG hatten, als sie Abfindungen in Höhe von 57 Millionen Euro bewilligten. Die Richter sollen «alle in Betracht kommenden Vorstellungen und Motivationen» bei ihrem Tun erkunden, um endgültig über Schuld oder Unschuld zu urteilen.

Seitdem muss sich Josef Ackermann wieder als prominentester Angeklagter der Republik verantworten, als «Staatsfeind Nummer eins», wie er klagte. Und diesmal geht es nicht nur um aktienrechtliche Feinheiten, sondern um seine Persönlichkeit – stellvertretend für die ganze führende Riege der globalen Wirtschaft, um Ackermanns Welt also.

Josef Ackermann ist zweifelsohne eine tragische Gestalt des deutschen Wirtschaftslebens. Noch nie hat ein Manager den wichtigsten Posten des deutschen Wirtschaftslebens so lange und so trotzig besetzt, während er gleichzeitig der Gewalt des Staates die Stirn bieten musste. Seitdem Ackermann im Mai 2002 Vorstandssprecher der Deutschen Bank wurde, hat er jeden Tag in der Ungewissheit arbeiten müssen, ob ein Gericht ihn wegen schwerer Untreue bestraft, immerhin ein Delikt, für das Gefängnisstrafen bis zu zehn Jahren drohen. Ermittelt wurde gegen ihn schon, bevor ihm der Chefposten zugesprochen wurde. Anklage wurde nur neun Monate nach seinem Amtsantritt als Vorstandssprecher erhoben, und in der Zeit seiner Führung erlebte er nur einen einzigen Tag, an dem die Staatsmacht ihre Waffen ruhen ließ: den Tag der Urteilsverkündung im ersten Düsseldorfer Mannesmann-Verfahren. «Freispruch ist Freispruch», erwiderte Ackermann an diesem Tag den Journalisten, die ihn nach den kritischen Passagen der Landgerichtsentscheidung befragen wollten. Er brauchte Erholung, der Prozess hatte ihn Kraft gekostet, doch schon am nächsten

Tag legte die Staatsanwaltschaft Revision beim Bundesgerichtshof ein, und die bedrohliche Hängepartie hub von Neuem an.

«Auch das gehört zu meinem Job», bemerkte er einmal sarkastisch. Aber wie konnte Ackermann mit dieser Anspannung die Deutsche Bank führen? Als Mensch gewordene, immerwährende Unschuldsvermutung an der Macht – wie geht das? Woher nimmt er die Robustheit, um dies durchzustehen, ohne Schaden an Leib und Seele zu nehmen?

«Das professionell Übliche bietet keinen Maßstab für das normativ Richtige», schrieb der Generalbundesanwalt, als er die Revision des Mannesmann-Verfahrens forderte. Damit standen die üblichen Praktiken, Regeln und Gewohnheiten der neuen Führungselite zur Debatte; der oberste Ankläger der Republik wollte sie vor den Kadi bringen, und es ist ihm auch gelungen. Der Bundesgerichtshof hat sich seiner Auffassung angeschlossen und angeordnet, dass das Verfahren in der Sache Manager neu aufgerollt wird. Deshalb stehen die «Ackermänner», wie sie verächtlich von einem sozialdemokratischen Politiker in Berlin bezeichnet wurden, vor Gericht. Es geht darum, welche Werte gelten und welches Maß das richtige ist, auch wenn die Bundesrichter sich davor drückten zu erklären, wie viele Millionen sie für angemessen halten und wo die Grenze abzustecken wäre.

Aber wie kommt es, dass ausgerechnet Josef Ackermann, in dessen Erziehung jede Maßlosigkeit im Auftreten und Verhalten als Fehltritt galt, nun als Verschwender der Nation gebrandmarkt wird, dem das «Interesse der Aktionäre, der Arbeitnehmer oder der Öffentlichkeit» egal sei, wie der Bundesrichter kritisierte? Ackermann, der geldgetriebene, skrupellose Karrierist, um nichts anderes als die Aktiendepots seiner Managerkollegen besorgt?

«Eigentum verpflichtet», das ist die Vorgabe des deutschen Grundgesetzes. Ackermann hingegen berief sich im Mannesmann-Prozess auf die amerikanischen und schweizerischen Regeln des Wirtschaftslebens, und er muss nicht dazusagen, dass er sie für die besseren hält. Ist er tatsächlich so sehr vom Wirtschaftsstil der Amerikaner geprägt, oder ist es nicht vielmehr der liberale Geist der Zürcher Gründergeneration, der den unaufhaltsamen Aufstieg und dauerhaften Erfolg des Schweizer Finanzplatzes erklärt? Was ist seine Vision, und warum hat er das deutsche Publikum nicht vom helvetischen Modell begeistern können, das immerhin 150 Jahre ohne soziales Elend überstand?

Wie funktioniert sein Räderwerk der Geldmacht? Und wohin führt er die Deutsche Bank, Deutschlands markantesten Konzern in der Welt, und in wessen Hände wird er die Geschicke des Geldhauses legen? Was wird von seinem Werk bleiben? Und wie steht es wirklich um seine blendende Eigenkapitalrendite, die er im Frühjahr 2006 als Beweis seines Erfolges verkündet hat? Was verspricht und was hält diese Leistungskennzahl, wenn man den Taschenrechner in die Hand nimmt und sich die Mühe macht, die Zahlenreihen in seiner Bilanz nachzurechnen?

Um all das geht es in diesem Buch. Es bietet die persönliche Sichtweise eines recherchierenden, unabhängigen Journalisten, der sich um größtmögliche Nähe zu Person und Geschehen sowie um höchstmögliche Annäherung an die empirische Wahrheit bemüht. Es beruht hauptsächlich auf eigenen Recherchen, bereits veröffentlichten Aussagen, dem Studium aller verfügbaren Quellen und auf rund 80 Interviews mit Weggefährten, Freunden und Gegnern, Vorgesetzten und Untergebenen, Bilanzierungsexperten und Steuerfachleuten. In den meisten Fällen baten die Interviewpartner um Vertraulichkeit. Das journalistische Gebot des Informantenschutzes verlangt daher, dass ich ihnen für ihre Mitwirkung herzlich danke, ohne sie namentlich zu erwähnen. Frank Strickstrock vom Rowohlt Verlag danke ich für die kollegiale Betreuung des Manuskripts. Fehler und Fehleinschätzungen hingegen hat alleine der Autor zu verantworten.

Bei den Recherchen habe ich auf die Mitwirkung von Mediensprechern und Public-Relations-Agenten verzichtet. Sie beschönigen in der Regel die Verhältnisse, in wessen Auftrag auch immer. Eine Ausnahme muss erwähnt werden: Jörg Neef, angesehener Kommunikations- und Unternehmensberater in Zürich und in dieser Funktion immer wieder auch für Josef Ackermann tätig, stand für Gespräche über seine persönlichen Erlebnisse in den Jahren bei der Schweizerischen Kreditanstalt bereit. Neef war als Kollege während der ersten Jahre bei der Schweizerischen Kreditanstalt in New York und Zürich ein wichtiger Weggefährte Ackermanns. Ich danke ihm für offene Gespräche.

Ganz besonders danke ich Dr. Josef Ackermann, der mir für ein informatives Gespräch zur Verfügung stand, im Wissen darum, dass er keinerlei Einfluss auf das Ergebnis hatte.

Leo Müller
Zürich, im Juni 2006

«Um ihn scharten sich die Männer der hohen Finanz und Industrie, die ihre Nasen hoch trugen und in den feinen Genüssen des Lebens schwelgten – jene modernen Feudalherren, die bei nicht geringerem Appetit, als der ihrer Vorfahren auf den Schlössern war, sich den Anstrich von Wohltätern der Menschheit geben – dann auch solche, die in dieser Interessengemeinschaft die Chancen eigenen Vorwärtskommens erblickten: hungrige Professoren und Literaten aus aller Herren Länder, feile Zeitungsschreiber – selbstverständlich aber auch viele anständige Leute, welche sich in ihrer Ruhe und Lebensannehmlichkeit durch Herrn Escher besser bewahrt glaubten als durch dessen Gegner ...»

Der Luzerner Politiker Anton Philipp von Segesser über den Zürcher Bankier Alfred Escher, den Gründer der Schweizerischen Kreditanstalt, 1887.

Der Aufsteigende

Ackermanns Welt ist durch eine unscheinbare, aber undurchdringliche Panzerglaswand geschützt. Die Wand trennt das Foyer im Turm A der Frankfurter Taunusanlage, dem Sitz der Deutschen Bank, vom Inneren des Glaspalastes. Ackermanns Sicht auf das Foyer ist eingeschränkt. Umgekehrt ist der Außenwelt der Einblick in das Innere komplett versperrt.

Wer Ackermanns Welt betreten will, braucht ein Visum. Die freundliche Dame am Empfang stellt den Besucherpass aus. Dann öffnet sich die Glaswand. Der Mann von der Sicherheit übernimmt, ein durchtrainierter Krawattenträger wider Willen. Vorsorglich fragt er nach dem Doktortitel, während er den Gast im Schindler-Lift in die 32. Etage begleitet. Sein Anzug hat Beulen in der Hüftgegend, die zweifellos vom kleinkalibrigen Schießgerät herrühren. Die Erkundigung nach dem Titel hat er sich zur Routine gemacht. «Man fragt besser. Manche legen sehr viel Wert darauf.» Nicht, dass es ihm an Respekt fehlt, auch wenn es hin und wieder schwer fällt. «Letztens», sagt er, «letztens war eine Dame hier, die hatte so viele Titel, dass sie gar nicht mehr alle in die Namenszeile auf dem Besucherzettel passten. Aber sie bestand darauf, dass alle Titel ganz exakt eingetragen werden.»

Eine merkwürdige Welt hier. Dunkelblau livrierte Hostessen geleiten den Gast weiter zum Eckbüro, öffnen die doppelwandige Tür zum Heiligtum. In der Regel sind es Chefs oder auch einmal Chefinnen, die durch diese Tür schreiten. Was auch immer im Einzelnen auf den Visitenkarten der auswärtigen Besucher steht – Chief Executive Officer, Chief Financial Officer, Chief Global Counsel oder auch Vorstandsvorsitzender, Verwaltungsratspräsident und Vorsitzender des Aufsichtsrates –, sie gehören zu «denen da oben»: C-Level-Menschen. Und auch die Besucher sind Chefs, die aus ihren gewöhnlichen Büros in den beiden Zwillingstüren nach oben schweben, wenn ihnen dort in wichtiger Angelegenheit Einlass gewährt wird: Chief Risk Officer, Chief Logistics Manager zum Beispiel oder doch wenigstens Chef-Assistentinnen.

Das CEO-Büro: groß, offen, hell; ein Designerschreibtisch von schlichter Eleganz; ein Flatscreen, der Reuters-Meldungen und Börsenkurse in Echtzeit anzeigt; leichte Ledersessel, moderne Holzvertäfelung, ein dämpfender Teppich. Edel, aber nicht protzig. Macht muss hier nicht zur Schau gestellt werden. Jeder weiß, dass sie hier ist.

Josef Ackermann sitzt im Sessel, mal hellwach, mal erschöpft und ermüdet von Terminmarathon und Vielfliegerei. Aber jedes Mal scheint er seine Gäste in ein Gespräch zu ziehen, das Vertrauen schafft, ohne kumpelhaft zu wirken. Ackermann ist kein begnadeter Redner, aber im Zwiegespräch ist er ein Menschenfänger. Er sieht aus wie der beliebte Uniprofessor, der mit seinem Studenten die Themenvorschläge für die Examensarbeit durchgeht. Er wirkt robust, aber nicht bullig, ein Eins-achtzig-Mann, nicht hager, aber auch nicht korpulent. Es ist nicht vorstellbar, dass er cholerisch wird, jedoch ist er in der Lage, blitzschnell seine Position zu verteidigen. Er spielt das nicht für den Medienmenschen, den man gewöhnlich freundlich behandelt. «Das fällt ihm nicht schwer, es ist ihm einfach gegeben», erklärt ein Familienangehöriger. Alle Gesprächspartner sind beeindruckt von seiner Gelassenheit und von der Ruhe, die er ausstrahlt. Vielleicht lässt sich ihr Entzücken auch ein wenig damit erklären, dass ihre innere Uhr nach jeder Ackermann-Minute hundert Euro addiert, weil sie ja in unserer monetär gesteuerten Welt ganz genau wissen, wie viel der Mann den Aktionären wert ist.

Das ist also der arrogante Erzkapitalist mit den manischen Gewinnphantasien? Der Mann hinter Glas, ohne Bezug zu unserer Welt? Wie kommt es, dass dieser Manager, der so ungewohnt aufmerksam wirkt, «die Sensibilitäten Deutschlands eindeutig unterschätzt» hat, wie er es selbst ausdrückt, als er sich wegen der Millionenabfindungen im Mannesmann-Prozess zu verantworten hatte?

Ackermann sucht nach Erklärungen dafür, dass er sich heute in der Buhmann-Rolle wiederfindet. Er sucht nach Gründen für sein «Kommunikationsproblem», wie die Manager es nennen: Er war die ersten Jahre ja praktisch gar nicht in Deutschland, sondern permanent im Ausland unterwegs. Er hatte gar keine Zeit, um ein Gefühl für die deutsche Seele zu entwickeln. Er war abgeschreckt durch zweifelhafte PR-Berater, die unseriöse Dienstleistungen anboten und sein Misstrauen gegen das Public-Relations-Geschäft schürten. Er wollte sich in seinen ersten Frankfurter Jahren nicht in Szene setzen, um dem Vorstandssprecher Rolf-Ernst Breuer nicht in den Rücken zu fallen.

Aber er sagt nicht: Ich habe einen großen Fehler gemacht. Eingeständnisse dieser Art kann sich ein imperialer CEO nicht leisten. Ein Ackermann muss immer auf Sieg gepolt sein. Schließlich erhält er unfassbar viel Geld dafür, dass er alles richtig macht: 11,9 Millionen im Jahr, 7000 Euro pro Arbeitsstunde. Jedes Sündenbekenntnis könnte die Aktienkurse stürzen lassen und seinen Konkurrenten einen Vorsprung verschaffen. Kein Schnitzer geht durch, kein Fauxpas ist erlaubt. Das schuldet er seinen Aktionären. Wie schwer muss der Druck des Mammons auf diesem Menschen lasten, dem Pflichtbewusstsein, Ehrlichkeit, Bescheidenheit und Glaubwürdigkeit als wichtige Tugenden gelten.

Anständig wollte er auf dem Weg nach oben bleiben, in jeder Lage. Aber was ist Anstand in einer Welt, in der man – von wenigen Assistenten einmal abgesehen – nur noch von Millionären, Multimillionären und Milliardären umgeben ist? Welche Regeln gelten hier und welche Maßstäbe? Irgendwann hielt es der geradlinige Josef Ackermann für anständig, dass sein Geldhaus einem erfolglosen amerikanischen Bankier 100 Millionen US-Dollar hinterher warf, einem schneidigen deutschen Konzernchef nebst den üblichen Abfindungen mit Chauffeur, Büro und Sekretärin 30 Extra-Millionen in Mark gönnte und einem Aufsichtsratschef, dem keine einzige Mark zustand, auch noch einen dringlichen Wunsch erfüllte, der sechs Milliönchen kostete. Der Jurist denkt über Anstand womöglich anders, der sprichwörtliche Mann – oder die Frau – auf der Straße hat wieder einen eigenen Begriff davon. Man muss nicht von Hartz IV leben, um in den Prämienzahlungen bei dem Mannesmann-Vodafone-Deal einen Hauch von Korruption und Perversion wahrzunehmen, selbst wenn alles legal gewesen sein sollte. Es ist eben alles relativ. So denkt zum Beispiel Wirtschaftsanwalt Gerd Krieger, der damals Mannesmann beraten hatte: «Der Bundesgerichtshof hat es unmöglich gemacht, dass sich ein Aufsichtsrat gegenüber einem Vorstandsmitglied anständig verhält.»

Macht korrumpiert. Das gilt immer noch, und es ist schwer, sich dagegen zu stemmen. Ackermann tut es bis heute, er ist keineswegs die Art Manager, deren Devise «Friends and Family First» lautet. Bei ihm weht auch nicht ein Hauch von Vetternwirtschaft. Niemand kommt bei Ackermann mit «Vitamin B» durch. Keiner seiner alten Freunde wurde mit Aufträgen bedacht, das widerspräche seinen Regeln.

Geld pervertiert. Dieser Satz charakterisiert das Schicksal der allmächtigen Führungsleute viel besser. Sie gebieten über wahrlich gewaltige Konzernimperien. Sie entscheiden täglich über Milliardentransaktionen, und wenn sie Fehler machen, können diese ebenfalls in kürzester Zeit Milliardenverluste auslösen. 411 000 Aktionäre, 16 Millionen Kunden, 6300 Mitarbeiter in 73 Ländern – das ist Ackermanns Weltreich. Allein während er schläft, macht seine Deutsche Bank 35 Millionen Euro Umsatz – jede Nacht.

Machtfülle erfährt Ackermann in seinem Büro schon durch den täglichen Ausblick. Die Fenster reichen bis zum Boden und geben den Blick über die Mainmetropole frei. So wie einst die Burgherren auf die Dächer der einfachen Leute herabschauten und das Volk weit unten in den Gassen, so liegen ihm die kleineren Bankentürme und Bürohäuser ringsum zu Füßen:

die BHF-Bank, das Deka-Gebäude, die GZ-Bank und die Citibank-Filiale.

Aber architektonische Größe ist relativ und vergänglich. Mit 155 Metern und 40 bzw. 38 Stockwerken sind die gläsernen Zwillingstürme der Deutsch-Banker, im Volksmund «Soll und Haben» genannt, gerade einmal einen Meter höher als das alte Hauptquartier der Vereinten Nationen in New York – aber nicht einmal halb so hoch wie der imposante Tower der Bank of China in Hongkong. Und selbst in Frankfurt haben die Wolkenkratzer der Deutschen Bank architektonische Konkurrenz erhalten: die Commerzbank, die Dresdner, Messeturm, Maintower und Marriott-Hotel.

Die Konferenzzimmer, auch der Versammlungssaal des Aufsichtsrates, befinden sich in den oberen Etagen. Hier haben die Leute von der hauseigenen Kunststiftung offenbar an den Chef gedacht, als sie die Wände schmückten. Sie wählten fotografische Werke von Ernst Ludwig Kirchner (1880–1938), dem deutschen Expressionisten, der in den Bündner Bergen seine letzten Jahrzehnte verbrachte: markante Porträts des Berliner Schriftstellers Alfred Döblin und des Bündner Knechtes Franz Scherrer. Oder eine Lithographie vom Schweizer Paul Klee mit dem Titel «Der Seiltänzer». In den Sitzungszimmern der 34. Etage servieren Kellner in weißer Livree. Eine Menükarte am Empfangstisch präsentiert das Mittagsgericht, das der Chefkoch für die Chefs zubereitet hat. Hier oben haben sie ihre eigene «Kantine».

Wenn er nicht gerade in der Welt unterwegs ist, trifft Josef Ackermann morgens gegen acht im Büro ein und bleibt gewöhnlich bis um 20 Uhr. Wenn ein Arbeitsessen auf der Agenda steht, dauert es bis 22 Uhr. Zu Hause in seiner Frankfurter Wohnung studiert er noch Akten. Sein Morgen beginnt wie bei allen Büromenschen mit der schnellen Zeitungslektüre. Er liest die *Financial Times*, die *Neue Zürcher* und die *Frankfurter Allgemeine*. Seine Public-Relations-Leute versorgen ihn zudem mit einer Auswahl frisch Gedrucktem über seine Bank, die Konkurrenten und seine Person. In Zeiten, in denen diese Lektüre für ihn einer masochistischen Grausamkeit gleichkam, orientierte er sich am Beispiel der ehemaligen britischen Premierministerin Margaret Thatcher: Wegschauen, Ignorieren, Verdrängen.

In einem durchschnittlichen Monat stehen auf seinem Reiseprogramm Termine in London, Berlin, New York, Zürich, Riad, Ontario, München sowie eine Tour durch China und ein Trip an die amerikanische Westküste. Er reist gerne, schon seit Jugendjahren, das macht es erträglicher. Und er trifft liebend gerne die Mächtigen der Welt. Das ist sein *thrill*. Er fliegt mit gemietetem Fluggerät von Netjets, einem Charterflugunternehmen mit 45 Langstreckenfliegern, das von vielen Unternehmern, Managern und wohlhabenden Privatpersonen genutzt wird und dem amerikanischen Großinvestor Warren Buffett gehört. Ackermann gehört zur Kaste der professionellen Reise-Junkies, wie viele seiner Managerkollegen. Globale Mobilität ist ihr Alltag, das fliegende Büro ihr Leben, die unwirtliche Welt der Flughäfen ihre zweite Heimat.

Die Konstante im Nomadenleben des Hochfrequenz-Travellers Josef Ackermann ist eine große schwarze Reisebrieftasche im Flugticketformat. Darin stecken Noten in allen benötigten Währungen: ein 50-Franken-Schein und ein Zehner aus der Heimat, etliche britische Pfund und US-Dollar und rund 200 Euro. Bargeldlos kommt er mit ganz normalen Kreditkarten und mit der Senatorkarte von der Lufthansa voran, die ihm als ehemaligem Aufsichtsrat des Flugunternehmens zusteht. «Ich will keine Platinum- oder sonst welche Extrakarten. Da bleibe ich lieber bodenständig», sagt Ackermann. Und so absurd dies in seiner Gehaltsklasse erscheinen mag, es ist ihm offensichtlich ein Anliegen. Er möchte nicht abgehoben wirken, nichts scheint ihm mehr zuwider, als öffentlich das Bild eines Geldsacks zu vermitteln. Manchmal fühlt er sich immer noch als der Bub aus dem Sarganserland, der sein erstes Geld mit dem Verkauf von Maikäfern machte. Protzerei ist ihm ein Gräuel. «Ich gehe nicht gerne in Länder, wo ich die Armut auf der Straße sehe. Und dahinter die großen Paläste. Das ist mir absolut zuwider», sagt er.

Ackermann mit den Schönen und Reichen an der Reling einer Superyacht, Handy in der Rechten, Zigarre in der Linken – dieses Bild ist undenkbar, derlei Allüren kennen wir von ihm nicht. Er geht gerne ins Schauspielhaus, aber die Gier nach Glamour oder öffentlicher Zurschaustellung ist ihm fremd. Wenn er mit seiner Frau Pirkko das Zürcher Opernhaus besucht, parkt er den Wagen klammheimlich auf dem Tiefgaragenplatz eines Freundes in einem benachbarten Bürohaus. «Wenn die Gesellschaftsfotografen warten, stehe ich nicht vorne an.»

Ein gewöhnlicher Multimillionär

«Ich bin kein Mensch des Luxus», sagt Ackermann. Dennoch ist sein Leben so wenig alltäglich wie das von David Beckham. Ackermanns Volksnähe beschränkt sich auf die Alltagsbesorgungen im Frankfurter Westend, wenn der häusliche Kühlschrank gefüllt werden muss. Was eine «Supercard» ist, weiß er nicht. Demnach wurde ihm in seiner Heimat Zürich noch nicht so oft die Frage entgegengeschmettert, von der kein Kunde an den Kassen der Schweizer Coop-Genossenschaftsmärkte verschont bleibt: «Haben Sie eine SSSuppercaaard?» Die allgegenwärtige Rabattkarte zählt mit der «Cumuluskarte» von der konkurrierenden Migros-Genossenschaft sozusagen zum eidgenössischen Volksgut.

Nach Zürich, zur Familie, fährt ihn sein Chauffeur in der gepanzerten Limousine; freitags, wenn er nicht zu Bankenkongressen oder Wochenend-Meetings jetten muss. Diese Freitage sind selten, etwa alle sechs Wochen darf er sich darauf freuen. Dann sitzt der Wochenendheimfahrer gute drei Stunden lang im Fond, mit Akten auf dem Schoß und den Männern von der Sicherheit im Schlepptau, und das ist alles andere als aufregend.

Zu Hause am Südhang des Adlisberges wohnt er mit Frau

und Tochter im modernen, luftigen Haus mit Blick auf Stadt, See und Berge. Er könnte sich ein imposanteres Domizil leisten, doch er pflegt auch in dieser Frage gut schweizerisches Understatement. Ackermann geizt nicht, aber er ist auch kein Verschwender, mit Blick auf manche seine Managerkollegen wirkt er fast schon spießig normal. Er wird nicht von den Moneten getrieben, wie viele seiner Kollegen, die kein Symbol des Reichtums missen wollen: Privatjets, Paläste, Powerboote und Trophäen auf High Heels. Er könnte längst in eine steuergünstigere Gemeinde umgezogen sein, wie es ihm so viele geldgierige Geizhälse vormachen, die treffsicher ihre Villen an den Orten mit den günstigsten Steuertarifen erbauen lassen – eine helvetische Spezialität, denn hier herrscht zwischen den Kommunen der Steuerdumping-Wettbewerb. Ackermann hingegen möchte auch in dieser Frage keinen Anstoß erregen, er bleibt Bürger der Stadt Zürich.

Ein Porsche in der Garage, ein Steinway-Flügel im Wohnzimmer, ein gutes Glas Bordeaux im Restaurant, das ist sein unauffälliger Luxus. Aus dem Feriendomizil im Tessin, idyllisch im Centovalli gelegen, macht er indessen ebenso wenig ein Geheimnis wie aus der New Yorker Wohnung im Apartment-Tower des Museum of Modern Art (Moma) und aus dem Apartment in London.

Ehefrau Pirkko und die erwachsene Tochter Catherine sind sein größtes Kapital, nicht das Geld, das er mit nach Hause nimmt. Pirkko kümmert sich zu Hause ums geordnete Geldausgeben. Nein, nicht wie manche denken mögen, beim Shopping und auf Schicki-Micki-Meetings, sondern beim Sortieren und Bearbeiten der täglichen Bittstellerpost. Das überschüssige Geld will sorgsam verteilt sein, schlichte Schnorrer müssen von unterstützenswürdigen Projekten getrennt werden. Mäzenatentum ist eine zeitaufwendige Beschäftigung.

Das emotionale Kapital, so erzählen es seine Freunde, ist das wirklich stabile Gut in seinem Leben. Die Heirat mit der Finnin Pirkko Mölsä, die aus bürgerlichen Verhältnissen stammt wie er, war sein ganz privates Gegenmodell zum Geldadel, und sie begleitet ihn oft auf seinen Reisen. Sie ist unverstellt, geradlinig, natürlich und bald dreißig Jahre an seiner Seite. Die Volkswirtin erscheint nur selten in den bunten Gazetten mit den vielen Society-Bildchen. Sie kann immer noch unerkannt über die Straße gehen. An der Zürcher Bahnhofstraße grüßt sie lauthals quer über den Boulevard, wenn sie Freunde erblickt, was von den großbürgerlichen Einheimischen schon beinahe als proletarisch wahrgenommen wird. Im Fernsehinterview sagte er über seine Liebste: «Ich habe eine Frau, die mich konstruktiv-kritisch begleitet. Egal, wo wir hingehen, wo wir Urlaub machen, was wir uns leisten – wir fragen uns immer: Ist das richtig? Ist das etwas, was man nach außen zeigen kann?»

Die erwachsene Tochter hält sich von seiner Zahlenwelt fern, sie wählte bewusst ein musisches Studium, das Gegenprogramm. Seine Brüder wie seine Eltern trifft er häufiger, als dies in einem CEO-Terminkalender vermutet wird. Mutter und Vater gehen auf die neunzig zu, und er erzählt, dass sie stolz auf ihn sind und seine Taten wie auch seine Untaten genau verfolgen: «Wenn ich zum Beispiel etwas Schlechtes tue, dann ruft mich meine Mutter an und sagt: ‹Das war nicht gut. Das hättest du nicht tun oder sagen dürfen.›»

Wenn er die Alten im Sarganserland aufsucht, die Schulkameraden im Bündnerland zum Weihnachtsessen trifft und die Kameraden vom Militär beim Umtrunk sieht, dann ist er wieder der «Sepp» von der Kantonsschule Chur und der «Joe» vom Artillerie-Regiment. Und es fällt auf, dass er sich dafür mehr Zeit nimmt als so mancher Mittelklasse-Manager. Er braucht offenbar diese «echten» Menschen, womöglich dringender als den Luxus.

Umgeben ist er aber auch in Zürich von den anderen. Nebenan wohnt sein Freund Walter Kielholz, der Verwaltungsratspräsident der Credit-Suisse-Gruppe, ein Aufsteiger aus einfachen Verhältnissen. Zusammen haben sie sich ihre Häuser dort bauen lassen, nachdem sie ihre ersten erfolgreichen Jahre bei der Kreditanstalt hinter sich hatten. Einen Steinwurf entfernt liegt das Areal des privaten Dolder Golf Club, der 2007 sein hundertjähriges Bestehen feiert. Wenige Schritte weiter steht das prächtige Grandhotel Dolder, das gerade nach den Plänen des Londoner Stararchitekten Sir Norman Foster renoviert wird. Die Baukosten von rund 400 Millionen Franken zahlt der Zürcher Besitzer Urs Schwarzenbach, der seine Milliarden im kreativen Devisenhandel gemacht hat und zu den verschwenderischsten Zeitgenossen der Welt gehört. Ackermanns Nachbarn, die ihre Villen um den Hügel herum erbaut haben, zählen in den Bankhäusern der Bahnhofstraße zur besten Kundschaft, auch sie gehören zweifelsfrei im Jargon der Banker zu der Kategorie der «High Net Worth Individuals», den HNWIs, zu jener Spezies, die über mehr als eine Million US-Dollar flüssige Geldmittel verfügt. Etliche sind sogar in den Listen der 300 Reichsten des Landes verzeichnet, die alljährlich vom Schweizer Wirtschaftsmagazin *Bilanz* über jene Zeitgenossen erstellt werden, die mehr als hundert Millionen Franken Vermögen ihr Eigen nennen.

Ackermann rangiert auf dieser Liste in der niedrigsten Kategorie derer zwischen 100 und 200 Millionen Franken, und er bestätigt: es sind mehr als hundert. Er gehört somit zum unteren Dutzend dieser geschlossenen Gesellschaft. Ein gewöhnlicher Multimillionär. Auch Reichtum ist eben relativ.

Josef Ackermann verdiente im Jahr 2005 rund 11,9 Millionen Euro, ein ordentliches Sümmchen, sollte man denken. Aber unter seinen Investmentbankern befindet sich ein gutes Dutzend Manager, die noch mehr einsteckten. Manche davon, so wird gemunkelt, kassieren ein Vielfaches von Ackermanns Gehalt. Und nach einem Blick auf die Lohntabellen der Hedge-Fonds-Branche könnte ihm sein Chefgehalt wie die sprichwörtlichen Peanuts erscheinen: Im Schnitt strichen die 26 bestverdienenden Hedge-Fonds-Manager im selben Jahr 363 Millionen US-Dollar ein. 1,5 Milliarden US-Dollar – kein Schreibfehler – nahm James Simons von der Fondsfirma Renaissance Technologies Fund mit nach Hause – umgerechnet 1,178 Milliarden Euro. Im

Jahr 2002 mussten die Hedge-Fonds-Manager mindestens 30 Millionen US-Dollar verdienen, um auf die imposante Liste der Zeitschrift *Alpha* vom Finanzinformationsdienst *Institutional Investor* zu gelangen. 2005 lag das Eintrittsgehalt, um unter den 25 Teuersten genannt zu werden, bereits bei 130 Millionen US-Dollar.

Das reiche Zürich bleibt Ackermanns Orientierungspunkt: wirtschaftsliberal, global denkend, multikulturell, in der Finanzwelt führend. Hier glauben die Bankiers noch, dass die Leute es zu schätzen wissen, wie viel sie ihnen bringen: Arbeitsplätze, Steuereinnahmen, Wirtschaftskraft. Hier wähnen sich Multimillionäre und Milliardäre noch in einer geschützten, neidfreien Zone, aber auch hier bröckelt die Front der Marktenthusiasten – sogar im Unternehmerlager.

Zürich, London, New York, Frankfurt – in Ackermanns globaler Welt tickt eine andere Uhr, und es sieht vordergründig so aus, als bewege er sich in einem unendlich weiten Kosmos. Sieht man genauer hin, so offenbart sich eher eine kleine, begrenzte, in sich geschlossene Welt, in der die Geldmanager der Finanzindustrie an einer rotierenden Ultrazentrifuge sitzen, um mit immer höherer Drehzahl gewaltige Geldmengen in Umlauf zu bringen, permanent neu zu platzieren und zu vermehren.

Die Gesellschaft staunt und sucht plötzlich nach Erklärungen. Der böse Vergleich mit den «Heuschrecken» war ein Versuch. Bis vor wenigen Jahren haben Romanciers, Dramatiker und Historiker das Leben und Wirken der Manager kaum beachtet. In der Boomphase der neunziger Jahre erhoben dann viele Wirtschaftsjournalisten mit Jubelporträts selbstverliebte Konzernbosse zu Superhelden und bemächtigten sich dabei eines Tonfalles, der eher in Teen-Magazine als in Finanzjournale passte. Wirtschafts- und Börsenthemen wurden plötzlich Mainstream-Themen; jeder sollte mitreden, jeder mitmachen können. Firmenlogos und die Namen von Spitzenmanagern wurden vom Spezialwissen zum Allgemeingut. Als das neue Jahrhundert sich mit dem Platzen der Internetblase ankündigte, schrieben sie ihre «Manager des Jahres» nieder. Aber sie standen immer noch auf der neugeschaffenen Bühne. Und plötzlich entdeckten selbst konservative, an sich wirtschaftsfreundliche Politiker ein neues Feindbild in der Managerkaste – die (zumindest nominal) ein Vielfaches der Politiker verdient.

Inzwischen hat die Debatte um die Manager selbst das höchste deutsche Staatsamt erreicht. Bundespräsident Horst Köhler, wahrlich kein Feind der wirtschaftlichen Führungseliten, bezeichnete es im Mai auf dem Kongress des Deutschen Gewerkschaftsbundes als «ganz verquer, wenn immense Vorstandsgehälter mit einem gestiegenen Shareholder Value begründet werden, der auf Lohnzurückhaltung und Entlassungen beruht». Es sei ihm bewusst, «wie schwer es ist, Arbeitnehmern Mäßigung und Lohnzurückhaltung zu empfehlen, wenn andere gerade kein Maß mehr zu kennen scheinen».

Und in Ackermanns Heimat entzweit die Debatte die Spitzen der Wirtschaftsverbände. Der Unternehmerverband der schweizerischen Maschinen-Industrie «Swissmem» will aus dem Wirtschaftsdachverband Economiesuisse austreten. Ein Grund sind die exorbitanten Managergehälter in der dominierenden Finanzindustrie. «Lohnexzesse von Managern finden in der Schweiz keine Akzeptanz», sagt selbst Economiesuisse-Präsident Ueli Forster. Auch der abtretende Schweizer Arbeitgeberverbandspräsident Peter Hasler ist besorgt: «Gemeinschaftssinn, Solidarität, Verantwortlichkeit für andere, Bescheidenheit, Zuverlässigkeit, diese Werte gehen mehr und mehr verloren.» Deutlich distanzierte er sich von der schnoddrigen Art, mit der manche Bankiers ihre Saläre verteidigten. «Wenn die ganze Bevölkerung permanent über dieses Thema redet, ist es doch nicht populistisch, wenn man das Thema aufgreift. Die Betroffenen müssen sich dieser Diskussion stellen. Dafür sind sie Chefs ihres Unternehmens.»

Es sind getrennte Welten. Hier das Volk der Normalverdiener und der Gutverdiener, von Staat und Fiskus mit steigenden Abgaben aller Art gebeutelt, deren Reallöhne in Deutschland seit zehn Jahren sinken und damit innerhalb der europäischen Vergleichsgruppe das Schlusslicht bilden. (Und deren Reallöhne selbst unter den «reichen» Schweizern trotz besserer Wirtschaftslage um 0,2 Prozent zurückgingen.) Es ist die «besorgte Klasse», wie Robert Reich diese Mittelschicht bezeichnete, bevor er US-Arbeitsminister wurde.

Und dort der kleine Club der global operierenden Topmanager, deren Saläre ins Astronomische wachsen, einzig und allein getragen von den Großaktionären, die gelassen zuschauen können, wie ihre Milliardenvermögen nahezu krisenfest alle Stürme des Wirtschaftslebens überstehen und Jahr für Jahr um rund acht Prozent wachsen. Eine Art elitäre Parallelgesellschaft, eine sozial und weltanschaulich homogene Gruppe, die sich von der Mehrheitsgesellschaft stigmatisiert fühlt und sich zugleich durch abweichendes Verhalten und ihr eigensinniges Ordnungsgerüst selbst isoliert. Ackermann stieg aus der ersten Welt in diese auf. In ihr ist er nun zu Hause.

Zürich, im November 2005. Im Zunfthaus zur Meisen. In dem prunkvollen Rokokopalast aus Zürichs Glanzzeit ist Josef Ackermann zum Lunchvortrag geladen. Er spricht über die Industrialisierung des Bankgeschäfts, über die Konkurrenz der US-Banken, über alternde Heimatmärkte und die strategische Antwort der Europäer. Für Ackermanns Auftritt ein perfekter Rahmen. Er kommt gerne ins Haus der traditionsbewussten Meisenzunft, hier haben schon die Queen, Winston Churchill und Jimmy Carter diniert, und er selbst wurde hier vor zehn Jahren als «Zoifter» aufgenommen. Im großen Zunftsaal haben Mitglieder des Zürcher «Efficiency-Clubs» Platz genommen, einer alteingesessenen Unternehmervereinigung. Der Medienmanager eines stadtbekannten Milliardärs moderiert die Diskussion. Ein Wirtschaftsredakteur stellt eine Frage nach den Aussichten des Mannesmann-Verfahrens. Denn Ackermann wartete wie das Publikum zu der Zeit auf die Urteilsverkündung zur Revisionsentscheidung des Bundesgerichtshofes in Karlsruhe. Der Journalist fragt bloß, was sich alle fragen, doch die Reaktion ist bemerkenswert. Ein Raunen geht ob dieser Taktlosigkeit durch den Saal. Buhrufe erschallen.

Im April 2006, eine ganz gewöhnliche Familienfeier im Rheinland. Der Bürgermeister einer Kleinstadt hat an der Mittagstafel Platz genommen und auch der Pfarrer ist gekommen. Beim Thema Ackermann sind sich alle einig. «So ein arroganter Kerl», schimpft der christdemokratische Lokalpolitiker. Er bezieht sein Bild von Ackermann aus dem Fernsehen. Solche Leute würden ihm das Leben schwer machen, die Diskussionen mit Bürgern, politischen Gegnern und Freunden erschweren. «Das Menschenbild stimmt nicht mehr, die Maßstäbe sind verrutscht», kommentiert der Geistliche, und er hat die gewaltigen Bezüge des Chefs der Deutschen Bank im Sinn. An den deutschen Stammtischen, in Parteilokalen wie in Redaktionsstuben und auch in den Chefbüros mittelständischer Unternehmer gilt oft als ausgemacht: Ackermann ist arrogant, Ackermann ist abgehoben, Ackermann ist maßlos. Ein «sozialer Autist», schimpft der Gewerkschaftsboss, «unbelehrbarer Ignorant», schrieb der *Stern*. «Muss ein Herr Ackermann zwölf Millionen Euro verdienen?», fragt Norbert Blüm, pensioniertes Sozialgewissen der deutschen Christdemokratie, und liefert die Antwort gleich mit: «Das ist nicht Gerechtigkeit, das ist Diebstahl.»

Nur zaghaft und selten melden sich einige andere Stimmen zu Wort, es sind in der Regel die jungen Erfolgreichen der Gesellschaft oder die Menschen aus der Finanz. «Das ist eine Neid-Debatte», sagen sie. «Ackermann hat die Deutsche Bank nach vorne gebracht», bemerken sie. «Er macht einen sehr guten Job», lobt Henry Kravis, Mitgründer der Beteiligungsgesellschaft KKR, eine Koryphäe aus dem Schwarm der «Heuschrecken». Björn Johansson, ein Freund und Studienkollege Ackermanns, Headhunter von Profession, zeichnet das definitive Gegenbild: «Er ist bodenständig, menschlich integer und er hat ein Herz. Er ist klar, überzeugend, strebsam, souverän, kommunikativ und zielgerichtet. Er hat immer Zeit, er hat Stil und er hat Humor.»

Ackermann entzweit. Selten hat ein Wirtschaftslenker in Deutschland so sehr das Volk gegen sich aufgebracht. Kaum einer hat es gewagt, im gleichen Atemzug glänzende Profite zu vermelden und derartig schnörkellos einen gravierenden Personalabbau zu verkünden. Kaum einer ist auf Anhieb und ohne viel Federlesens so einhellig zum Buhmann der Nation erkoren worden wie er. Eine einzige Momentaufnahme genügte dem Publikum als Beleg, nicht mehr als eine Hundertstelsekunde, die von der digitalen Spiegelreflexkamera eines Fotoreporters aufgenommen wurde.

Das Bild, am ersten Prozesstag des Mannesmann-Verfahrens im Düsseldorfer Landgericht eingefangen, wurde vom Publikum bereitwillig als geschmacklose Geste interpretiert, als Beweis der respektlosen Arroganz des Mächtigen, der nicht einmal vor dem Strafgericht Achtung zeigt. Der Schnappschuss wurde tausendfach in der Medienwelt verbreitet, als Symbolbild einer gierigen, taktlosen Führungskaste rund um den Globus von Zeitungen, Fernsehsendern und Online-Redaktionen publiziert.

Der Manager als Projektionsfläche für die Wünsche, Sehnsüchte und auch Ressentiments des Publikums – das ist neu. Bisher war dies Sportlern, Künstlern und Politikern vorbehalten, die sich in dieser Rolle auch anboten. Bei den Wirtschaftsführern ist es anders. Die meisten, und ganz sicher Ackermann, würden am liebsten weiter im Verborgenen wirken. Doch damit ist es seit der Popularisierung von Wirtschaftsthemen vor der Jahrhundertwende vorbei. Und die Manager haben eher schlechte Karten, in ihrer öffentlichen Rolle die Gunst des Publikums zu erringen. Abgesehen davon, dass sie – anders als Schauspieler, Politiker und inzwischen sogar Fußballer – nicht so genau wissen, wie das geht, hat sich im Publikum herumgesprochen, dass Massenarbeitslosigkeit auch etwas mit dem Wirken der neuen Managergeneration zu tun haben könnte. Dass Ludwig Erhards «Wohlstand für alle» längst nicht mehr an der Spitze der Agenda steht. Dass ihre Eliten die kalte

Schulter zeigen und für ihre Probleme keine Lösungen mehr anbieten: bei Arbeit, Steuern, Gesundheitskosten und Bildung. Sie klopfen an die Panzerglasscheibe und begehren auch hier Einblick in das Innere. Als Ackermann aus seinem Frankfurter Turm in einen Düsseldorfer Gerichtssaal herabsteigen musste, öffnete sich ihnen ein kleines Fenster zur Beobachtung der Mächtigen. Denn Justizfälle sind Aufklärungsveranstaltungen; sie enthüllen Praktiken, Methoden und Techniken, die sonst verborgen und geheim bleiben.

Das Publikum sehnt sich plötzlich nach einem politischen Chef der Deutschen Bank, der am gesellschaftlichen Diskurs teilnimmt, einem wie Alfred Herrhausen. Und in der Tat macht sich Ackermann in dieser Disziplin rar. Er müsste nicht den Weltphilosophen geben, auch nicht ins Talkshow-Business abtauchen und auch keine parteipolitischen Ratschläge geben. Aber er hat versäumt, den Deutschen sein helvetisches Wirtschaftsmodell zu erklären. Sie wollen neuerdings wissen, wie einer zu seiner Verantwortung steht. Gesucht wird der Gegentypus zum kommerzgetriebenen Banker, wie ihn einst der Herrhausen-Biograph Dieter Balkhausen charakterisierte: «Sie schauen nur auf ihre Mäuse und sind sehr beredt darin, Politiker und Gewerkschafter für Fehlentwicklungen verantwortlich zu machen.» Aber wie soll sich ein Bankchef einmischen, der seit vier Jahren mit dem Verdacht belastet ist, eine schwere Straftat begangen zu haben? Gesellschaftlich ist Josef Ackermann einstweilen ein gefesselter Riese.

Frankfurt, London, New York, Zürich: Von allen Orten in Ackermanns Welt ist Zürich, die Schweiz, der einzige, an dem der Aufsteiger es noch vermag, sich zwischen beiden Welten zu bewegen: der, aus der er kommt und der, in die er hineingewachsen ist. Dass er anständig bleiben möchte und bodenständig, ist alles andere als leeres Gerede. Es ist angesichts der vielen unterschiedlichen Ackermann-Bilder, des Publikums, der Finanzwelt und des eigenen Selbst womöglich überlebenswichtig. Woran soll man sich halten, wenn man schon einmal in einen neuen Wertekosmos eingetaucht ist und die Relativität allen Seins und aller Moral erfahren hat? In dem globalen Milliarden-Kosmos kann man sich auf Dauer nämlich nicht bewegen, ohne sich auf die Regeln und Erwartungen einzulassen, die es an seine Akteure heranträgt. Und manche dieser Regeln sind vom Common Sense sehr weit entfernt.

Ackermanns Leichtigkeit, die alle in Zürich erlebten, ist in Frankfurt einer strengen Selbstbeherrschung gewichen. Die selbstgewisse Unbeschwertheit, die er als Schüler wie als Student an den Tag legte, in der er seine ersten Berufsjahre bis zum Generaldirektor der Schweizerischen Kreditanstalt absolvierte und die ihn selbst über die erste große berufliche Krise hinwegtrug, als er 1996 seinem Mentor und Förderer Rainer E. Gut, dem damaligen Verwaltungsratspräsidenten der Kreditanstalt, die Kündigung überreichte – sie ist verflogen. Geblieben ist seine Beharrlichkeit und auch jene Kompromisslosigkeit, mit der er Ziele verfolgt, von denen er einmal überzeugt ist. Josef Ackermann ist längst so unerreichbar geworden wie seine titanischen CEO-Kollegen in den Großkonzernen. Ein Zupfen an der Krawatte, ein kategorischer Satz, und seine Gesprächspartner wissen sofort, was die Stunde geschlagen hat. Und natürlich ist er auch mit jener machiavellistischen Intelligenz ausgestattet, die vorausgesetzt wird, um bei der Eroberung von Machtpositionen den Hackabstand zu den Rivalen zu erhalten. Das alles ist weder verwunderlich noch etwas Besonderes auf seiner Etage. Keiner seiner Vorgänger kam ohne diese Seelenausstattung auf den Chefsessel. Weder der stahlharte Westpreuße Hilmar Kopper noch der kommunikative Rheinländer Rolf-Ernst Breuer und schon gar nicht der mythologisierte Kurzzeit-Chef Alfred Herrhausen.

Aber warum hat sich Ackermann im Turm A der Deutschen Bank nicht ein wenig Bodenständigkeit erhalten können, um die Signale zu empfangen, wenn die Entrüstung die ganze Nation ergreift? Vielleicht liegt es ja wirklich daran, dass er im CEO-Zimmer von der Lebenswirklichkeit kein einziges Störgeräusch wahrnehmen kann. Dass die Rauschunterdrückung auf seiner Etage selbst dann noch perfekt wirkt, während unten die Verachtung wächst und die öffentliche Empörung bereits die letzten Winkel der Wirtshäuser erreicht hat. Ackermann hört nur das leise Rauschen der Klimaanlage, den modernen Sound der Macht.

Wer hier oben angekommen ist, dem droht nach mühsam erkämpfter Machtfülle irgendwann der «Absturz in die Machtfalle», wie der Basler Wirtschaftsprofessor Silvio Borner das Schicksal der Superstars des Big Business beschreibt. Borner kennt deren Lebenssituation und er beschreibt die Gefahren, denen sie ausgesetzt sind: «Man analysiert und argumentiert nicht mehr; sondern man schweift ab ins Visionäre und pocht auf seine Allwissenheit. Wer das nicht sieht, ist ein mieser Meckerer, der abgestellt wird. Bald bekommt der Topmanager – ähnlich wie der politische Diktator – nur noch das zu sehen oder zu hören, was als ‹strategisch korrekt› von den hörigen Höflingen in den Vorzimmern durchgelassen wird.»

Ackermann wird sich gut an den streitbaren Ökonomen erinnern. Vor dreißig Jahren hat der Professor als Zweitbetreuer die Unterschrift unter seine Dissertation gesetzt. In St. Gallen. Wer den Versuch unternehmen will, Josef Ackermann und seine Welt zu verstehen, tut gut daran, sich nicht zu sehr auf London und New York zu fixieren. Auch nicht auf Frankfurt oder Düsseldorf. Er muss in die Schweiz.

Heidiland

«Freiheit schafft Wohlstand und
Wohlstand zerstört Freiheit.»

Henry Demarest Lloyd,
der erste investigative
Journalist Amerikas (1847–1903)

Eine Kindheit im Sargansertal

Dorfbrunnen, Kirche, Bahnhof, das ist es. Die 6000-Seelen-Gemeinde Mels hat wenig von dem Idyll, das die Ausländer in einem gut schweizerischen Vorzeigedorf vermuten. Josef Meinrad Ackermann ist mit Lärm aufgewachsen. Gleich hinter dem Elternhaus verläuft die Bahntrasse, die Zürich mit dem Bündnerland verbindet. Dahinter die hoch frequentierte Autobahn N 3, die sich wenige Kilometer weiter östlich teilt: nach Norden am Fürstentum Liechtenstein vorbei in Richtung Bodensee und nach Süden durch das Rheintal zur Bündner Kantonshauptstadt Chur und weiter über Bellinzona und Lugano nach Italien, das man in etwas mehr als zwei Stunden erreichen kann. Richtung Westen führt die Autobahn nach Zürich, das eine knappe Autostunde entfernt liegt.

Im Hause Ackermann vibrierten oft die Fensterscheiben, so laut wurde es. «Immer beim Mittagessen merkten wir den unglaublichen Lärm», erzählt Josef Ackermann. «Da war der Eisenbahnzug, der vorbeifuhr, und dann hat noch die Festungsartillerie über Mels hinweggeschossen. Das war zwar unangenehm, aber wir selbst haben das gar nicht mehr gehört.» Nur die Gäste registrierten den Krach.

Josef Ackermann wurde hier am 7. Februar 1948 in Walenstadt geboren, wenige Autobahnkilometer von Mels entfernt. «Gritli», die Mutter, stammt aus der ländlichen Gemeinde Wädenswil am westlichen Zürichseeufer. Sie ist zweisprachig aufgewachsen, mit Deutsch und Französisch. Sie lebte in Montreux am Genfer See, bevor sie mit ihren Eltern ins Sarganserland kam, die unter anderem das Restaurant im Schloss Sargans betrieben. Mutter Margrith war am Bahndamm Herrin über einen großen Haushalt. Ihre Eltern wurden dort aufgenommen, die Oma kochte, der Vater pflegte den Garten, ein Onkel führte das Büro und eine Haushälterin besorgte den Rest. Täglich saß man zum Mittagstisch und beim Abendessen im Drei-Generationen-Haus zusammen.

Nebenher engagierte sich die Mutter in einem Organisationskomitee, das sich nach dem Ungarn-Aufstand von 1956 um die Aufnahme der Flüchtlinge kümmerte, ihnen Wohnungen besorgte und Kleiderspenden verteilte. Die Ungarn-Flüchtlinge trafen über Österreich kommend in der Schweizer Grenzgemeinde Buchs im Rheintal ein und machten den Kalten Krieg hautnah erlebbar. Sie «besaßen die Sympathien der Welt», schrieb der ungarische Exilhistoriker John Lukacs 1961. Zweihunderttausend Ungarn waren damals ausgereist, zwei Prozent der Gesamtbevölkerung.

Vater Karl Ackermann war als Landarzt in Mels eine Persönlichkeit, Mutter Margrith, eine geborene Isler, arbeitete nach einer Krankenpflegeausbildung in der Praxis mit. Karl, zwar Asthmatiker, aber von robuster Statur, erfüllte seinen Beruf aufopfernd und diszipliniert. Ob nachts oder hoch oben in den Bergen, auf den Doktor von Mels war Verlass. Nach dem Abendessen verschwand der Vater nochmals in die Praxisräume, für seine späte Sprechstunde zwischen sieben und neun Uhr. Der Vater war in der Familiengeschichte der Ackermanns, die seit Menschengedenken in Mels beheimatet waren, der große Aufsteiger. Er war wirtschaftlich interessiert und beschäftigte sich sogar mit Aktien.

Der Großvater väterlicherseits diente noch bei den Schweizerischen Bundesbahnen, er war ein einfacher, rechtschaffener Mann, nicht arm, aber auch nicht wohlhabend. Nebenher betrieb er eine kleine Landwirtschaft in Mels. Er hatte so viel Weitsicht, dem begabten und ehrgeizigen Sohn den Besuch des Gymnasiums zu erlauben. Es kam nur eine Klosterschule in Stans am Vierwaldstättersee in Frage, die zum Kapuzinerorden gehörte. Sie war die preisgünstigste Variante. Sein Medizinstudium absolvierte er bis zum Vordiplom in Fribourg, dann musste er das Studium in Zürich fortsetzen.

Karl und Margrith zogen in dem bescheidenen Haus am

Bahndamm, das auch die Praxis beherbergte, drei Söhne groß. Josef war der Älteste, ihm folgten die Brüder Karl und Daniel. Alle drei absolvierten ihre Schullaufbahn ohne Probleme. Fünf Jahre Primarschule in Mels, zum Teil mit 60 oder 70 Schülern in einem Schulraum, und ab dem zwölften Lebensjahr, nach einer strengen Aufnahmeprüfung, das Gymnasium in der Bündner Kantonsschule in Chur. Morgens radelten sie zehn Minuten bis zur Bahnstation nach Sargans, um den 7.02-Uhr-Zug nach Chur zu nehmen, der eine halbe Stunde benötigte. Obwohl Mels im Kanton St. Gallen liegt, war die Kantonsschule im Kanton Graubünden immer die erste Wahl. Vielleicht ist es ein historisches Relikt, dass die Menschen aus dem Sargansertal ihre Kantonshauptstadt nicht besonders lieben. Vielleicht ist es einfach nur die praktische Erwägung, dass der Weg nach Norden weiter und beschwerlicher ist. Jedenfalls zieht es die «Unterländer» in Mels eher zu den Romanen im Süden als zu den Alemannen im Norden hin.

Josef und Daniel waren eindeutig die Strebsamen unter den drei Söhnen, und das sollte auch auf ihrem weiteren beruflichen Weg so bleiben. Nacheinander absolvierten die drei in den Jahren 1967 bis 1969 die Matur. Ganz klar, die Eltern hatten hohe Erwartungen. Wer die geforderte Leistung nicht erbrachte, bekam ihren Missmut zu spüren.

Der Vater wollte den Söhnen schon früh Fremdsprachen beibringen lassen, was ihm selbst zu seinem Kummer nicht vergönnt gewesen war. Mit einer britischen Familie, die regelmäßig ihre Sommerferien in der Schweiz verbrachte, vereinbarte er einen Kinderaustausch zum Sprachtraining. Josef wurde zum Flughafen Zürich-Kloten gebracht und in den Flieger nach London gesetzt. Vorschulisches Frühenglisch würden die Pädagogen das heute nennen. Französisch lernten die Kleinen auch schon in der Grundschulzeit in Sommerlagern, die sie an Westschweizer Internaten besuchten. «Ich war ein ehrgeiziger Junge und ich glaub schon, dass ich immer diszipliniert war, dass ich immer hohe Ziele für mich gesetzt hatte», erinnert sich Josef

Ackermann. Er verbrachte die sommerliche Freizeit auf dem «Tschuttiplatz» von Mels, wo sich die Dorfjugend zum Fußballspiel traf. Er war bei den Pfadfindern und er war ein guter Leichtathlet. «Aber so ein Spitzbube war ich nie. Ich war kein Lausbube.» Im Schulzimmer saß «Sepp» hinten und konnte immer alles, erzählt ein Mitschüler.

Der Vater verdiente gut. In den Wintermonaten gab es Mehrarbeit. Dann mussten die Söhne hin und wieder frisches «Patientengut» von den Skipisten bergen. «Mein Vater war ein für damalige Verhältnisse sehr gut verdienender Landarzt, aber wir waren außerordentlich bescheiden», erzählt Josef Ackermann. Neben dem VW Käfer für die Hausbesuche verfügte die Familie zuerst über einen Citroën Pallas, der als Gangsterschlitten in vielen Kinofilmen berühmt wurde. Aber leider war das schöne Auto auf den Passstraßen nicht sehr wendig. Die Nachfolger-Limousine war ein Mercedes 220 S. Auch ein Italienurlaub war jetzt schon einmal drin. Aber bitte nicht zu üppig. Josef Ackermann erinnert sich, wie die Familie ein gediegenes Hotel in Venedig suchte: «Als der Vater dann im Zimmer gelesen hatte, was das kostet, mussten wir am anderen Tag in ein billigeres Hotel umziehen, obwohl er damals für ländliche Verhältnisse ein reicher Mann war.» Aber für die Ausbildung der Kinder fehlte das Geld nie: «Meine Eltern haben uns immer alle Unterstützung gegeben.»

Karl, der Mittlere, landete beim Forschungsinstitut der EMPA in St. Gallen, einst als Eidgenössische Material- und Prüfanstalt eine nationale Institution, heute eine moderne Forschungseinrichtung unter dem Dach der Eidgenössischen Technischen Hochschule ETH, die von der Nanotechnologie bis zur Atmosphärenforschung Weltruf genießt. Auf große Führungsaufgaben hatte er es nicht abgesehen, er blieb ein zufriedener Normalverdiener.

Daniel, der Jüngste, machte eine glänzende Medizinerkarriere. Im Militär kam er mit Peter Wuffli, dem heutigen Chef der Zürcher Großbank UBS, zusammen, einem der stärksten

Konkurrenten seines Bruders. Daniel ist heute, nach Stationen in Zürich, Bern, Mainz und Florida, Professor für operative Urologie an der privaten Hirslanden-Klinik im schweizerischen Aarau. Er reist um die Welt, um auf Urologenkongressen vorzutragen. Sein Nettoeinkommen vor Steuern liegt bei 450 000 Franken; das ist immerhin mehr, als ein Schweizer Bundesrat fürs Regieren erhält, aber etwa vierzigmal weniger, als sein Bruder Josef verdient.

«Meine Eltern sind sehr religiöse Menschen», sagt Ackermann, und er glaubt, dass die drei Söhne wegen der grundsoliden Erziehung im Dorf «nie die Bodenhaftung verloren haben». Deshalb kann er sich «einen Absturz ins Leere nicht vorstellen, selbst wenn das Schlimmste passieren würde». «Es waren provinzielle Verhältnisse», sagt er im Rückblick allerdings auch. Nur die Eisenbahnlinie vermittelte ihm einen Hauch von weiter Welt: «Wo gehen diese Züge hin? Da wollte ich auch einmal hin. Vielleicht haben sie bei mir ein bisschen das Gefühl von Fernweh erzeugt.»

Mels ist keine beengte Talgemeinde wie so viele Dörfer des Bündnerlandes, wie zum Beispiel oben im nahen Weißtannental, das nur noch den Blick hinauf zu den Gipfeln der Glarneralpen freigibt oder zum 2844 Meter hohen Pizol und dem Pir Sardona, dem Dreitausender mit dem Sardonagletscher. In Mels steht ein stattliches Kapuzinerkloster aus dem 17. Jahrhundert. Von den 5254 Einwohnern war 1960 die überwiegende Mehrheit katholisch. Heute liegt der Anteil der Katholiken bei 80 Prozent. In der Dorfchronik halten sich die Bürger zugute, dass ihre Vorfahren eigenwillige Freiheitskämpfer waren, die nach Selbstbestimmung strebten, als die französischen Eroberer unter Napoleon 1803 das Dorf dem Kanton St. Gallen zuteilten.

Die Postkarten zeigen Motive vom Nachbardorf Schwendi und vom Weißtannental, aus Mels selbst lässt sich – vom Dorfkern einmal abgesehen – kein Touristenidyll zaubern, der Ort an der Autobahntrasse ist von stillosen Gewerbebauten dominiert. Es gibt Baumärkte und Möbelhäuser, ein Sägewerk. Und zahlreiche Bauunternehmungen, acht davon tragen den Namen Ackermann. Geschäftstüchtige Kaufleute haben es trotzdem den vielen Touristenorten gleichgetan und aus dörflicher Romantik Kapital geschlagen. Aus den Bergquellen sprudelndes Mineralwasser füllen sie als «Heidiwasser» ab. Alles im Sarganserland hört heute auf Heidi, es gibt Heidi-Ausflüge, Heidi-Karten, Heidi-Bücher – alles auch auf Japanisch und auf Englisch.

Der Heidi-Mythos hat das Bild von der Schweiz im Ausland geprägt – während die Schweizer doch eigentlich eher dem Wilhelm-Tell-Mythos nachleben möchten. Die Erzählungen der Johanna Spyri, die in einem Dorf über dem Zürichsee wohnte, haben Kinder in Tokio wie in Hamburg begeistert. In der Geschichte wird die fünfjährige Waise aus ihrem Bergidyll mit Alp-Öhi und Geißenpeter gerissen und in die unwirtliche Großstadt versetzt – zufällig Frankfurt am Main. Der Hausarzt ordnet aber Heidis Rückreise an, nachdem sie vor Heimweh nicht mehr essen und schlafen kann. Nach dem schrecklichen Ausflug in die Großstadtwelt mit ihren grauen Straßen und grässlichen Gouvernanten wünscht sich der Alp-Öhi für Heidi, dass sie in ihrem Leben nie bei fremden Leuten ihr Brot verdienen muss.

Im wahren Leben sind die Schweizer durchaus stolz auf ihre Landeskinder, die es in der Welt zu etwas bringen, oder doch jedenfalls im großen Nachbarland. Viel Heidi und ein bisschen Tell – das Selbstbild der Melser schlägt sich heute auch im Internet nieder. Dort wird Romantisches aus der Dorfchronik präsentiert: «Das rätische Element, gemischt mit alemannischen Einwanderern, hat einen heimattreuen und der Scholle verbundenen Volksschlag geschaffen. Im Weißtannental haben sich freie Walser aus den bündnerischen Walserkolonien Davos und Rheinwald um 1300 als drittes Volkselement angesiedelt. Ihre freiheitlichen Institutionen verfehlten demnach im jahrhundertelangen Ringen um Selbstbestimmungsrechte nicht ihre Wirkung auf die Mitlandsleute.»

Den Wohlstand brachten allerdings Zugewanderte nach Mels. Und er wanderte auch wieder ab. Die Wirtschaftsgeschichte von Mels spiegelt im Kleinen typische Verläufe von Industrialisierung und Globalisierung wider.

Die Reichsten in der Gemeinde waren einst die Perrets aus der Region des Genfer Sees. Claude Perret kam als «freier Bürger» von Sallanches im französischen Savoyen, besser gesagt – als armer Hausierer. 1758 erwarb er in Mels das freie Bürgerrecht. Zusammen mit seinen Söhnen Claude-François und Joseph begründete er das Handelshaus Perret. Mit einer Glashütte läuteten die Perrets für den Ort das Zeitalter der Industrialisierung ein. Die Kaufmannsfamilie handelte mit allem, was damals zählte: Kolonial- und Eisenwaren, Pferde, Baumwolle, Seide, Glas. Franz Perret, ein Spross der Dynastie und Wirt zum Löwen, wurde 1841 Gemeindeamtmann. Er galt als reichster Sarganserländer seiner Zeit. Allerdings kann bei der Franzosenfamilie von gelungener Integration nicht gesprochen werden. Die Perrets schrieben beharrlich die Namen der Einheimischen auf ihre Weise: zum Beispiel «Acrement». Und sie waren weder bodenständig noch heimattreu. Nur ein Dutzend Perrets sind der politischen Gemeinde Mels noch geblieben, die anderen haben sich über die Eidgenossenschaft und über die Welt verstreut.

1867 erwarb der Industrielle Jakob Schuler-Herr aus dem benachbarten Glarnerland von der Gemeinde Mels eine Konzession, um die Wasserkräfte am Fluss Seez zu nutzen, der an den Bergen Piz Sardona und Pizol entspringt und durch das Weißtannental ins Dorf herunterprescht. Mit der gewonnenen Energie betrieb er zunächst eine Spinnerei und eine Weberei. Die Fabriken passten ihre Produktion immer wieder der technischen Entwicklung beim Maschinenpark an. So entstand zum Beispiel eine Garnfärberei. Dem Textilindustriellen folgte die Firma Stoffel mit 450 Beschäftigten, in Ackermanns Kindheit einer der großen Arbeitgeber der Region. Überall in Europa war die Textilindustrie die erste, an denen sich die Folgen der heraufziehenden Globalisierung zeigten; in den sechziger Jahren wurde Stoffel an den amerikanischen Burlington-Konzern verkauft. Burlington war damals mit 75 000 Mitarbeitern der weltweit größte Textilkonzern und heißt heute International Textile Group. «Global Platform» nennt sich die Startseite im Internet. Burlington hat das Unternehmen ziemlich heruntergewirtschaftet und 1974 an die Firma Legler verkauft. Dann wurde auch Legler zum Übernahmekandidaten. Für die Produktion kam das Ende 1982. Heute produziert die globale Textilwirtschaft in entlegenen Gebieten, zum Beispiel in den Freihandelszonen von Mauritius, in Burma oder auf der Insel Saipan.

Nachhaltiger entwickelte sich die Ansiedlung der Nehers aus Schaffhausen, die in Mels zunächst ein Bergwerk und eine Eisenschmelze betrieben und nach 90 Jahren erstmalig umstrukturieren mussten. Ab 1890 nahmen sie in den Schmelzanlagen die Produktion von Stärke und Persulfaten auf. Mit der Stärkeproduktion war es nach dreißig Jahren vorbei, Neher & Co. AG verlegte sich auf Natriumperborat. 1966 kam ein Speditionsunternehmen mit 20 Lastwagen hinzu, und ein Jahr später setzte erneut der Strukturwandel ein. Die Oscar Neher AG gründete zusammen mit dem deutschen Degussa-Konzern die Perbor AG. Aber auch diese Industriegeschichte ist inzwischen zu Ende. Die Firma wurde im Jahr 2002 in den steuerfreundlichen Kanton Zug verlegt, aufgelöst und mit der Degussa fusioniert. Von ihr blieb nur noch eine Postadresse in Zug – «c/o Degussa (Schweiz) AG», von der Oscar Neher & Co. AG blieb in Mels nur noch ein Büro mit einer Hand voll Mitarbeiter.

In den sechziger Jahren ruhten die Hoffnungen der Gemeinde Mels auch auf der Optik und Mechanik AG, kurz OMAG, einer Schwesterfirma des Optik-Konzerns Wild AG aus Heerbrugg aus dem Imperium der Schweizer Milliardärs-Dynastie der Schmidheinys. Der Industriebetrieb sollte für Arbeitsplätze sorgen und Steuereinnahmen bringen. 360 Mitarbeiter wurden Mitte der sechziger Jahre gezählt, eine Lehrlingswerkstatt für 60 Feinmechaniker wurde errichtet. Sie produzierten die weltberühmten Wild-Mikroskope, die jeder Mediziner oder Biologe schätzte. Wild fusionierte 1987 mit der deutschen Ernst Leitz in Wetzlar. Zwei Jahre später wurde die OMAG Produktions AG in Mels verkauft und die Stereomikroskop-Fertigung nach Singapur verlagert.

Jenseits von Mels nahm diese Geschichte übrigens einen interessanten Fortgang: 1990 fusionierte die Wild Leitz Holding mit der Cambridge Instruments und bildete den neuen Konzern Leica Holding B.V. mit niederländischem Domizil. Der deutsche Leica-Optikkonzern wird seit Februar 2006 von der österreichischen Socrates Privatstiftung beherrscht, die dem Salzburger Industriellen-Clan um die Brüder Andreas, Michael und Christian Kaufmann zugerechnet wird. Die Kaufmanns wiederum zählen zu den reichsten Familien Österreichs. Sie wurden im Jahr 2004 mit dem Verkauf ihres Aktienpakets der Papierfabrik Frantschach an den Anglo-American-Konzern um 320 Millionen Euro reicher und kauften daraufhin die Aktien des deutschen Kameraherstellers von Stephan Schmidheiny. 30 Minuten von Mels entfernt, in Glarus, der Kantonshauptstadt des Glarnerlandes, operierten die Kaufmanns mit einer Holding-Gesellschaft, die ihre Papiergeschäfte kontrollierte. Ihr im Handelsregister eingetragener Zweck: «Beteiligung an Unternehmungen jeder Branche in beliebiger Form. Die Tätigkeit erstreckt sich auf das In- und Ausland.»

Glarus ist das älteste Schweizer Domizil für solche steuergünstigen Beteiligungs- und Finanzvehikel. Von Glarus lernten die Treuhänder in Liechtenstein wie im Kanton Zug, und heute ist das Modell der «offshore», also außerhalb der Landesgrenzen angesiedelten, steuergünstigen Briefkastenfirmen, die man im Juristendeutsch vornehmer Sitz- oder Domizilgesellschaft nennt, über den Globus verteilt in mehr als 70 Jurisdiktionen erlaubt.

Was aber ist von der stolzen Melser Industrietradition geblieben? Randnotizen im Investment-, Fusions- und Beteiligungs-Monopoly der Superreichen. Niemand aus dem Kreis der neuen «Fabrikanten» käme auf die Idee, sich in einer Villa im Sarganserland niederzulassen. Heute ist Mels ein ganz gewöhnlicher Ort an der Autobahn. Ein modernes Einfamilienhaus kostet in Mels und Umgebung zwischen 700 000 Franken und einer Million. Der Steuerfuß, das eidgenössische Maß aller Dinge, ist ungünstig. Nach diesem Tarif werden die Gemeinde- und die Staatssteuern des Kantons berechnet. Zwischen den Gemeinden ist ein scharfer Wettbewerb um den möglichst niedrigen Steuerfuß entbrannt, denn jeder günstige Ort lockt wohlhabende Bürger an. Mels gehört nicht dazu. Eine gut verdienende Familie mit zwei Kindern, die nach Abzug aller Kosten immer noch 100 000 Franken zu versteuern hat, zahlt rund 18 000 Franken pro Jahr, 3500 Franken mehr als im immer noch teuren Zürich, 6700 mehr als in Zug und 9000 mehr als in der günstigen Schlafgemeinde Wollerau am Zürichsee.

Die Industriegeschichte von Mels, in der Ackermann noch aufwuchs, ist vorbei. Das große Geld wird nicht zurückkehren. Man muss ihm schon nachreisen. Bleibt also Heidi. Und tatsächlich: In den Berggemeinden oberhalb Mels existiert es noch, das Alp-Idyll. Die Alp Vorderspina ist an die Schafzuchtgenossenschaft Mels verpachtet. Auf der Alp Schwarzenberg werden sechzig Kühe und zwanzig Rinder gesömmert. Auf der Alp Ebenwald weidet eine Mutterkuhherde, auf der Hochschwendi wird Jungvieh gealpt.

Autorität und Disziplin

Die Ackermanns suchten für die Sommerfrische und im Winter Erholung in den Bergen. Dann fuhren sie in das Dorf Ftan im Unterengadin, wo eine Cousine lebte, bei der sie wohnen konnten. Erst nach der Pensionierung leistete sich der Vater in Lenz, das sich rätoromanisch Lantsch nennt, ein Ferienhaus, am Fuße des Lenzer Horns. Durch das Inntal im Unterengadin reisten die Ackermanns nach München. Sie reizte der Theaterbesuch, zum

Beispiel wenn Maria Stuart gegeben wurde, mit der berühmten Maria Becker in der Hauptrolle. Derlei Kulturtourismus ins Nachbarland war für Schweizer Verhältnisse damals eine Seltenheit. Bei vielen saß die unangenehme Erinnerung an Nazi-Deutschland noch tief. Die Väter hatten während des Krieges an der deutschen Grenze Dienst schieben müssen, die nur eine knappe Autostunde entfernt lag. Und manifest war auch die Angst vor einem Einmarsch oder Durchmarsch der Deutschen gewesen, die mit Panzersperren im Tal bei Meienfeld aufgehalten werden sollten – Heidiland war damals eine Festung.

Als Josef mit zwölf Jahren die Dorfschule verließ, hatte er auch zu Hause schon viel gelernt. Disziplin, Leistungswillen und die Gabe, Vertrauliches für sich zu behalten: Arztgeheimnisse und Familiäres. Denn als Sohn des Landarztes wusste er, dass er zu einer Familie gehört, auf die man schaut. Als Teenager war Josef nur noch am Mittwochnachmittag und am Wochenende im Dorf. «Er wurde zu Hause mit einer großen Portion Urvertrauen ausgestattet», sagt sein Bruder Daniel. Schon in der Primarschulzeit erlebte er den großen Bruder als «ausgeprägtes Alphatier». Führungsaufgaben, ob im Sport oder im «Pfadilager», wurden stets Josef erteilt: «Er war immer der Captain.»

Die «Kanti» war eine Lehranstalt alten Stils, eine echte Penne. In den ersten Schuljahren mussten «Seppi» und seine Mitschüler noch mit «Mütze» erscheinen, einem letzten Relikt aus den Zeiten, als das Tragen einer Schuluniform noch Pflicht war. Doch das blaue Käppi erregte Widerstand, die älteren Gymnasiasten ließen die nötige «Mützen»-Disziplin vermissen. 1962 bemängelte die Rektoratskommission: «Die Mütze wird gegenwärtig schlecht getragen.» Mit regierungsrätlicher Bestätigung des Kantons Graubünden war der Spuk 1963 endlich vorbei. «Die Mütze hat sich abgeschafft», kommentierte ein Seminardirektor.

Die Schweizer Weltsicht wurde den Zöglingen mit dem *Schweizerischen Sekundarschulatlas* vermittelt. Das hochformatige Werk im blauen, strapazierfähigen Schutzumschlag führte natürlich auf einer Doppelseite mit dem Reliefbild der

Schweiz in die Geographie ein. Auf Seite 24 tauchte dann erstmalig und einmalig ein halbseitiges Kärtchen von Deutschland auf, gefolgt von einer Ansicht der Elbmündung bei Hamburg und einer Stadtansicht des noch ungeteilten Berlin. Das sollte nach Ansicht der Pädagogen genügen, um den nördlichen, spöttisch als «großen Kanton» verpönten Nachbarn zu beschreiben. Die Menschen dort nahmen sich ja schließlich selbst wichtig genug. Mehr Aufmerksamkeit schenkten sie Frankreich und Italien, selbst Spanien und Großbritannien wurden imposanter dargestellt.

Die Schule war 1803 errichtet worden, kaum ein Jahr nachdem auf Druck Napoleons der Kanton Graubünden gebildet und in die Eidgenossenschaft integriert worden war. Nach den restaurativen Tendenzen infolge der Karlsbader Beschlüsse von 1819 wehte an der Schule im Bündnerland ein liberaler Geist, und seit 1915 war die Neutralität der Eidgenossenschaft völkerrechtlich anerkannt. So boten die Schulleiter etlichen Asylsuchenden aus Deutschland eine Lehrstelle an. Wie zum Beispiel dem Widerständler Karl Follen, der in seiner Heimat als «deutscher Robespierre» verschrien war und in Chur alte Sprachen sowie Geschichte lehren durfte. Später wurde er als erster Germanistikprofessor an der Universität Harvard in den USA berühmt, der bei den Amerikanern die Sitte einführte, an Weihnachten einen Christbaum aufzustellen.

Der liberale Geist der frühen Jahre vermochte aus der «Kanti» allerdings nicht dauerhaft einen Hort des rebellischen Geistes zu machen. 1960 jedenfalls, es wurden bereits 880 Schüler gezählt, war das Klima für Schülerproteste eher ungünstig. «Autorität und Disziplin, das waren die Werte», beschreibt Lehrer Guido Decurtins diese Zeit, die später den linken Schriftsteller Niklaus Meienberg zur bissigen Reportage mit dem Titel «Stille Tage in Chur» anregten: «Es war kühl. Vorne stand der Rektor an einem Pult, hinten saß der Lehrkörper, so wie in der Schule die Schüler vor dem Lehrer sitzen. Es wurde still, als der Rektor anhub.»

Es herrschte Kalter Krieg. Im November wurde der junge John F. Kennedy zum Präsidenten der Vereinigten Staaten gewählt, und er hatte in Josef Ackermann einen großen Fan. «Kennedys Optimismus war einfach ansteckend», erinnert sich Daniel Ackermann. 1961 spitzte sich die Berlin-Krise zu, und der Russe Juri Gagarin wurde als erster Mensch im All gefeiert. 1962 bedrohte die Kuba-Krise den Weltfrieden, und im Juni machte Kennedy seine Deutschland-Reise, die in der legendären Rede am Grenzübergang Checkpoint Charlie gipfelte.

Zu Hause in Mels flimmerten die Bilder dieser dramatischen Ereignisse über den Schwarzweißfernseher, den Vater Ackermann im August 1960, rechtzeitig zur Eröffnung der Olympischen Spiele in Rom, angeschafft hatte, nachdem endlich eine Relaisstation für den Empfang des Fernsehsignals am Berg installiert worden war. Die Buben saßen mit ihren Schulkameraden aus den noch fernsehfreien Haushalten auf dem Sofa und zählten die Medaillen. Die Schweiz holte drei Mal Silber und drei Mal Bronze, belegte den 24. Platz. Deutschland nahm noch mit einem gemeinsamen Team teil und errang 42 Medaillen, davon zwölf Mal Gold. Es belegte nach der Sowjetunion, den USA und Italien den vierten Rang.

Der Fernsehapparat wurde noch als Transmissionsriemen der kulturellen Bildung wahrgenommen. Josef Ackermann sah im TV seine ersten Opern und Theaterstücke, und er war begeistert. Fernsehen war wie ein heutiger Arte-Themenabend in Schwarzweiß. Unterhaltsames kam aus Amerika, zum Beispiel mit der Western-Serie «Bonanza» und der Cartwright-Familie von der Ponderosa-Ranch. Die Nachrichten aus der fernen Welt lasen die Schüler in der Lokalzeitung *Der Freie Rätier* und in der bürgerlich-liberalkonservativen *Neuen Zürcher Zeitung* (NZZ). Boulevardblätter waren eher verpönt. Ihr Deutschlehrer Professor Gabriel Peterli wurde von der Zürcher Boulevardzeitung *Blick* durch den Kakao gezogen, weil er in seiner Funktion als Oberleutnant seiner Kompanie die Lektüre des Blattes verboten hatte. Einige Tage später organisierte eine Peterli-Klasse einen Protestmarsch durch die Kantonshauptstadt, bei dem 450 Schüler mitmarschierten und Anti-*Blick*-Parolen skandierten.

In der altsprachlichen Schule büffelte Josef Latein, Altgriechisch und vier fremde Sprachen: die Landessprachen Deutsch, Französisch und Italienisch sowie Englisch. «Josef war kein Streber, er machte das alles ganz locker», erinnert sich sein Mitschüler Andreas Auer, der heute als Rechtsprofessor an der Universität Genf lehrt. «Wir haben das alle zusammen durchgezogen», sagt Urs Schlenker, der später als Anwalt in Chur Karriere machte und Vizepräsident am Kantonsgericht wurde. «Josef gehörte regelmäßig zu den Besten», erzählt Reto Marugg, der heute eine Anwaltskanzlei in Bad Ragaz, unweit von Chur und Mels, führt. Und Christian Clopath, der sich mit einer Anwaltskanzlei in Klosters im Engadin niederließ, berichtet: «Es war schon damals sicher, dass Josef weit kommen würde.»

Auer, Schlenker, Marugg, Clopath, Ackermann, die fünf bildeten eine verschworene Schülerclique. Clopath spielte hin und wieder den Clown, Marugg war der Strebsamste, Schlenker der gute Kumpel und Auer der Rebell, der beinahe einmal von der Schule flog. Auch Marugg erlaubte sich einmal, Kritisches gegen den Kalte-Kriegs-Mainstream im Elternhaus der Ackermanns zu bemerken. Mit pubertärem Eifer rechnete er Josefs Vater vor, dass den Millionen Todesopfern in Stalins Lagern doch immerhin die Millionen Hungertoten aus der vorrevolutionären Zeit entgegengehalten werden könnten. «Das habe ich dann nie wieder getan», sagt Marugg schmunzelnd, seine alternative Polit-Arithmetik war gar nicht gut angekommen. Er könne die Liquidation von politischen Gegnern niemals billigen, machte Vater Ackermann deutlich. «Ich denke, Josef hat im Elternhaus den Sinn für das richtige Maß gelernt, er war nie für die Extreme zu begeistern», urteilt der grundsolide erscheinende Marugg heute, dessen Anwaltspraxis noch die Schlichtheit der 70er Jahre ausstrahlt. Er empfand Ackermanns Eltern als Vertreter eines liberalen Katholizismus, nicht streng, aber leistungsbewusst. «Er hat nie über die Stränge geschlagen», ergänzt Auer, «er war eben schon damals reifer, irgendwie älter, und er exponierte sich nie.» Auer hat seinen Schulkollegen als ausgeglichene Persönlichkeit kennen gelernt. Ackermann bestätigt: «Ich war kein Rebell.»

In allen Fächern war er gut, auch in Musik und Sport. Im Turnverein war er aktiv und im Speerwerfen ein As. Marugg fiel damals auf, dass sich der junge Josef bereits als Schüler stundenlang mit seiner Zukunft beschäftigte. Schon am Gymnasium schien der Weg vorgezeichnet. «Das ist die künftige Elite unseres Landes», stellte er einmal gegenüber seinen Schulkollegen fest. Er sollte Recht behalten. Viele wurden wichtige Persönlichkeiten in Wirtschaft, Wissenschaft und Politik. Doch nur einer schaffte es, ins *Who's Who of Switzerland* aufgenommen zu werden. Ganz vorne, unterm Buchstaben A der erste Eintrag: Josef Ackermann selbst.

Im Sommer 1967 absolvierte der strebsame junge Mann 19-jährig seine altsprachliche Matura-Prüfung, so wie alle Prüfungen am Gymnasium: überdurchschnittlich benotet und ohne Stress. Er fuhr bereits gelegentlich mit einem flotten Automobil vor, einem weißen Chrysler Barracuda. Sein Bruder Karl hatte den Ami-Schlitten in einem Katalog vom Genfer Automobilsalon gesehen und den Vater so lange genervt, bis er den Mercedes in Zahlung gab. Taktvoll parkte Josef die Limousine so, dass kein Aufsehen erregt werden konnte. «Es war damals eigentlich schon klar, dass Josef Ackermann einen glänzenden Weg gehen wird. Als ich hörte, wie rasch er Karriere machte, hat mich das nicht überrascht», sagt Andreas Auer.

Zur 200-Jahr-Feier der Kanti Chur brachte die Kultur- und Studienstiftung der Schule einen opulenten Jubiläumsband mit akribischen historischen Studien heraus. Es war ein Mammutprojekt, das in einem gewöhnlichen deutschen Gymnasium in dieser Qualität kaum noch denkbar wäre. Das Projekt wurde finanziell von vermögenden Privatstiftungen, Elternvereinen und Unternehmen unterstützt. Unter den Mäzenen ist nur eine Privatperson erwähnt: Dr. Josef Ackermann, Zürich. Zu den

Klassentreffen erscheint Josef Ackermann regelmäßig. Und ein kleines Grüppchen trifft sich alljährlich in den Tagen vor Weihnachten zum gemütlichen Abendessen in einem schönen Bündner Wirtshaus. Josef Ackermann ist fast immer dabei.

Das Idol: John F. Kennedy, Präsident

Nie faszinierte Josef Ackermann ein Mensch so sehr wie John Fitzgerald Kennedy. Elektrisiert verfolgte er die Bilder von Kennedys triumphalem Deutschland-Besuch im Sommer 1962, schockiert nahm er die Nachricht vom Attentat auf Kennedy auf. Gefesselt las er die Kennedy-Biographie des Redenschreibers Theodore C. Sorensen, die 1966 in deutscher Übersetzung erschien. «Josef war ein ausgesprochener Kennedy-Fan», sagt Andreas Auer. «Er hat alles über Kennedy aufgesaugt», erinnert sich sein Bruder Daniel. «Es war die einzige Biographie, die mich wirklich interessierte», sagt Ackermann noch heute. Es war eine Biographie des Geldes, der Macht und der Tragik.

Am 22. November 1963, einem Freitagabend, saßen die Ackermann-Söhne zu Hause am Fernseher und schauten gebannt auf die Bilder von der Kennedy-Eskorte, die mittags am Dealey Plaza in Dallas nach den Schüssen auf den Präsidenten zum Stehen kam. Sie sahen sich die Nachrufe an und hörten den hilflosen Erklärungsversuchen der Kommentatoren zu. Das Wochenende war bestimmt von diesem Attentat, und auch der erste Schultag danach war kein normaler Tag an der Kanti in Chur. Josef Ackermann erinnert sich noch, dass ein Lehrer einen Test ausfallen ließ, weil die Gymnasiasten von dem Ereignis zu sehr mitgenommen waren.

Mit John F. Kennedy hielt 1961 eine Ära der Noblesse im Weißen Haus Einzug. Er war für Heranwachsende auf der ganzen Welt ein glanzvolles Symbol des jugendlichen Aufbruchs. «Wenn JFK auf einer Party erschien, kletterte das Thermometer um 150 Grad Fahrenheit», erzählte einer seiner ältesten Freunde dem Reporter Seymour Hersh. Kennedy war der jüngste gewählte Präsident der USA. Zur Inaugurationsfeier schrieb er den Gästen Cut und Zylinder vor, und er lud die Elite des geistigen und künstlerischen Lebens ein, darunter die

Schriftsteller Arthur Miller, W. H. Auden, Ernest Hemingway, Tennessee Williams und John Steinbeck, der Nobelpreisträger Linus Pauling und der Entertainer Frank Sinatra.

Den politischen Erfolg verdankte Kennedy nicht unwesentlich seiner Wirkung auf Frauen. Bereits in seinen ersten Wahlkämpfen brach unter Schülerinnen wie unter Hausfrauen die «JFK-Hysterie» aus. Zum neuen Glanz im Weißen Haus trug seine Ehefrau Jacqueline bei, eine geborene Bouvier. Die Tochter eines Börsenspekulanten sollte das Frauenideal der sechziger Jahre in der ganzen Welt prägen.

Biograph Sorensen würdigte den «besonderen Stil» Kennedys: «Man wird sich lange an seinen Charme, seinen Verstand, seine Eleganz, sein jungenhaftes Aussehen erinnern». Seine erste Begegnung beschreibt der Redenschreiber voller Bewunderung: «Als ich John Kennedy zum ersten Mal traf, war ich gleich davon beeindruckt, wie ‹normal› er sich verhielt, was Politiker ja im Allgemeinen nicht tun. Er sprach ungezwungen und ruhig, fast scheu, ohne große Worte. Der kastanienbraune Schopf war nicht so buschig, wie ihn die Karikaturisten zu zeichnen pflegten.» Er schätzte Kennedys «Gelassenheit und Aufrichtigkeit».

Für die jungen Amerikaner war er nicht nur der strahlende Siegertyp mit der jugendlichen Haartolle, sondern auch ein Kriegsheld. Im August 1943 wurde Kennedys Torpedoboot nahe einer Insel der Solomon-Gruppe im Südpazifik zerstört. John konnte sich mit den überlebenden Kameraden auf ein Bootswrack retten. Anschließend schwamm er vier Stunden lang, um sich auf einem Eiland in Sicherheit zu bringen. Dabei schleppte er einen verwundeten Soldaten mit, indem er ein Band von dessen Rettungsjacke zwischen die Zähne klemmte. Wagemutig schwamm er wieder hinaus, um ein amerikanisches Boot auf die Lage seiner Männer aufmerksam zu machen, wurde von einer Strömung erfasst, verlor das Bewusstsein und wurde nur durch eine glückliche Fügung gegen ein Riff gespült. Erst sechs Tage später wurden die Soldaten gerettet, zufällig von einem Boot, das zwei Kriegsreporter an Bord hatte. Die *New York*

Times verbreitete die Heldengeschichte: «Kennedy-Sohn rettet 10 im Pazifik.» *Readers Digest* brachte eine ausführliche Reportage, zwei Bücher erschienen über Kennedys Abenteuer und ein Hollywood-Film.

Der Vater Joseph P. Kennedy galt als einer der reichsten Männer Amerikas. In den Reichen-Listen des Wirtschaftsmagazins *Forbes* wurde sein Vermögen in der Kategorie zwischen 200 und 400 Millionen US-Dollar eingeschätzt. Das war damals der 12. Platz im *Forbes*-Ranking. Den für damalige Verhältnisse märchenhaften Reichtum hatte der Vater als Bankier, Finanzberater, Makler und Händler geschaffen. «Er hatte entscheidenden Anteil an den Geschicken von Firmen gehabt, die das Lebensgefühl der Amerikaner im 20. Jahrhundert mitgeprägt haben: Hertz-Mietwagen, die Howard-Johnson-Fast-Food-Kette, Coca-Cola, das Hearst-Zeitungsimperium und die Filmgesellschaft RKO», schrieb Kennedy-Biograph Alan Posener. Und die zarten Anfänge seiner Reichtumsbildung hatten wohl auch illegitime oder gar illegale Quellen. So soll er in der Zeit der Prohibition mit verbotenen Alkoholeinfuhren sein Vermögen aufgebaut und mit seinem Insiderwissen an der New Yorker Börse Riesengewinne eingefahren haben. Seine finanziellen Unternehmungen bezeichnete Sorensen als «rüde».

Nach dem Börsencrash von 1929 unterstützte Joseph P. Kennedy den Präsidentschaftskandidaten Franklin Delano Roosevelt, der ihn prompt nach der Amtseinführung zum Chef der Börsenaufsicht «Securities and Exchange Commission» (SEC) ernannte, damit er Regeln gegen den Aktienschwindel und die Insidertricks an der Börse einführe – ausgerechnet jenen Spekulanten, der damit reich geworden war. Ohne Rücksicht auf sein Vorleben und die Vorlieben seiner Börsenkollegen setzte Joseph weit reichende Reformen durch. Sie trafen die kreativen Spekulanten hart. Zu den Opfern seiner Reformen zählte auch John Vernou Bouvier III., der Vater seiner späteren Schwiegertochter Jacqueline. Jahre später urteilte die Witwe Eleanor Roosevelt verbittert über John F. Kennedy, er repräsentiere «die neue Managerelite, die weder Prinzipien noch Charakter besitzt».

John wurde mit 21 Jahren vom Vater zum vermögenden Mann gemacht, der allen seinen Kindern je einen Treuhandfonds von einer Million US-Dollar vermachte. Bereits 1953, am Beginn seiner politischen Karriere, besaß der 37-jährige John laut seinem Biographen Sorensen schätzungsweise zehn Millionen US-Dollar. Sorensen beschrieb die Welt seines jungen Arbeitgebers: «Er war es gewohnt, sich in der Gesellschaft von Palm Beach, New York und der Französischen Riviera zu bewegen.» Der junge Senator hatte «als Student, als Tourist, als Assistent seines Botschafter-Vaters, als Marineoffizier, als Journalist und als Abgeordneter praktisch jeden wichtigen Kontinent bereist und mit Präsidenten und Regierungschefs, mit Kaufleuten und Gelehrten in 37 Ländern gesprochen.»

Immer wieder streift der Biograph das Geldthema, das den jungen Leser Josef Ackermann offenbar sehr begeisterte. Selbst im Epilog über Kennedys letzten Tag schreibt Theodore C. Sorensen in seiner 750 Seiten dicken Biographie: «Als er am Morgen des 22. November eine ganzseitige, schwarzumrandete Anzeige in der *Dallas News* betrachtete, die ihm eine Reihe von prokommunistischen Haltungen und Handlungen vorwarf, sagte er kopfschüttelnd zu seiner Frau: ‹Jetzt sind wir wirklich bei den Verrückten.› Er sprach verächtlich von Ölmillionären, die so wenig Steuern zahlten – ein Zustand, den er zu beenden half –, und seine Stimme klang, so schien es ihr, ebenso zornig wie an einem Abend in Newport, als sich ein reicher Republikaner über den Mindestlohn beschwert hatte.»

Kennedy habe alle seine Einkünfte, die er aus seinen Regierungsämtern bezog, für wohltätige Zwecke gespendet, insgesamt rund eine halbe Million US-Dollar. Konsequent habe er gegen seinen eigenen (und seines Vaters) Geldbeutel gestimmt. Er sei kein Snob gewesen, er habe sich zum Beispiel nichts aus teuren Autos gemacht. Einen prachtvollen weißen Jaguar, den ihm seine Frau 1957 zu Weihnachten schenkte, gab er dem Händler wieder zurück. Er lebte elegant, aber nicht anspruchsvoll. Er trug eine gewöhnliche Armbanduhr und einfache Manschettenknöpfe. Sorensen: «Obgleich Kennedy mit Geld auf die Welt gekommen war und auch keine Hemmungen hatte, es auszugeben, war er doch keineswegs besonders daran interessiert, Reichtümer anzuhäufen. Mit jenen Leuten, die gegenüber den Nöten anderer die Ohren verschließen, hatte er nichts gemein.»

Vom Vater hatte John den unbeirrbaren Ehrgeiz des Gewinners mit auf den Weg genommen. Als der Sohn am 2. Januar 1960 seine Kandidatur für das Präsidentenamt bekannt gab, war in seinen Augen nur noch eine einzige andere Position für den 42-jährigen Mann diskutierbar – der Posten des Vizepräsidenten. «Für die Kennedys heißt es: das Scheißhaus oder das Schloss. Dazwischen gibt es nichts», pflegte der alte Herr zu sagen.

Die Familie war vom Leistungsethos getrieben und von der aristokratischen Vorstellung des Vaters geprägt, dass die Kennedys über Generationen hinweg in der Regierung dienen – und dabei selbstverständlich die Spitzenpositionen zu besetzen haben. «Nur die Starken, nur die Fleißigen, nur die Entschlossenen, nur die Mutigen, nur jene Visionäre, die das wirkliche Wesen unseres Kampfes begreifen, werden überleben können», so erläuterte Kennedy 1961 seine Prinzipien. Auf der anderen Seite des Kalten Krieges sah er «die selbstzufriedenen, selbstsüchtigen, weichen Gesellschaften», die «zusammen mit dem Müll der Geschichte hinweggefegt» würden.

Kennedy war Katholik, so schrieb Sorensen, «nach Herkunft, Gewohnheit und Überzeugung, und Kardinäle waren seine Freunde.» Doch Kennedy orientierte sich an einem alten Bostoner Spruch: «Unsere Religion kriegen wir von Rom und unsere Politik von hier.» Er war kein religiöser Mensch. Dennoch spielte die katholische Herkunft eine wichtige Rolle, weil er sich in Washington gegen starke protestantische Machtzentren durchsetzen musste.

Dieses Minderwertigkeitsgefühl war damals auch allen katholischen Emporkömmlingen in der Schweiz vertraut, die aus den nichtreformierten Kantonen und Regionen in die zwinglianische Wirtschaftsmetropole Zürich kamen, um dort Karriere zu machen. Denn Zürich galt als Bollwerk der Protestanten. In den Machtzirkeln der Stadt spielten lange Zeit die Katholiken aus dem Umland keine Rolle. Erst in den siebziger Jahren sollte sich dies ändern. Für Josef Ackermann, der sich als «religiösen Menschen» bezeichnet, muss die intensive Beschäftigung mit dem Leben seines Vorbildes in mancherlei Hinsicht prägend gewesen sein.

Wie auch seine ganze Generation, so wurde Ackermann als Teenager zugleich von den dramatischen Fernsehbildern beeindruckt, die von den zugespitzten Konflikten zwischen den beiden Militärblöcken erzählten. Der Kalte Krieg war nicht zuletzt ein Krieg der Bilder. Im März 1961 wurde die Nachricht von Kennedys «Allianz für den Fortschritt» verkündet, begleitet von der Ankündigung eines gewaltigen Rüstungsprogramms. Im April konterten die Sowjets mit den Bildern ihres Astronauten Juri Gagarin, der in Moskau als erster Mensch im All gefeiert wurde. Wenige Tage später traf die Nachricht von der Invasion der Amerikaner in der kubanischen Schweinebucht ein, die zum Fiasko wurde. Besonders spektakuläre Bilder lieferten die Sender seit dem August 1961, nach dem Mauerbau aus Berlin. Zunächst vom Besuch des amerikanischen Vizepräsidenten Lyndon B. Johnson beim Berliner Regierenden Bürgermeister Willy Brandt. Dann die Fluchtbilder von den Ostdeutschen, die ihr Leben an den Grenzzäunen riskierten. Oder von Ostberlinern, die aus den Fenstern ihrer Mietshäuser direkt an der Todeslinie in die Sprungtücher der Westberliner Feuerwehrmänner sprangen. Von den demonstrativen Machtproben des US-Generals Lucius D. Clay, der mit seinen Diplomaten in typisch amerikanischen Straßenkreuzern, eskortiert von Militär-Jeeps, über die Grenzlinie fuhr. Und von den russischen Panzern, die an den Checkpoint Charlie rollten, nachdem dort Clay die amerikanischen Tanks in Stellung gebracht hatte. Die Weltöffentlichkeit lebte in der Furcht vor einem dritten Weltkrieg.

Ende Juni 1962 wurden die Fernsehzuschauer diesseits und jenseits des Atlantiks Zeugen des ersten globalen, perfekt inszenierten Medien-Events. Drei Monate war hinter den Kulissen am Drehbuch gearbeitet, über Bühnenausstattung und Requisiten gefeilscht worden. Die Performance der Macht zeigte der US-Präsident auf seiner Deutschland-Reise, mit einem triumphalen Abschluss an der Berliner Mauer. Kennedys Wagenkolonne fuhr vom Flugplatz Tegel ins Stadtzentrum, über die Straße des 17. Juni, den Ernst-Reuter-Platz zum Kurfürstendamm und weiter zum Brandenburger Tor, nach Süden an der Mauer entlang zum Rathaus Schöneberg. Die Menge umjubelte den Präsidenten in der offenen Limousine, Papier- und Konfettiregen bedeckte die Frontscheibe, stehend winkten Bundeskanzler Konrad Adenauer und der Regierende Bürgermeister Willy Brandt.

Vor dem Schöneberger Rathaus hielt Kennedy seine Rede, die durch einen einzigen Satz berühmt wurde. In sein Manuskript hatte er hineingekritzelt: «Ish bin ein Bearleener.» Das Publikum skandierte «Ken-Ne-Dy», und die Journalisten kommentierten das Ereignis als «die größte Schau der Welt».

Nur fünf Monate später ging die Nachricht vom Attentat in Dallas um die Welt, die Zeit der offenen Limousinen war vorbei. Sorensens letzter Satz: «Er war ein großer Mann – viel größer, als irgendjemand glaubte.»

Jahrzehnte später beschäftigte sich Josef Ackermann noch einmal mit dem Vorbild seiner Jugend. Er schaute den Film «JFK» von Starregisseur Oliver Stone an, über den Wolken, auf einem Atlantikflug nach New York. Seinem Idol war er schon recht nahe gekommen; jedenfalls hatte auch er inzwischen jeden Kontinent bereist und in Dutzenden Ländern mit Präsidenten und Regierungschefs, Konzernlenkern und Notenbankpräsidenten Gespräche geführt.

Ackermann konnte sich nun mit den Kennedys in den Rankings der reichsten Menschen messen, im professionellen Einsatz des Charmes hatte er JFK wohl übertroffen, aber er musste beim Redenschreiben keine Rücksicht aufs einfache Volk nehmen. Die schönen Zahlen reichten ihm als rhetorisches Mittel. Ackermanns Auftritte werden von den PR-Managern und Eventberatern ebenso akribisch vorbereitet, wie er es von Kennedys Berlin-Reise gelernt hatte. Die Inszenierung in der JFK-Tradition gehört inzwischen zu den Selbstverständlichkeiten triumphierender Managerauftritte.

Die Elitehochschule

Die Hochschule St. Gallen war für Josef Ackermann nach der Kantonsschule die zweite elitebildende Station, allerdings auf höherem, internationalem Niveau. Der Ausländeranteil von 25 Prozent ist an dieser Universität eine gesetzlich festgeschriebene Quote. Die Deutschen bildeten die stärkste ausländische Gemeinschaft, es gab viele Skandinavier, viele aus den Benelux-Staaten, auch zahlreiche aus den romanischen Ländern.

Kurz HSG genannt, gilt die Hochschule seit dem Gründungsjahr 1898 – in der Hochblüte der St. Galler Textilwirtschaft – als praxis- und wirtschaftsnahe Bildungsstätte und wurde eine der führenden Wirtschaftsuniversitäten Europas, heute unter dem Namen «Universität St. Gallen – Hochschule für Wirtschafts-, Rechts- und Sozialwissenschaften». Als Josef Ackermann im Herbst 1967 an seiner Alma Mater eintraf, zog er in neue Institutsgebäude ein, die wenige Jahre zuvor vom Architekten Walter Förderer erbaut worden waren. Rund 1200 Studenten waren immatrikuliert, 300 mehr als der Bau fassen sollte, aber immer noch eine überschaubare Gruppe. Der Bau ist zugleich ein Ort der Kultur. Die Architektur korrespondiert mit zahlreichen Werken weltberühmter Künstler, die fast alle eigens für die HSG geschaffen wurden, darunter Werke von Penalba, Arp, Braque, Miró, Calder, Giacometti, Tàpies, Valentin, Bill, Paladino und Richter. Sie machen auch heute noch aus dem Hochschulgebäude einen kulturellen Raum, eine Denkoase für die künftige europäische Wirtschaftselite.

Wieder war es ein Kalte-Kriegs-Erlebnis, das die Erstsemester in St. Gallen bewegte. Im Januar 1968 wurde Alexander Dubček, der Erste Sekretär der tschechoslowakischen Kommunistischen Partei (KP), zum Antrittsbesuch in Moskau empfangen. Die Welt schaute auf diesen Mann, weil er in seinem Land eine Reformbewegung zuließ, die anfangs sogar von den russischen

Machthabern akzeptiert wurde. Doch schon bald formierten sich die Betonköpfe in den Ostblockstaaten zur Gegenwehr, im Frühsommer 1968 zeigten sie ihre Macht mit demonstrativen Militärmanövern der Warschauer-Pakt-Truppen in der Tschechoslowakei. Im August war der «Prager Frühling» vorbei, der Traum vom «Sozialismus mit menschlichem Antlitz» nur noch eine Episode. Die Reformer wurden unterdrückt, Dubček wurde verhaftet, gedemütigt, aus der KP ausgeschlossen und in die Forstverwaltung geschickt. Wieder gab es eine Auswanderungswelle, und wieder trafen Ostflüchtlinge in der Schweiz ein, darunter viele junge Studenten und Intellektuelle, die auf den Prager Straßen gegen die Russen-Panzer anmarschiert waren.

Der prominenteste Flüchtling war der KP-Funktionär Ota Šik, einer der führenden Köpfe des Prager Frühlings, der 2004 in St. Gallen starb. Er hatte sich im Herbst 1968 zunächst nach Basel abgesetzt und fuhr im Mai 1969 noch einmal nach Prag, um seine Vorstellungen von einem ökonomisch reformierten Kommunismus vor dem Zentralkomitee der KP zu verteidigen. Sein Besuch endete mit dem Ausschluss aus dem Zentralkomitee. Er kehrte in die Schweiz zurück und wurde an der HSG zum Professor für Systemvergleich und Planwirtschaft berufen. Sein Lebenswerk wurde dort die theoretische Entwicklung eines «dritten Weges» zwischen Kapitalismus und Kommunismus, das Modell einer «Humanen Wirtschaftsdemokratie» (Šiks Hauptwerk). Nach der Wende beklagte sich Šik, dass unter dem Ministerpräsidenten Václav Klaus ein stramm neoliberaler Kurs gefahren wurde, den er als «adjektivlose Marktwirtschaft» bezeichnete, weil sie das angelsächsische Modell des lupenreinen Kapitalismus dem Konzept der «sozialen Marktwirtschaft» vorziehe.

«Das Erlebnis des Prager Frühlings war für uns prägender als die spätere Studentenbewegung in den europäischen und amerikanischen Universitätsstädten», sagt Ackermanns gleichaltriger Kommilitone Björn Johansson, «es war ein sehr spezielles Jahr.» In den USA wurde Präsidentschaftskandidat Robert

«Bob» Kennedy, der Bruder von JFK, ermordet, ebenso der Bürgerrechtler Martin Luther King. Der norwegische Verlegersohn Johansson setzte sein Studium später in Boston an der Harvard Business School und in Berkeley fort, besetzte Managerposten in Österreich, England, Deutschland, der Schweiz und in Skandinavien. Seit 1980 ist er als Headhunter tätig. Als Personalberater hilft er Unternehmen auf der ganzen Welt, Chefposten mit geeigneten Kandidaten zu besetzen. Er zählt heute in Zürich zu den wichtigsten Beratern seiner Zunft.

Seine Kandidaten nehmen im bequemen, dunkelblauen Ledersessel Platz. Den Sessel hat er in seinem Jugendstil-Arbeitszimmer an der Seepromenadenstraße Utoquai ans Erkerfenster gestellt. Dann lässt Johansson mit seinem Gast den Blick über den Zürichsee schweifen. In der Ferne sieht er die Gebäude der Versicherungs- und Finanzkonzerne Swiss Re, Swiss Life, Zurich Financial Services und Converium stehen, und er weiß, dass etliche der führenden Manager in diesen Häusern in seinem Ledersessel gesessen haben. Einen großen Teil seiner Kandidaten könnte er aus dem *Who's Who* der HSG-Ehemaligen aussuchen. Das Adressbuch ist inzwischen zu einer über tausend Seiten starken Schwarte angewachsen, es ist fast so dick wie das von Harvard. Die Ehemaligen sind über 56 Länder verteilt, ihre HSG-Alumni-Clubs sind in Amsterdam wie in Hamburg, in Chicago wie in New York vertreten. Sie arbeiten für Weltunternehmen von A wie ABB bis Z wie Zurich Financial Services. Sie sind auf allen Finanzplätzen der Welt vertreten. Allein die Liste der HSG-Absolventen bei der Zürcher UBS füllt Seiten, und auch bei der Deutschen Bank würde die Zahl reichen, um einen eigenen HSG-Club zu gründen.

«Wir waren eine sehr internationale Bande, eine sehr exklusive, eine sympathische, unschuldige Bande. Wir waren eine Familie», schwärmt Johansson, der zusammen mit rund 130 norwegischen Landsleuten in St. Gallen war. Ackermanns Studienkollegen stellen heute einen großen Teil der Wirtschaftselite: Walter Kielholz und Hans-Ulrich Doerig, Präsident und

Vizepräsident der Credit-Suisse-Gruppe in Zürich; Michael Ringier, der Zürcher Verleger mit großer Marktmacht in Osteuropa; Markus Akermann, Verwaltungsrat des weltweit agierenden Zementriesen Holcim; Edgar Oehler, der ehemalige Chefredakteur der *Ostschweiz*, Nationalrat und heutige Verwaltungsratspräsident der AFG Arbonia-Forster-Holding (Bauausrüster, Küchen); die Genfer Privatbankiers Ivan und Charles Pictet; der Privatbankier Bénédict Hentsch; Michael Pieper, Konzernlenker der Franke-Gruppe (Küchen); Rolf Schäuble, Verwaltungsratspräsident der Baloise-Gruppe, des Basler Versicherungskonzerns, und dessen Konzernleitungschef Frank Schnewlin; Peter Nobel, der fulminante Zürcher Wirtschaftsanwalt; Urs Linsi, der Generalsekretär des Weltfußballverbandes Fifa in Zürich; Thomas Hoyer, der Hamburger Transportunternehmer; Roger Schawinski, der Journalist, Medienmanager und heutige Chef des Fernsehsenders SAT.1 in Berlin; Michael Hilti, Verwaltungsratspräsident der Hilti AG (Bohrmaschinen) im benachbarten Liechtenstein und der stille, zurückhaltende Student Hans Adam, Fürst von und zu Liechtenstein (Kunstsammlungen, Ländereien, LGT-Bankengruppe und Reis-Produktion in den USA).

Einige waren bereits steinreich, als sie sich in St. Gallen immatrikulierten, oder konnten erwarten, dass sie das elterliche Erbe antreten, wie Fürst Hans Adam (heute ca. 4 Milliarden Franken Vermögen), Verleger Michael Ringier (Familienvermögen heute 1–1,5 Milliarden Franken) oder Unternehmersohn Michael Hilti (Familienvermögen heute 3–4 Milliarden Franken), der damals stets mit einem orangefarbenen BMW 2002 Coupé vorfuhr.

Oder sie entstammten wie zahlreiche Auslandsstudenten in ihrer Heimat vermögenden Clans, wie Thomas Hoyer, der Spross eines Hamburger Speditionsunternehmers, und viele Deutsche aus Adelsfamilien. Wenige kamen aus eher bescheiden situierten Elternhäusern, wie Roger Schawinski, und wurden Aufsteiger. Aber auf dem Campus schienen alle gleich.

Nur einer wusste damals schon, wie man das Wirtschaftsleben besser organisiert: der Vorarlberger Fredmund Malik, gleichermaßen ein geschliffener Rhetoriker wie ein überzeugter Vermarkter seiner selbst. Als Managementtrainer lehrt er heute an seinem St. Galler Bildungsinstitut «Richtiges und Gutes Management», als Kolumnist bläst er seinen Kollegen immer wieder den Marsch, schreibt Bestseller und berät Topmanager.

Studienanfänger Josef Ackermann wurde zum ersten Mal mit einer Spezies konfrontiert, die er noch nicht so recht einschätzen konnte: den Deutschen. Von den Schweizern misstrauisch beäugt, als «Schwoben», «Sauschwaben» oder «Tüütsche» bezeichnet, die aus dem beängstigend «großen Kanton» herüberkamen. Sie dominierten die Vorlesungen, beteiligten sich aktiver, redeten mal brillant, mal überheblich und oft um den heißen Brei. «Die Deutschen hatten einfach mehr Zeit und sie beteiligten sich viel aktiver», erinnert sich Ackermann. Ackermann erlebte den Kulturschock wie alle männlichen Schweizer Studienkollegen erst drei Wochen nach Semesterbeginn, als sie vom obligatorischen Militärdienst zurückkehrten. Wie alle jungen Männer mussten sie zunächst zur Rekrutenausbildung, um danach in regelmäßiger Unterbrechung des Studiums und des Berufslebens für den Antritt zum mehrwöchigen «Wiederholungskurs» (WK) die grün-rot-schwarz gefleckte Oliv-Uniform überzustreifen und den im Schlafzimmerschrank deponierten Karabiner zu schultern. So schreibt es das schweizerische Milizsystem bis heute vor, und so bleiben in den Großraumbüros gut aufgeräumte Schreibpulte immer wieder für einige Wochen unbesetzt, weil die Herren sich in der Landesverteidigung üben.

Josef Ackermann beließ es nicht beim gewöhnlichen Militärdienst, er strebte auch in der Armee eine Offizierskarriere an und schaffte es bis zum Oberst. Als er diesen Weg einschlug, galt das Militär als Kaderschmiede der Nation. Für die Eliten am Finanzplatz war es keine Frage, dass auch die Pflicht der Landesverteidigung in einer Führungsposition durchlaufen wurde. In der Rekrutenschule wurde aus dem «Sepp» der «Joe», den er heute besonders im Umgang mit seinen britischen und amerikanischen Bankerkollegen pflegt: «Wir hatten in der Kompanie etwa fünf Kameraden mit dem Vornamen Josef. So wurde einer Jossepe genannt, der nächste José, und ich war dann der Joe und das ist mir dann geblieben. Also eine militärische Erfindung, wenn man so will.»

Der Hauptmann Josef Ackermann wurde Kommandant in der Abteilung 20 der Artillerie. Dann wurde er dem Abteilungskommandanten Hans-Ulrich Hintermeister aus Zürich zugeteilt, einem groß gewachsenen, stattlichen Mann, der im Zivilleben als Bauingenieur ein Stahlbau-Unternehmen leitete. Hintermeister erinnert sich an einen mutigen Josef Ackermann: Anlässlich einer Großübung war eine Truppe von zehn Mann mit dem Helikopter auf einem Berggipfel abgesetzt worden. Sie sollte sich im Nachtschießen üben. Die Gruppe wurde durch starken Schneefall überrascht und blieb am Berg stecken. Ackermann bot sich in der Nacht an, mit zwei Kameraden hinaufzusteigen, um die Soldaten herunterzubringen. Er fand sie im Schneetreiben und brachte sie in den frühen Morgenstunden wieder zurück zur Talstation.

Nach dem damaligen Feindbild muss man Hintermeister nicht lange fragen: «Die Russen standen in Berlin. Da hätte es nicht lange gedauert, bis sie in die Schweiz hätten eindringen können.» Die Haltung war standfest. Die in den siebziger Jahren aufkommende Anti-Militär-Bewegung machte auf den Soldaten Ackermann keinen Eindruck: «Da haben wir klar und aggressiv eine andere Meinung vertreten.» Die Banker kannten «einen echten Stolz auf die Armee», wie ein späterer Ackermann-Kollege erzählt. Die Militärkarriere war für sie eine Prestigefrage.

Während die Deutschen sich mit ihrer Bundeswehr in einer neuen, demokratischen Selbstfindungsphase befanden, dachten die Schweizer Milizsoldaten selbstbewusst in der politischen Tradition des heroisch glorifizierten Schweizer Generals Henri Guisan, der während des Zweiten Weltkrieges mit einem hervorragenden strategischen Plan Teile der Schweiz in eine Alpenfestung («Réduit National») verwandelte. Es war «der eine Mann», wie ihn der schweizerisch-britische Historiker Jon Kimche porträtierte, «der es fertig gebracht hatte, den Siegesarmeen der Nazis und der Faschisten den Weg in das alpine Herz Europas zu versperren». Oder wie es Winston Churchill, der britische Kriegspremier, im Dezember 1944 ausdrückte: «Die Schweiz ist ein demokratischer Staat und hat sich inmitten ihrer Berge in Selbstverteidigung für die Freiheit eingesetzt. Trotz der ethnischen Verschiedenheit ihrer Bevölkerung war sie geistig weitgehend auf unserer Seite.»

Zum Abschied erhielt Abteilungskommandant Hintermeister ein Buchpräsent, «in Erinnerung an eine beeindruckende Kommandozeit», signiert von den Kameraden der «Sch Kann Abt 47». Das Werk trug den Titel «Bewaffnung und Ausrüstung der Schweizer Armee seit 1817» und enthielt zahlreiche bunte Illustrationen von gezogenen und selbstfahrenden Kanonen und ähnlich schwerem Schießgerät. Ackermann wurde Regimentskommandant von einem der damals existierenden dreißig Regimenter bei der Panzerartillerie. Man schoss mit der amerikanischen Panzerhaubitze M 48.

Auf der nächsten Hierarchiestufe befand sich Ackermann als Abteilungs- und Batteriekommandant im Offizierskader, das etwa 60 Mann zählte. In einer Abteilung wurden etwa 500 bis 600 Soldaten befehligt. In groß angelegten Truppenübungen wurden bis zu 20 000 Mann mobilisiert. In diesem Rang tummelte sich damals ein großer Teil der Führungskasten der Schweizerischen Bankgesellschaft und der Kreditanstalt. Entsprechend sitzt Ackermanns militärische Kameradschaft auch heute an den Schalthebeln der zivilen Macht: Banker, Industrieführer, Politiker. Wie zum Beispiel sein Kollege Philipp Staehelin, der bis zur Beförderung in den Generalstab blieb. Er ist als Wirtschaftsanwalt im Thurgau extrem gut vernetzt, sitzt in zahlreichen Verwaltungsräten und als Politiker im Ständerat, der zweiten parlamentarischen Kammer der Eidgenossenschaft. Zeitweise war er Präsident der christdemokratischen CVP und Regierungsrat seines Kantons. Zu Ackermanns militärischen Weggefährten gehören auch der Berner Medienunternehmer und Kommunikationswissenschaftler Mathias Steinmann, Jakob Kellenberger, der Präsident des Internationalen Roten Kreuzes (IKRK) in Genf, und sein heutiger Nachbar und Bankerkollege Walter Kielholz.

Wie mit den Schulkameraden hat Ackermann auch mit seinen Kumpels vom Militär einen kleinen Kameradschaftsclub gegründet, der sich alljährlich trifft – eine nostalgische, gut schweizerische Veranstaltung.

An der Hochschule in St. Gallen lernte er so unterschiedliche Charaktere kennen und schätzen wie Viktor Schibli, den sie «Filou» nannten und der später nach Santiago de Chile auswanderte, den Hamburger Thomas Hoyer oder den St. Galler Rheintaler Bruno Slongo, der aus einfachen Verhältnissen stammte, sein Studium mit Lehrer- und Kellnerjobs finanzieren musste und wie Johansson Headhunter wurde. Slongo hat es auch geschafft, er ist heute Partner bei der weltbekannten Beratungsfirma Heidrick & Struggles in Zürich, sitzt in Verwaltungsräten, er war Präsident des Lions Clubs. Einmal hat Ackermann, der zwei Semester weiter war, seinem Freund die keynesianische Geldwert-Theorie beigebracht. Weil Ackermann gerade zum Militärdienst abkommandiert war, musste Slongo den Oberleutnant in der Kaserne im thurgauischen Frauenfeld aufsuchen, dem Artillerieausbildungsplatz des Regimentes 11. «Er hat mir die Theorie in null Komma nix erklärt», sagt Slongo. Sein Weg war auch für Björn Johansson, den Karrieren-Profi, nicht überraschend: «Joe war ein Winner. Es war schon früh erkennbar, dass er weit kommen würde.»

Der Rheintaler erinnert sich an Ackermann als einen Studenten, dem alles etwas leichter fiel. Routiniert absolvierte er den Weg bis zum Diplom, das er im Herbst 1972 mit dem schweizerischen Lizentiat erhielt. Zur Belohnung gönnte er sich im Frühjahr 1973 eine sechswöchige Rundreise durch die USA. Allein zog er mit dem Rucksack los und erkundete die Neue Welt, deren Anziehungskraft ihn nie wieder losgelassen hat. Zum Schluss des Trips besuchte er in Washington die Sehenswürdigkeiten des politischen Amerika: das Weiße Haus und das Capitol. Im Senat lauschte er in der Besuchergruppe den Watergate-Hearings, die den Skandal um die schmutzigen Wahlkampftricks des US-Präsidenten Richard Nixon untersuchten, der ein Jahr später, im August 1974, als erster amerikanischer Präsident von seinem Amt zurücktreten musste.

«A good looking man»

Nach seiner Rückkehr an die Uni wurde Ackermann persönlicher Assistent von Hans Christoph Binswanger, dem anspruchsvollen Geldtheoretiker und visionären Öko-Professor. Der Lehrmeister hatte schon während des Studiums ein Auge auf ihn geworfen. Ackermann arbeitete zunächst zwei Jahre lang für Binswanger in der Forschungsgemeinschaft für Nationalökonomie. Im Sommersemester 1975 wurde er zudem Unterrichtsassistent für Volkswirtschaftslehre. Nach zwei Semestern Doktorandenstudium legte er im Herbst 1973 und 1974 die mündlichen und schriftlichen Doktorprüfungen ab. Zielgerichtet agierte Ackermann auch in seiner Beziehung zu Binswanger. Die Untersuchungen des Professors über den Einfluss des ökonomischen Wachstums auf die Entwicklung oder Zerstörung der Natur interessierte ihn nicht. Ackermann konzentrierte sich auf die Geldtheorie. Das versprach mehr Zukunft.

Er promovierte über den «Einfluss des Geldes auf das reale Wirtschaftsgeschehen – eine theoretische Analyse». Ein Stipendium aus dem Nachwuchskredit des Schweizerischen Nationalfonds zur Förderung der wissenschaftlichen Forschung unterstützte ihn materiell. Neben Binswanger bewertete Silvio Borner als Koreferent die Arbeit, der sich heute in Basel als Wirtschaftsprofessor und wortgewaltiger Kolumnist betätigt.

Ackermanns Arbeit wurde im Februar 1977 publiziert, mit einer Widmung für die Eltern und einer Danksagung für «Frl. P. Mölsä, lic. oec., welche mein schlecht leserliches Manuskript in eine druckreife Form brachte». Das Fräulein Pirkko Mölsä aus Finnland war eine gescheite, fröhliche, immer gut gelaunte Studentin. Sie war sehr bodenständig und eine herzliche Erscheinung. Die Wirtschaftswissenschaftlerin wurde Josef Ackermanns Ehefrau und ist es bis heute.

«He was a good looking man», sagen seine Studienkollegen. Er vergnügte sich gerne mit den ausländischen Kommilitonen – im Gegensatz zu vielen Schweizer Studenten, die als «Wochenendheimfahrer» freitags ins Elternhaus aufbrachen. Seine erste große Liebe war eine griechische Studentin, die aus einem sehr wohlhabenden Haus stammte. Der Vater war ein Prominentenarzt, und die Familie war mit einem Reederei-Imperium verbunden. Doch Ackermann konnte sich nicht vorstellen, sich inmitten dieses Athener Reichtums einzuleben. Ein Leben ohne Leistung war nicht sein Weg.

Seine Dissertation war eine äußerst anspruchsvolle Übung. Andere scheuten es, sich Binswanger als Doktorvater auszusuchen. In seiner theoretischen Analyse, konzentriert und prägnant auf 150 Seiten niedergeschrieben, beschäftigte sich Ackermann mit der «arbeitsteiligen Geldwirtschaft», um der Wissenschaft Ansatzpunkte zu einer «Neuorientierung der Geldtheorie» zu liefern. Er setzte sich dazu intensiv mit den klassischen Geldtheoretikern Léon Walras und Don Patinkin, natürlich auch mit John Maynard Keynes auseinander. Wichtige Quellen waren für ihn neben Binswanger die modernen Theorien des Geldkreislaufes von Irving Fisher und Milton Friedman, der die Schule der Monetaristen begründet hatte und später den Nobelpreis erhielt.

Ackermann beschäftigte sich mit der Rolle der Kreditinstitute in der Geldwirtschaft, ihrem Einfluss auf Geldnachfrage und Geldangebot, ihrer Kassenhaltung sowie mit der «multiplen Geldschöpfung» im Bankensystem. Die Arbeit macht deutlich, dass Ackermann für politisch extreme Modelle nicht zu begeistern war. So erkennt er zwar die Leistung der damals bereits stark in Mode gekommenen Monetaristen um Milton Friedman an, die sich um die Bedeutung des Geldes für das Funktionieren der Geldtauschwirtschaft große Verdienste erwarben, aber er wollte sich nicht blenden lassen: «Der von den Monetaristen eingeschlagene Weg hielt jedoch einer genaueren Überprüfung nicht stand.» Sein Doktorvater erinnert sich: «Er war gegen die Neoklassik und damit gegen Friedman eingestellt. Er war weder Keynesianer noch Monetarist.»

Rückblickend sagt Ackermann heute: «Die Realität ist eben nicht immer so holzschnittartig zu fassen.» Er erinnert sich an drei anregende Wochen, die er zur Vorbereitung seiner «Diss» bei Professor Binswanger im britischen Cambridge verbrachte, der damals dort Gastvorlesungen hielt. Tagelang hatten die beiden Zahlenreihen gebildet und Papierfahnen damit voll geschrieben, um sie am Ende zu verwerfen und wieder von neuem zu beginnen. Auch Binswanger blieben die schönen Tage mit seinem stets korrekt gekleideten Paradestudenten in allerbester Erinnerung: «Wir haben dabei in unserem Elfenbeinturm sehr viel gelacht.» Ackermann nahm seinen Doktorvater sogar einmal mit nach Ftan ins Unterengadin, in das Gasthaus seiner Verwandten.

Ackermanns politischer Standpunkt war bereits gefestigt. Extreme blieben ihm fremd. Das galt auch für die politische

Frage aller Fragen, die seit Jahrzehnten die Schweizer umtreibt: Beitritt zur Europäischen Union. «Zwei Herzen» pochen bis heute in ihm, wenn es um diese Frage geht, und er befindet sich mit diesem Gefühl in guter Gesellschaft mit vielen Landsleuten. Seit die Schweizer Bürger 1992 mehrheitlich den Beitritt ablehnten, hat auch die EU-Begeisterung nachgelassen. «Ich war kein EU-Turbo», sagt Ackermann über seine studentische Zeit, «aber ich war immer der festen Meinung, dass die EU für die Schweiz eine gute Lösung wäre.» Einerseits bezeichnet er sich als großen Anhänger der europäischen Integration: «Die Schweiz gehört nach Europa.» Andererseits verspürt er heute, mehr als ein Jahrzehnt nach der Abstimmungsniederlage, «keinen Druck», der EU beizutreten, und dieser Meinung pflichtet die Mehrheit der Schweizer Bürger bei.

Die CVP war ihm zu konservativ-katholisch. Er wurde Anhänger der Freisinnigen Partei, der Partei der Schweizer Finanz- und Wirtschaftswelt. Die Schweizer FDP war und blieb die Partei des Establishments, auch wenn sie diese Position seit vielen Jahren mit anderen teilen muss. Heute spendet er in einem Freundeskreis der Mächtigen und Einflussreichen für die Freisinnigen.

Ackermanns Ziele waren gesteckt. Nicht verbissen, aber ehrgeizig und strebsam, verfolgte er sie konsequent. «Joe sagte schon, als er in das Direktorium der SKA aufgestiegen war: Ich werde Generaldirektor der Kreditanstalt», erinnert sich Bruno Slongo. «Die Nummer zwei zu sein, das verträgt er nicht. Er muss die Nummer eins sein.»

So ist es eine Ironie der Geschichte, dass sich bald nach dem Studium die Wege zweier HSG-Studenten schicksalhaft kreuzen werden, die unterschiedlicher nicht hätten sein können, und dennoch sind beide zum Höhepunkt ihrer Karriere nach Deutschland aufgebrochen: Roger Schawinski, der heutige SAT.1-Chefredakteur, und der Deutsch-Banker Ackermann. Als sich der eine im ersten Semester in die Nationalökonomie vertiefte, schrieb der andere als Nebenerwerbsjournalist für die linksliberale *Weltwoche* Reportagen über die Flower-Power-Bewegung in San Francisco. Der eine promovierte übers Geld, der andere lieferte eine kritische Studie zum Massentourismus. Das Thema seiner Dissertation: «Sozioökonomische Entwicklungsfaktoren des Fremdenverkehrs in Entwicklungsländern: der Fall Guatemala».

Im Sommer 1977 enthüllte der rebellische Journalist Schawinski einen gewaltigen Bankenskandal, der den Finanzplatz Zürich bis ins Mark traf. Seine Attacken ritt er als Chefredakteur der Zeitung *Die TAT*, die er von der miefigen Kundenzeitung der Lebensmittel-Handelsgenossenschaft Migros zu einem kritischen Boulevardblatt ummodelte. Die Skandal-Storys führten zu Schawinskis Entlassung. Gleichzeitig machten sie Josef Ackermann den Weg für eine glänzende Karriere frei.

Die prägende Bezugsperson blieb für Josef Ackermann aber Hans Christoph Binswanger, sein Doktorvater.

Der Lehrer: Hans Christoph Binswanger, Öko-Professor

Wenn man sich die Schriften des St. Galler Volkswirtschaftsprofessors Hans Christoph Binswanger anschaut, dann könnte man denken, dass seine Studenten eher zu Greenpeace-Geschäftsführern taugten denn für eine veritable Bankenkarriere.

«Ich habe zwei Seelen», erzählt der 77-jährige Wissenschaftler, der immer noch in seinem Institut in einem St. Galler Altstadthaus forscht, «eine Umwelt- und eine Geld-Seele.» Es sind die Antipoden seines wissenschaftlichen Lebenswerkes. Binswanger war stets ein weitsichtiger Wanderer zwischen diesen Welten. Er beschäftigte sich schon sehr früh mit der Beziehung zwischen Wirtschaftswachstum und Umweltzerstörung – Jahre vor Erscheinen des legendären Club-of-Rome-Berichts über die «Grenzen des Wachstums», der 1972 von Dennis Meadows herausgegeben wurde. Er schrieb Essays über «Maßlosigkeit und Unersättlichkeit». Er kritisierte die «Glaubensgemeinschaft der Ökonomen». Er deutete Goethes Faust («Geld und Magie»). Er wurde als nichtmarxistischer Kapitalismuskritiker berühmt («Arbeit ohne Umweltzerstörung»). Er gründete das Institut für Wirtschaft und Ökologie. Und er ist ein geistiger Vater der Ökosteuer («Wege aus der Wohlstandsfalle»).

Für diese Themen schlägt das Herz des Öko-Professors, der seit Jahrzehnten ein gern gesehener Gast und Redner auf den Konferenzen der Umweltschutzorganisationen ist. So publizierte er zusammen mit Udo Ernst Simonis, dem linken Professor für Ökonomie und Umweltpolitik aus Kiel. Und so sitzt er immer noch im Ausschuss für Immissionsschutz des Landes Brandenburg.

Der liebenswürdige und freundliche Binswanger, ein Mann mit sensiblen Zügen und hellwachen Augen, tauchte aber auch in der Chefetage der Deutschen Bank auf, als Berater des Vorstandssprechers Wilfried Guth, der von 1976 bis 1985 zusammen mit F. Wilhelm Christians das Institut leitete. Es war die Zeit, als die Deutsche Bank ein «vorsichtiges Hineintasten in die internationalen Märkte» wagte, wie der Kölner Bankenhistoriker Hans Büschgen formulierte.

Als Binswanger 1969 in St. Gallen antrat, flogen in anderen Universitätsstädten Pflastersteine gegen Polizisten und Staatsschützer. Die Studentenbewegung, die erste globale Protestwelle, wühlte das akademische Establishment nahezu überall auf, ob an der University of California in Berkeley oder an der Sorbonne in Paris. Doch in St. Gallen verliefen die Auseinandersetzungen in kontrollierten Bahnen. Der Uni-Rektor lud die kritischen Studenten zur wöchentlichen Diskussion, die Sache wurde im akademischen Gespräch ausgetragen.

Binswangers intellektuelle Fragestellung galt dem Raubbau im Wirtschaftsleben: «Das Abnehmende wird ökonomisch nicht gezählt.» Er erinnert sich noch an die kritische Haltung der Kollegen anlässlich seiner Antrittsvorlesung. Doch bald war das Thema «in». US-Präsident Richard Nixon veröffentlichte den ersten Umweltbericht einer Regierung, es folgten der Bericht des Club of Rome, der ein Weltbestseller wurde, und das Buch «Ein Planet wird geplündert» von Herbert Gruhl.

Der Student Josef Ackermann zeigte wenig Interesse an Binswangers Öko-Wissenschaften. Die intellektuelle Bewältigung des Verhältnisses zwischen Wirtschaft und Natur war für ihn kein Thema: «Ackermann faszinierte die Geldfrage.» Und zwar auf einem wissenschaftlichen Niveau, das bei vielen seiner Kollegen Bewunderung und Erstaunen auslöste. So wurde Binswanger sein Doktorvater, und die beiden studierten und analysierten die Geldtheorien bis zum Umfallen. Auf das Ergebnis ist Binswanger immer noch stolz: «1,25 war die Note.»

«Binswanger war ein Riesenfan von Joe», erinnert sich ein Studienkollege, und das ist so geblieben. Als der Emeritus sich an sein jüngstes Werk machte, das im Juni 2006 erschien, hat er

Ackermanns Dissertation nochmals zur Hand genommen, um dessen theoretische Studien über die Kassenhaltung der Banken aufzunehmen. Das Buch trägt den Titel «Die Wachstumsspirale. Geld, Energie und Imagination in der Dynamik des Marktprozesses». Binswanger hat 12 Jahre an diesem Mammutwerk gearbeitet, seit seiner Emeritierung als ordentlicher Professor für Volkswirtschaftslehre in St. Gallen. Es ist eine Art Vollendung seiner wissenschaftlichen Arbeit – immerzu die Gefahren im Blick behaltend, «die mit einem steten Wachstum der Wirtschaft in einer begrenzten Welt verbunden sind». Vereinfacht gesagt, errechnet Binswanger in diesem Werk, dass eine stabile Wirtschaft ein minimales Wachstum von 1,8 Prozent haben muss, um nicht zu schrumpfen.

Binswanger begegnet seinem Schüler alljährlich beim «St. Gallen Symposium», das von der Stiftung für Internationale Studien an der Hochschule organisiert wird. Ackermann ist Präsident des Stiftungsrates und ein Studentenkomitee organisiert den Kongress, der einer Miniaturausgabe des Weltwirtschaftsforums (WEF) in Davos gleicht. «600 Entscheidungsträger» begrüßten die Studenten zum 36. Symposium im Mai 2006: Schweizer Konzernlenker, deutsche Vorstände und Aufsichtsräte wie japanische Think-Tank-Präsidenten. Milliardär Christoph Blocher, der als Krawallpolitiker für die rechtskonservative Schweizerische Volkspartei (SVP) im Bundesrat das Amt des Justizministers innehat, sprach über «Neosozialismus versus Neoliberalismus?» und wollte seinen Auftritt als «Verteidigungsrede für Freiheit, Demokratie und den Freien Markt» verstanden wissen. Die studentischen Medienbetreuer wissen auch bereits, wie man sich Ärger vom Hals hält. Die Journalisten werden gebeten, den Business Dress Code zu beachten, und ihnen wird der freundliche Hinweis gegeben, dass «das St. Gallen Symposium kein Ort für Quotenjäger oder Skandaljournalismus ist». Sie haben wohl kaum eine Karriere in der Ökobewegung im Sinn. Die künftige Elite – alles kleine Ackermänner?

Zunächst wusste er sich nicht zwischen Geldtheorie und Geldpraxis zu entscheiden. Eine akademische Karriere hätte ihm durchaus gefallen. Graz, Innsbruck oder Wien hatte er im Sinn. Doch dann bewarb er sich auf die Ausschreibung einer Stelle bei der Schweizerischen Kreditanstalt (SKA) in Zürich, die heute unter dem Namen Credit Suisse das zweitwichtigste Institut am Finanzplatz Schweiz darstellt. Binswanger wollte ihn nicht bremsen: «Ich habe ihm ein Empfehlungsschreiben mit auf den Weg gegeben.» Ackermann sollte schon bald die Auswirkungen einer der größten Bankenkrisen aus nächster Nähe erleben, die jemals die Schweiz heimgesucht hatte. 1977 verließ er die Welt von St. Gallen.

Die Gesellschaft im Turm

«In Zürich stellt ein Bankier dasjenige dar, was einst ein Filmstar für Hollywood bedeutete. In den Finanzstudios der Bahnhofstraße tummeln sich ihre Verehrer, ihre Anhänger, ihre Nutznießer, kurzum, ein ganzer Hof. Die Bankiers erscheinen im Glorienschein großer Vollkommenheiten. Sie werden vergöttert, oder aber kritisiert, und zwar mit einer Schärfe, die ihren eigenen Urteilen entspricht. In den Salons am Zürichberg liefert ihr Tun und Treiben Gesprächsstoff in Menge: neidische Kommentare, vorsichtige Anspielungen, perfide Bemerkungen ...
Das Leben der Großbankiers besteht aus ununterbrochener Arbeit, täglichem Ringen, wiederholten Wagnissen, gelegentlichem Vabanquespiel, vergänglichem Einfluss, und steten Geheimnissen. Den Jungtürken, die sie umgeben, erscheint dieses Leben als Vorbild. Wehe aber, wenn die Götter sich irren: dann werden sie gestürzt. Und wenn sich gar eine Bank verrennt, dann kommt die Welt der Finanzstars zum Brodeln.»

Max Mabillard und Roger de Weck
Scandale au Credit Suisse, 1977

«Mit den Jahren steigern sich die Prüfungen.»

Goethe, Wilhelm Meisters Wanderjahre

Die Kreditanstalt

Große Führungspersönlichkeiten zeichnen sich häufig dadurch aus, dass sie eine schwere Krisensituation in einer Organisation durchlebt und die Folgen erlitten haben. Josef Ackermann durfte diese Erfahrung gleich zu Beginn seines Berufslebens machen, und vielleicht hilft dieses prägende Erlebnis, seinen heutigen Stellenwert in der internationalen Bankwelt zu erklären.

Als Ackermann sich für die Schweizerische Kreditanstalt entschied, galt das Institut als die «bessere» Bank am Zürcher Paradeplatz. Doch dieses Image war dahin, als er seinen Dienst antrat. Dazwischen war die so genannte Chiasso-Affäre aufgeflogen, die das ganze Bankhaus, ja sogar den Finanzplatz Zürich erschütterte. Ausgerechnet Roger Schawinski, der linke Rebell und St. Galler Studienkollege, stand auf der anderen Seite – als journalistischer Enthüller des Skandals. Der junge «Muckraker» hatte viel Stoff gesammelt, genug, dass den Herren (und wenigen Damen) am Bankenplatz der Atem stockte.

Was war geschehen? Im April 1997 musste die Generaldirektion der Schweizerischen Kreditanstalt (SKA), der heutigen Credit Suisse, in einem Pressecommuniqué einen Millionenverlust ihrer Filiale in Chiasso im Tessin eingestehen. Die Meldung löste eine Welle von Enthüllungsberichten über die Zustände in der Kreditanstalt aus und führte schließlich zu einem Management-Revirement, wie man es bis dahin in einem konservativen Schweizer Bankinstitut für undenkbar gehalten hätte.

In der Tessiner SKA-Filiale florierte jahrelang das Geschäft mit italienischen Kapitalfluchtgeldern. Die örtlichen Direktoren hatten «unter massivster Überschreitung ihrer Kompetenzen und in krimineller Weise Kundengelder in Höhe von 2,2 Milliarden Franken nicht bei ersten Adressen platziert, sondern außerhalb der Bilanz bei der liechtensteinischen Texon Finanzanstalt und deren Beteiligungsgesellschaften», wie der Haushistoriker Joseph

Jung retrospektiv festhielt. Der Fall brachte der SKA den größten Verlust ihrer Geschichte ein und wurde zum Wendepunkt für Strategie und Selbstverständnis des Hauses.

Die SKA-Bankiers hatten die Fluchtgelder der Italiener bei ihren Kollegen in Mailand in der Banca di Roma oder sinnigerweise in den Besprechungsräumen der staatlich kontrollierten Banca Commerciale Italiana (COMIT) einkassiert, ohne Quittung oder sonstige Belege. Einem Schweizer Bankier vertraute man damals blind. Der freundliche Herr von der SKA kam immer mittwochs, und die Ausbeute war beträchtlich. Mit Lieferwagen schafften sie den Schotter an Grenzposten vorbei, die konstant beide Augen ganz fest zudrücken mussten. Schließlich hatte Chiasso einen Schmugglerruf zu verlieren. Die italienischen Bankdirektoren wiederum, die das Spiel mit einfädelten, kassierten eine stattliche Kommission. Unter den Kunden befanden sich große Namen des italienischen Establishments, aber gewiss auch einige Dunkelmänner.

Mit den Fluchtgeldern richteten die Bankiers in Chiasso eine regelrechte Parallelbank ein. Über Treuhandkonten in Liechtenstein wurde das Geld der Italiener – statt bei erstklassigen ausländischen Banken – in Beteiligungsgesellschaften angelegt, die wiederum in der italienischen Heimat investierten – in Hotel- und Freizeitanlagen, Weingüter und sonstigen handfesten Unternehmungen. Die liechtensteinischen Depots der fehlbaren SKA-Manager lauteten zwar auf Schweizer Franken, investiert aber wurde in italienischen Lire, einer Währung, mit deren Kurs es immer nur bergab ging. Mehr als 800 Beteiligungsgesellschaften waren im Lauf der Zeit zusammengekommen.

Mit den Tessiner Bräuchen waren viele Schweizer Bankiers durchaus vertraut, aber erst als sich die exorbitanten Renditeversprechen und Garantien der SKA Chiasso herumsprachen, protestierte die Konkurrenz am Paradeplatz. Philippe de Weck, der mächtige Generaldirektor der Schweizerischen Bankgesellschaft, erschien bei SKA-Generaldirektor Heinz Wuffli, um ihn zu warnen, dass in seiner Filiale etwas nicht mit rechten Dingen zugehe. Weil Wuffli dieses Signal nicht sogleich in eine nachhaltig wirkende Tat umsetzte, sondern die Angelegenheit noch ein Jahr lang schleifen ließ, wurde er später, nach Aufarbeitung des Falles, zum Bauernopfer bestimmt. Er musste demissionieren.

Es ist übrigens interessant, dass die Söhne dieser Bankiers der konservativen alten Schule ganz unterschiedliche Wege eingeschlagen haben. Peter Wuffli, Jahrgang 1957, hat nach dem HSG-Studium in St. Gallen eine glänzende Bankenkarriere gemacht – ausgerechnet bei der UBS, die 1979 als Fusion aus des Vaters Konkurrenzbanken Schweizerischer Bankverein (SBV) und Schweizerischer Bankgesellschaft (SBG) entstanden ist. Wuffli Junior wurde im Dezember 2001 Präsident der UBS-Konzernleitung und damit verantwortlich für das operative Tagesgeschäft – und damit einer der wichtigsten Konkurrenten Josef Ackermanns im Vermögensverwaltungsgeschäft. Roger de Weck hingegen, Jahrgang 1953, begann nach dem HSG-Studium als Wirtschaftsredakteur bei der Genfer *Tribune de Genève*, um bald mit der Publikation eines spannenden Taschenbuches mit Kriminalbezug aufzufallen: «Der Fall Chiasso». De Weck machte nach Stationen bei dem Blatt *24 heures* in Lausanne und der Zürcher *Weltwoche* eine glänzende Journalistenkarriere, unter anderem als Chefredakteur des Zürcher *Tages-Anzeiger* und der Hamburger Wochenzeitung *Die Zeit*. Heute hört die Schweiz auf seine Kolumnistenstimme.

Die Vätergeneration hätte die Krise vielleicht noch schonend bewältigen können, wenn da nicht im Sottoceneri der junge Staatsanwalt Paolo Bernasconi, ein ebenso ehrgeiziger wie juristisch und politisch brillanter Kopf, gewesen wäre. Der groß gewachsene und schlaksige Ermittler sondierte zunächst bei der SKA die Chancen eines gemeinsamen Vorgehens bei den Untersuchungen. Er wollte der Bank die Chance geben, weitere Geldabflüsse zu verhindern. Im Gegenzug verlangte er von der Bank die Sicherstellung aller Dokumente. Dann bestellte der Staatsanwalt die Bankiers aus Chiasso nach Lugano in sein Büro zum Verhör – an einem Sonntag! Noch am Abend ordnete er die

Verhaftung von drei verantwortlichen SKA-Filialdirektoren wegen Urkundenfälschung und ungetreuer Geschäftsbesorgung an, darunter ein bekannter CVP-Politiker. Das hatte es noch nie gegeben! Schlimmste Befürchtungen wurden am Zürcher Paradeplatz durchgespielt, eine Panik könnte ausgelöst werden, die Kunden ihre Einlagen abziehen. Am folgenden Montagmorgen trafen sich die Vertreter der Nationalbank und der – damals noch – drei Großbanken. Am Abend verkündeten sie, dass die SBV und die SBG zur Linderung der Not drei Milliarden Franken als «Stand-by-Kredit» bereitstellten. Am Dienstag stürzten an der Börse die Kurse der Bankenaktien, auch der Franken kam am Devisenmarkt unter Druck. Vom Zürcher Hauptsitz wurden eiligst Geldtransporte ins Tessin organisiert, um die Zahlungsfähigkeit der Filiale auch bei großen Rückzügen zu erhalten. Die Schweizerische Bankiersvereinigung erließ erstmalig Standesregeln zur Sorgfaltspflicht der Banken, die bis heute die wichtigste Orientierung im Schweizer Geldgeschäft geblieben sind.

Paolo Bernasconi, Mitglied der Freisinnigen-Demokratischen Partei (FDP), wurde ein Star unter den Staatsanwälten. Es war die Zeit der großen Mafia-Verfahren und Geldwäsche-Fälle. In seinem Schatten wirkte als stellvertretender Staatsanwalt mit Fulvio Pelli ein weiterer Mann aus der Tessiner FDP, der im Jahr 2005 zum Parteivorsitzenden der Schweizer FDP gewählt werden sollte. Er wechselte 1984 in den Lehrberuf an der Universität St. Gallen, wurde dort Strafrechtsprofessor, stieg als Anwalt in ein renommiertes Tessiner Advokaturbüro ein, das so berühmte Klienten wie den Münchner Medientycoon Leo Kirch strafrechtlich betreute. Bernasconi hat zahlreiche Rechtsnormen der Eidgenossenschaft maßgeblich mitgestaltet, und er ist immer noch ein Anwalt des Staates geblieben, der nicht müde wird, auf die lauernden wirtschaftskriminalistischen Gefahren hinzuweisen, die das Image der Schweiz schon so oft geschädigt haben.

Roger de Weck beschrieb in seinem Buch über den Chiasso-

Fall die Atmosphäre in der Zeit, als Ackermann seine ersten Arbeitsmonate erlebte, mit einer charakteristischen Anekdote aus der Bierhalle Kropf, einem traditionsreichen, mit Fresken verzierten Wirtshaus wenige Meter vom Renaissance-Prachtbau der Kreditanstalt entfernt: «Während die Kellnerin den Tagesteller zu 7,50 Franken serviert, lassen die Kollegen den neuesten Witz los. In diesen Tagen, wo man vergeblich auf den Frühling wartet, verwandeln Arbeiter den Paradeplatz in ein echtes Baugelände. Man behauptet, sie würden vor dem SKA-Gebäude Rasen anlegen. Im Kropf zögert man nicht, den Leuten von der Kreditanstalt die Frage zu stellen: ‹Wisst ihr warum? Damit man euch nicht hört, wenn ihr das Geld aus dem Fenster werft.›»

«SKAndalbank», titelte die Genossenschaftszeitung *TAT* eine Serie von Artikeln über das 1856 gegründete Institut, «Die SKA-Aktionäre werden schamlos manipuliert», eiferte ihr Chefredakteur Roger Schawinski, dessen Lebenslauf ein Stück junger helvetischer Rebellengeschichte darstellt, fast so schön wie die Tell-Sage. Schawinski, von Kollegen liebevoll «Schawi» genannt, der geistreiche Wirbelwind und angriffslustige Revoluzzer, gründete Ende der siebziger Jahre den ersten Piratensender der Schweiz, dessen Signale er über eine UKW-Antenne vom italienischen Grenzberg Pizzo Groppera über das Tessin bis nach Zürich herüber sendete. Gegen das zwangsläufig verhängte Sendeverbot konnte er Tausende junge Hörer mobilisieren, die auf Zürichs Straßen für die Sendefreiheit demonstrierten. So erkämpfte sich Schawinski 1983 endlich eine Sendelizenz und wurde damit Medienmillionär. 1994 gründete er mit Tele Züri den ersten privaten TV-Sender. Als seine Geschäfte gegen Ende der neunziger Jahre schlechter liefen, verkaufte er das Unternehmen für 92 Millionen Franken an den Zürcher Medienkonzern Tamedia.

Inzwischen ist auch Schawinski in der Welt der «Heuschrecken» angekommen. Seit Dezember 2003 dient er als Geschäftsführer des Berliner Fernsehsenders SAT.1 verschiedenen Investmentgesellschaften, die ihr steuergünstiges Domizil offshore in der Karibik aufgeschlagen haben: unter anderen die P7S1-Holding auf den Cayman-Inseln und die German Media Partners auf den Britischen Jungferninseln, an der wiederum die HSAC Investments (USA) sowie die Fondsgesellschaften Hellman & Friedman (Bermudas), THL/Putnam mit dem Hedgefonds Thomas H. Lee (Caymans), Bain Fonds (Caymans), Providence Fonds (Caymans), Quadrangle Fonds (USA) und der Alpine P7 (Sitz unbekannt) beteiligt sind. Die Graphik der Gesellschafterstruktur seiner Holdinggesellschaften sieht eher aus wie der Rohrleitungsplan der Queen Mary und spiegelt die gängigen Besitzverhältnisse der Unternehmenswelt des 21. Jahrhunderts wider. Offshore-Gesellschaften, die an ihrem Inseldomizil in der Karibik nur minimale Gebühren oder Abgaben leisten, kontrollieren die größten Aktienpakete und können den Dividendenbezug wie die allfälligen Spekulationsgewinne nahezu steuerfrei einstreichen. In vielen Fällen gewähren sie den Anteilseignern weitestgehende Anonymität. Ein Teil der Firmen wird dem Familienimperium des kalifornischen Medien-Milliardärs Haim Saban zugerechnet.

Roger Schawinski überlebte seine Enthüllungsphase beruflich nicht. 1978 wurde er entlassen, weil sein Blatt den Eigentümern zu aufmüpfig wurde. In der Großbank hat man ihm immer noch nicht verziehen. Joseph Jung, Haushistoriker der Kreditanstalt, schrieb im Jahr 2000 über Schawinskis Berichte: «Im Stil eines bis dahin in der Schweiz noch unbekannten Enthüllungsjournalismus stürzten er und sein Team sich auf jeden Informanten, auch wenn dieser außer vagen Vermutungen nichts Wesentliches zur Aufklärung des wahren Sachverhaltes beitragen konnte.» Fest steht aber, und dies leugnen auch nicht die damaligen Generaldirektoren, dass das Überleben dieses Desasters einem Glücksfall gleichkam.

Wenige Monate nach dem Aufflammen des Chiasso-Skandals kam das Personalkarussell bei der Kreditanstalt in Gang. Rainer E. Gut, einer der aktivsten Krisenmanager, wurde Sprecher der Generaldirektion. Er brach die Macht der alten Männer im Zürcher Traditionshaus. Robert A. Jeker, bisher stellvertretender Generaldirektor, wurde Mitglied der Generaldirektion. Und er bekam bald einen ehrgeizigen Assistenten: Josef Ackermann.

Ackermann traf im Chiasso-Krisenstab auf den jungen Jörg Neef, einen Sozial- und Wirtschaftswissenschaftler, der als Wirtschaftsredakteur von der *Neuen Zürcher Zeitung* zur SKA gestoßen war. Neef, der in der Volkswirtschaftsabteilung des Geldhauses anfing, wurde wegen seiner journalistischen Fähigkeiten und Beziehungen in den Krisenmonaten sogleich in eine Ad-hoc-Gruppe beordert, die sich um die Pressekontakte kümmern sollte. Denn so etwas hatte man in dem Traditionshaus noch nicht. Neef bewährte sich in dieser Rolle schnell. Er erzählt noch gerne, wie sie die Zürcher Journalisten in eine eigens von der Swissair gechartete DC-8 luden, um ihnen in Italien die kritischen Unternehmensbeteiligungen der Texon-Gruppe zu zeigen. Es ging darum, den Medien weiszumachen, dass es nicht nur Schadensbilanzen gab, sondern auch echte Vermögenswerte, die man versilbern könnte.

Neefs Mission war mehr als gelungen, es war eines der größten Schurkenstücke der Schweizer Public-Relations-Geschichte. Die *Schweizer Illustrierte* spekulierte bereits über ein «Bombengeschäft», das die SKA mit der Hinterlassenschaft der Chiasso-Boys machen könne: «Schlüpft aus dem faulen Ei ein goldenes Huhn?» Tatsächlich aber mussten über die Jahre hinweg Wertberichtigungen jenseits der Milliardengrenze in die Bücher genommen werden, während die Erlöse aus dem Verkauf der Texon-Hauptbeteiligungen netto gerade einmal 50 Millionen Franken ergaben.

Ackermann konnte die Krisendiskussionen als Generaldirektoren-Assistent aus nächster Nähe beobachten. Der Gehilfen-Job füllte den Geldtheoretiker von der HSG nicht voll aus. Er brach bald in die USA auf, um einen einjährigen Trainingsaufenthalt bei der New Yorker Filiale der Kreditanstalt zu absolvieren. Damals gaben sich die Schweizer Bankiers in Amerika noch betont bescheiden. Das Herausposaunen von Geschäftszahlen, vor allem der Daten über die verwalteten Kundenvermögen, überließen sie den anderen – und genossen das Gefühl, weithin unterschätzt zu sein.

Ackermann zeigte sich sogleich zum Start in der Neuen Welt von seiner Siegerseite. In New York traf er wieder auf Jörg Neef, der mit seiner Ehefrau eine bescheidene Wohnung am Madison Square bezog. Ackermann hatte es arrangiert, dass er mit Gattin Pirkko in einer wunderschönen Dachwohnung an der Neunten Straße am Washington Square im pulsierenden Herzen von Greenwich Village residieren durfte. Die beiden Zürcher freundeten sich bald im New Yorker SKA-Büro mit dem Exiltschechen Jan Kofol an, der mit einer Psychiaterin verheiratet war. Die Paare zogen durch die Jazz Clubs in Downtown Manhattan und brachen an sonnigen Wochenenden mit dem Mietwagen an die noblen Strände von Southampton auf Long Island auf. Und die Ackermanns nahmen bei einem 80-jährigen jüdischen Lehrer ungarischer Abstammung Gesangsunterricht. So schlich sich in die Zeitungsporträts über ihn die Geschichte ein, er sei ausgebildeter Tenor. Tatsächlich konnte er damals sehr schön singen, und außerdem spielt er passabel Klavier – wenn auch beides nicht konzertreif.

Im Hintergrund hatte Ackermann einen Fürsprecher, der ganz große Stücke auf ihn hielt und dem er zweifelsfrei die ersten Karrierejahre verdankte: Hannes Scherrer, der inzwischen verstorbene Mann in der Personalabteilung. Scherrer förderte ihn, wo er nur konnte, und Ackermann hielt, was sich Scherrer von ihm versprach.

Ackermann machte sich intern mit nützlichem Schriftgut für die Banker-Praxis im Firmenkreditgeschäft beliebt, zum Beispiel über das Geschäft mit Akkreditiven, Dokumentarinkassi und Bankgarantien – «ein Handbuch für mehr Sicherheit im Auslandgeschäft» oder mit einem Emissionshandbuch zum Schweizer Kapitalmarkt, das er zusammen mit dem Zürcher

Wirtschaftsanwalt Max Roesle erstellte. Ackermann machte Stationen im Corporate Banking, im Bereich Devisenhandel und Treasury in Lausanne.

1984 wurde seine Tochter Catherine geboren, und zwei Jahre später zog er nach London, auf einen Posten im Investment Banking bei der CS First Boston in London, die der aufstrebende Generaldirektor Rainer E. Gut kurz nach dem Chiasso-Desaster gebildet hatte. Damals gab es fünf Investmentbanken von Weltrang: Merrill Lynch, Morgan Stanley, Salomon Brothers, Goldman Sachs und First Boston. Außer Goldman Sachs waren alle an einer Partnerschaft mit der SKA interessiert. Gut entschied sich für ein Zusammengehen mit der First Boston, die den Schweizern den Zugang zu einer begehrten amerikanischen Kundenliste sicherte. Als die First Boston später ganz von der Credit Suisse übernommen wurde, gehörte in New York ein prachtvoller Gründerzeitbau der CSFB an der Madison Avenue zum Imperium der Schweizer, seit den neunziger Jahren in London ein modernes Domizil in der Canary Wharf, dem neuen Geschäftszentrum in den Docklands.

Die Feuertaufe

Rainer E. Gut, der als junger Investmentbanker vier Jahre vor dem Chiasso-Desaster zur SKA kam, wurde Ackermanns wichtigster Mentor, der ihn jahrelang begeistert förderte, um ihn am Ende wie nach einer zerrütteten Ehe kalt abzuservieren. Ackermann wiederum galt als Guts loyaler Begleiter. Er legte von Beginn an Wert darauf, seine Bankenkenntnisse möglichst weit zu fächern, während viele andere ausschließlich ins traditionelle Private-Banking-Geschäft mit den vermögenden Kunden drängten. Schon bald kam er in leitende Funktionen, unter anderem im Bereich Multinational Services Schweiz in Zürich. Doch Gut ließ den jungen Mann immer wieder warten, bevor er ihn beförderte. So machte sich Ackermann 1989 große

Hoffnungen auf den Eintritt in die Generaldirektion, doch ein anderer wurde ihm vorgezogen – und der blieb nur ein Jahr. Ackermann fühlte sich brüskiert, verärgert nahm er erst einmal eine Woche frei.

Nach einem Jahr war der Schnupfen auskuriert. 1990, mit 42 Jahren, gelang ihm endlich der entscheidende Karriereschritt. Gut nahm ihn in die Generaldirektion auf. Und schon ein Jahr später wurde er deren Präsident, als jüngster Chef einer Schweizer Großbank. Ackermann war nun die Nummer zwei, aber Rainer E. Gut ließ nie einen Zweifel aufkommen, wer der Chef im Hause war.

Anfang der neunziger Jahre galt der Direktorenposten bei der SKA zweifelsohne als Eintritt ins Zürcher Establishment. Das Salär eines Generaldirektors lag in guten Jahren bei rund einer Million Franken und bestand je zur Hälfte aus einem Fixgehalt und einem erfolgsabhängigen Bonus. Alle in der Generaldirektorenrunde glaubten, dass sie unterschiedlich bezahlt würden und nach der aktuellen Leistungseinschätzung des Patrons Rainer E. Gut eintariert würden. Aber das Salär war in Wahrheit genau gleich. Gut führte einmal im Jahr Zielvereinbarungsgespräche, und er ließ keinen Zweifel an seiner Rolle: «Ich bin euer Chef!» Untereinander kämpften die Generaldirektoren um die Verteilung der Bonuszahlungen an ihre Untergebenen. Jeder wollte möglichst viel für seine Truppe aus dem Topf herausholen.

Luxusallüren wurden nicht goutiert. «Wenn ihr nicht bestraft werden wollt, dann kommt mir nicht mit der Idee, einen Firmenjet anzuschaffen», warnte Rainer E. Gut, der stets mit dem eigenen Wagen die Bahnhofstraße entlang zum Paradeplatz gefahren kam, den er selbstverständlich auch selbst steuerte. Nur für dienstliche und repräsentative Touren stand im Innenhof eine Flotte von sechs Limousinen bereit. Einzelne Generaldirektoren kamen mit der Straßenbahn, dem Alltagsgefährt aller Zürcher, Hans Geiger zum Beispiel kam aus seinem Dorf in den Zürcher Weinbergen mit dem Motorrad, einer Motoguzzi, später mit der bescheidensten Variante eines vierrädrigen Gefährtes, die gerade auf dem Markt war – einem Miniwagen der Marke Lancia Y10. Die Firmenjets wurden erst angeschafft, als nach Ackermanns Abgang die McKinsey-Leute an die Spitze der Credit Suisse nachrückten, und an der Bahnhofstraße rümpfte man die Nasen.

Zürcher Bankern war Protzkultur lange Zeit fremd. Hans J. Bär, der große alte Mann der Zürcher Bahnhofstraße, erzählte in seinen Memoiren, wie «die Bären» seiner Vorfahrengeneration einst nach dem Mittagessen zu Hause am Zürichberg in die Stadt hinab marschierten. Und er musste sich ein wenig schämen, als er, nach dem Krieg aus den USA zurückgekehrt, die amerikanische Sitte einführte, mit dem Auto zum Büro zu rollen.

Die Kreditanstalt hatte sich unterdessen zu einem schwer zu führenden Konzerngebilde gewandelt. Zunächst hatte die Chiasso-Krise 1982 die Gründung der Credit-Suisse-Holding ausgelöst, um die zahlreichen Firmenbeteiligungen aufzunehmen, ohne dafür innerhalb der Kerngesellschaft die gesetzlich vorgeschriebenen Eigenmittel aufstocken zu müssen. 1989 funktionierte Rainer E. Gut die CS-Holding zur Dachgesellschaft des Bankkonzerns um, unter deren Oberleitung nunmehr alle Geschäfte gelenkt werden sollten – selbstredend mit sich selbst an der Holding-Spitze.

Ackermanns Feuertaufe war der Schulterschluss der SKA mit der Schweizerischen Volksbank, seine erste große Fusion, die sein Gesellenstück werden sollte. Zuvor hatte er die Federführung bei den kleinen Übernahmen der Gewerbebank Baden und der verlustreichen Ersparniskasse Olten gehabt. Als Bankier war er zudem im Projektteam gewesen, das für den traditionellen Rüstungskonzern Oerlikon-Bührle eine neue Strategie suchen sollte.

In der Generaldirektion hatte Anfang der neunziger Jahre Hans Geiger, der Bank-Intellektuelle, eine Analyse erstellt, wie sich die Marktanteile in der Schweiz verschieben würden. Die SKA hatte immer noch das Image der Unternehmerbank, weil sie sich seit den Gründerjahren auf das Industriegeschäft konzentriert hatte. Daher war sie im Privatkundengeschäft nur die Nummer drei im Heimatmarkt. International war sie hingegen gut positioniert, unter anderem mit ihrer Investmentbank CSFB, mit der Credit Suisse Financial Products (CSFP), die Derivatgeschäfte anbot, und mit etlichen Vermögensverwaltungseinheiten. Sie betreute bereits 105 Milliarden Franken Kundengelder und beschäftigte rund 18 400 Mitarbeiter. Bei der Brautschau kristallisierte sich heraus, dass die Schweizerische Volksbank am besten passen würde. Sie war traditionell sehr stark im Heimatgeschäft, hatte ein gutes Image bei einem sehr stabilen Kundenstamm im so genannten Retailgeschäft – dem Massengeschäft mit den gewöhnlichen Bürgern. Und man wusste, dass sie etliche herbe Verluste im Kreditgeschäft hatten einstecken müssen. Als Hypothekenbank litt sie unter der geplatzten Schweizer Immobilienblase, gegenüber Klein- und Mittelbetrieben musste sie zahlreiche notleidende Kredite abschreiben.

Jörg Neef baute die Public Relations und das Lobbying auf. Wichtigste Verbündete dabei war wieder die *Neue Zürcher*. Eine Schlüsselfigur, die es in den ersten Sondierungen zu überzeugen galt, war Walter Reist, der Volksbank-Verwaltungsrat, der seit den achtziger Jahren in Ermatingen am Bodensee in der Prachtvilla einer preußischen Baronesse ein Diskussionsforum für Unternehmer eingerichtet hatte. Gut schickte den studierten Ackermann vor, und Reist war angetan. Die weiteren Verhandlungen mit den Volksbank-Verwaltungsräten führte Ackermann generalstabsmäßig. Nicht zuletzt kam dabei sein Charme zur Geltung, mit dem er die Menschen zu gewinnen vermochte. Mit Akribie hatte er sich zusammen mit seinen Vertrauten auf jede Eventualität vorbereitet. Nichts überließ er dem Zufall, jedes Risiko des Scheiterns hatte er ausgeschaltet. Als Guts Mann leitete er die Integration der Schweizerischen Volksbank in den Credit-Suisse-Konzern.

Die Konsequenzen des Schulterschlusses für das Personal der beiden Banken machte Ackermann von vorneherein klar. Die

«Erhöhung der Produktivität» würde einen Stellenabbau erfordern. 1994 verkündete Ackermann, dass rund vier- bis fünfhundert Stellen abgebaut worden seien. Es handelte sich aber um eine sozialverträgliche Variante: «Durch natürliche Abgänge und interne Versetzungen konnten Entlassungen allerdings praktisch vermieden werden.»

Mit den Folgen solcher Operationen für die Belegschaft hatte er sich auch wissenschaftlich beschäftigt: «Es ist völlig klar, dass nicht alle Mitarbeiter gleich auf die Veränderungen reagieren», hatte er einmal in einer Vorlesung an der Hochschule St. Gallen erläutert, in vielen Fällen würden «die bestehenden Beziehungsnetze zerrissen. Die neue Situation erzeugt Unsicherheit und Stress. In der Literatur wird ein breites Spektrum von Reaktionsmustern beschrieben, das vom ‹enthusiastischen Befürworter› über die große Masse der ‹neutralen Anpasser› bis hin zum ‹aktiven Systemzersetzer› und dem ‹flexiblen Um- und Aussteiger› reicht.»

Später wurde bekannt, dass nach den Zukäufen der Credit Suisse, zu denen auch die Bank Leu hinzukam, binnen drei Jahren mehr als 2000 Stellen gestrichen worden waren. Allerdings kamen gleichzeitig beim Ausbau strategischer Geschäftsteile rund 1000 neue Arbeitsplätze hinzu. Weitere 1350 Angestellte wurden bei Akquisitionen übernommen. Nach der Fusion beklagte sich der junge Bankenlenker über das politische Umfeld in der Schweiz: «Um gleiche Effizienzsprünge zu machen wie US-Banken, müssten aber schnelle Stellenabbauten auch hierzulande möglich sein.» Es müsse darüber nachgedacht werden, wie lange die Schweiz ohne diese Möglichkeit im internationalen Wettbewerb noch bestehen könne.

Jedenfalls verkündete Ackermann im Oktober 1995 die erfolgreiche Bilanz einer geglückten Fusion. Unterm Strich habe die Kreditanstalt eine Wertsteigerung von einer Milliarde Franken erreicht. Der Schulterschluss sei gelungen. Die Erfahrungen stimmten «im Großen und Ganzen mit denjenigen aus den Lehrbüchern über Mergers & Acquisitions überein».

Das war eine sehr optimistische Betrachtung. Die Fusion war durchaus fehlerbehaftet – und sie wurde viel teurer als geplant. Zwei Jahre später mussten 600 Millionen Franken zusätzliche Rückstellungen gebildet werden, weil in den Büchern der Volksbank am Ende faule Kredite in der Höhe von rund sechs Milliarden Franken entdeckt worden waren. Unter anderem flog auch ein Darlehen von 73 Millionen US-Dollar an den britischen Medientycoon Robert Maxwell auf, dessen Imperium zusammenkrachte, nachdem er auf mysteriöse Weise auf seiner Hochseeyacht über Bord gegangen war.

Die gründliche Prüfung der Gesellschaft, im Buchhalter-Jargon «Due Diligence» genannt, hatte offensichtlich versagt. Die Kreditrisiken wurden nun bei der CS in einer ausgelagerten Auffanggesellschaft gebündelt, die man Vertika AG taufte. «Garbage Dump» – «Müllhalde» – nennen die Buchprüfer verächtlich solche Konstruktionen, mit denen die unschönen Geschäfte aus der Bilanz herausgehalten werden. Die Vertika musste dazu mit Eigenmitteln in Höhe von 350 Millionen Franken, Rückstellungen von 1,55 Milliarden und einem Darlehen in Höhe von 4,1 Milliarden ausgestattet werden. Rund 40 Prokuristen und Kreditbanker versuchten jahrelang, einen Teil der Gelder wieder hereinzuholen – mit wenig Erfolg. Die Firma wurde wenige Monate nach Ackermanns Ausscheiden Anfang 1997 von der Credit Suisse übernommen und später geschlossen. Insofern hat die Volksbank-Operation nicht mit einer Wertsteigerung geendet, sondern mit einem Milliardenverlust.

Ackermann hat bei dieser Operation gelernt, wie man auch in schweren Zeiten der Öffentlichkeit schöne Zahlen präsentiert. Für ihn jedenfalls ergab sich nach der Fusion die Gelegenheit zu einer besseren Position in der Machthierarchie. Robert Jeker, der langjährige Direktionspräsident, schied aus, fünf neue Männer wurden in die Generaldirektion berufen, deren Durchschnittsalter nun bei 49 Jahren lag. Damit hatte die Kreditanstalt das jüngste Exekutivgremium der drei Schweizer Großbanken. Ackermann konnte sich im innersten Machtzirkel der Exekutive positionieren und bezog beherzt das feine Arbeitszimmer des ausscheidenden Robert Jeker im ersten Stock des 1873 errichteten Monumentalbaus der Kreditanstalt, das an einen historischen Sitzungsraum im Eckzimmer anschloss. Er hatte eine schöne Aussicht auf den Paradeplatz mit der historischen Tramstation und blickte vis-a-vis auf die majestätischen Gründerzeitbauten des Hotel Savoy und des Kaffeehauses Sprüngli. Gleich über ihm thronte im Eckzimmer Patriarch Rainer E. Gut. Dort wollte er hin.

In Zürich ganz oben

Weil die Generaldirektion nunmehr mehr als 12 Köpfe zählte, tagte das Gremium im Verwaltungsratssaal am Paradeplatz, einem gediegenen, mit Wurzelholz getäfelten Raum mit den Ölgemälden der ehemaligen SKA-Präsidenten an den Wänden.

In einem Interview mit Markus Gisler, dem damaligen Chefredakteur der Schweizer Wirtschaftszeitung *Cash*, erläuterte der frisch gekürte Großbankchef zum ersten Mal seine persönliche Stimmung, seine Führungsphilosophie und seine Skrupel: «Nach der Hochschule freute ich mich auf die Praxis und die weltweiten Kontakte. Dafür blieb keine Zeit mehr, in aller Ruhe einen Text zu schreiben. Als Präsident der Generaldirektion bin ich quasi immer auf andere angewiesen, die die Details ausarbeiten. Ich muss aufpassen, dass ich nicht nur noch reproduziere, was andere für mich getan haben, sondern dass ich auch Zeit finde, Dinge selber durchzudenken. Ich bin mehr ‹ausgestellt›, ich werde von Angestellten angesprochen, die ich noch nie gesehen habe. Ich erhalte Briefe von Leuten, die ich nicht kenne. Andere machen Aussagen über mich, die mich gar nicht kennen. Da muss ich mir eine dickere Haut aneignen. Da muss man aufpassen, dass man nicht abhebt, weil man hinaufstilisiert wird. Ich finde es wichtig, dass man so bleibt, wie man ist. ‹Echt› zu sein ist für mich das Entscheidende.»

«Echt» zu sein, das bedeute für ihn «bescheiden, offen, ehrlich, glaubwürdig». Und er betonte: «Da halte ich große Stück drauf.» Außerdem erwarte er bei den Bankiers auch kulturelle Breite: «Wenn man sich immer nur in den eigenen Kreisen bewegt, verliert man das Gefühl für gesellschaftliche, politische und wirtschaftliche Entwicklungen. Dieses ‹Gschpüüri› ist etwas vom Entscheidenden. Das kann man nur, wenn man sich mit kreativen Leuten unterhält. Querdenker sind außerordentlich wichtig.»

Ackermann spürte bereits die Zwickmühle, in die er nun als Chef der Großbank geraten sollte: Wie soll man in dieser Position noch den unbefangenen Kontakt zu den einfachen Menschen aufrechterhalten, das Gespür für das einfache Leben? Er ahnte, dass er seinem Prinzip der Bodenständigkeit nur noch selten treu bleiben könnte.

Es war auch das letzte Mal, dass er sich öffentlich so offen über seine emotionale Lage äußerte. Er hat sich die «dickere Haut» zugelegt, von der er sprach. Er hat sich mit dem Schutzpanzer gerüstet, den Manager auf seiner Ebene benötigen, um unverletzt durchs Leben zu kommen. Und damit war er dabei, sein wichtigstes Gut zu verlieren, das Echte.

Sein Direktionskollege Hans Geiger erlebte Ackermann damals als «Ausnahmeerscheinung». Brillant, vielseitig, ehrgeizig sei er gewesen: «Er ist an uns allen vorbeimarschiert. Er hatte immer die Helikoptersicht. Er ist einfach eine große Nummer.» Geiger beeindruckte zum Beispiel die Fähigkeit Ackermanns, neue Denkmodelle schnell zu übernehmen, ohne sich dabei allein von modischen Strömungen leiten zu lassen. Als in Zürich kaum jemand die neue, amerikanische Variante der Risikoberechnung, die Value-at-Risk-Methode, kannte, habe Ackermann sie bereits angewandt. Damit wird der höchstmögliche Tagesverlust bei einer Eintretenswahrscheinlichkeit von einem Prozent berechnet. Aber er habe sich nicht stur an die Vorgaben gehalten, sondern eigene, durchdachte Korrekturen angebracht.

Auch Hans J. Bär, der angesehene Patriarch der Bank Julius Bär, erinnert sich vor allem positiv an Ackermann: «Ich lernte den Kollegen als denkbar angenehme Persönlichkeit kennen.» Die beiden begegneten sich bei den Verhandlungen mit den jüdischen Weltorganisationen, in denen es um eine Lösung für die nachrichtenlosen Vermögen der Holocaust-Opfer ging, und die von den Schweizer Bankiers erst auf amerikanischen Druck hin aufgenommen wurden. Bär und Ackermann reisten gemeinsam mit der Concorde nach New York, um verbindliche Vereinbarungen zu unterzeichnen.

Hans J. Bär, der bei diesen Begegnungen das gute jüdische Gewissen der Schweiz verkörperte, empfand jedoch die Haltung Ackermanns und einiger anderer Großbankenvertreter als «kaltschnäuzig», als es um die Frage ging, wie hoch die Gebühren sein sollten, die man gedachte, den Opfern für ihre individuellen Kontenrecherchen aufzuerlegen. Tausend Franken wollten sie verlangen, während Bär angesichts der ärmlichen finanziellen Situation vieler Holocaust-Überlebender und ihrer Erben für mehr Feingefühl plädierte. Bei der Einschätzung des Arbeitsaufwandes und der Kosten, den die Revisionsgesellschaften bei der flächendeckenden Untersuchung der Schweizer Banken verursachen würden, lag der SKA-Mann wieder daneben. «Josef Ackermann, auf Großbankenebene noch am ehesten mit solchen Fragen vertraut, dachte an Beträge von 150 000 US-Dollar. Schlussendlich waren es über eine Milliarde Franken», schrieb Hans J. Bär.

In der Heli-Perspektive verlor er allmählich die Orientierung. Er schwebte immer öfter in den höheren Sphären, ständig in der Gefahr, nicht mehr zu registrieren, was unten noch akzeptiert schien, und gleichzeitig die wirklich großen Risiken zu verkennen. An seinem wichtigsten Gegenspieler dieser Jahre konnte er das Exempel studieren, wie schnell man dabei scheitern kann. Es war der Fall des gerade drei Jahre älteren Bankiers Mathis Cabiallavetta, der eine ebenso rasante Karriere bei der Union Bank of Switzerland (UBS) zurückgelegt hatte wie Ackermann bei der Credit Suisse.

Cabiallavetta, auch so ein junger Kämpfertyp, stammte aus Chur in Graubünden. Seine Familie kam aus dem Bündner Dörfchen Brigels. Wie Ackermann besuchte er die Kantonsschule in Chur, und wie Ackermann war er der Ziehsohn des Bankenchefs, des mächtigen UBS-Präsidenten Robert Studer. Nach einem kurzzeitigen Sprung an die Spitze der neuen UBS, die 1997 aus der Fusion der Union Bank of Switzerland (UBS) und dem Schweizerischen Bankverein (SBC) gebildet wurde, war Cabiallavetta bald ein prominenter Kündigungsfall, weil ihm das richtige Zahlenmaß abhanden kam. «Cabi», wie er in Bankerkreisen gerufen wurde, war 1991 zum Mitglied der Konzernleitung der Schweizerischen Bankgesellschaft aufgestiegen, zuständig für alle Handels- und Verkaufsaktivitäten, die Trésorerie der Bank und das Risk Management. Und das Risk Management wurde sein Problem: Cabiallavetta wurde für die Folgen des Zusammenbruchs des amerikanischen Fonds Long-Term Capital Management (LTCM) verantwortlich gemacht und musste die Bank verlassen. Der Crash des hochriskant operierenden Hedge-Fonds hatte 1998 nicht weniger als eine weltweite Finanzkrise ausgelöst. Der US-Notenbankchef forderte die beteiligten Großbanken zu Stützungsaktionen auf. Die UBS musste einen Milliardenverlust verkraften.

Der LTCM-Skandal war der erste Fall, der die realitätsfremden Praktiken einer kleinen Gruppe von Elite-Investoren publik machte, die glaubten, gleichsam wie Alchemisten den Markt zu übertrumpfen, und meinten, sie könnten ihre Vermögen grenzenlos wachsen lassen. Cabiallavetta begann später eine zweite Karriere als Vizepräsident des US-Versicherungsbrokers Marsh & McLennan. Jetzt zählen für ihn endgültig nur noch ganz große Beträge.

Ackermann versuchte seit 1995 seine Reputation auszubauen, international wie lokal. Im Sommer 1995 wurde er im Washingtoner Institute of International Finance (IIF) zum Vizevorsitzenden ernannt. Der Banker-Club, in den achtziger Jahren nach der internationalen Schuldenkrise gegründet, diskutiert globale Krisenentwicklungen, analysiert weltweit politische und ökonomische Risiken und vor allem auch die Gefahren, die im Finanzsystem lauern. Die Organisation versteht sich auch als Interessenvereinigung der Bankiers, die sich nicht nur von den internationalen politischen Institutionen leiten lassen wollen. Das IIF ist somit auch ein wichtiger Gegenpol der Finanzbranche zum Internationalen Währungsfonds, zu den bedeutsamen Regulierungsgremien der Bank für Internationalen Zahlungsausgleich (BIZ) in Basel und zu den Nationalbanken. Als Ackermann in den Vorstand kam, zählte das IIF 185 große Banken, Finanzorganisationen und Investmentfirmen. Heute sind es 320. Dort diskutiert er die Probleme der Welt im Kreis einer geschlossenen Bankiersgesellschaft, die von den gewöhnlichen Sterblichen so weit entfernt ist, dass sie von ihnen gar nicht mehr wahrgenommen werden.

Mehr Bodenhaftung war allerdings gefragt, als er zusammen mit den führenden Wirtschaftskapitänen des Schweizer Freisinns Mitglied in der Patronatsgruppe der politischen Initiative «Mut zum Aufbruch» wurde, die 1995 in einem Buch ihr Programm zur marktwirtschaftlichen Erneuerung der Eidgenossenschaft veröffentlichte. Das Unterfangen ging gewaltig schief.

In der Initiativgruppe saßen der Politiker Ulrich Bremi und der damalige Nestlé-Manager Helmut Maucher, beide enge Freunde von Rainer E. Gut, die Bankiers Alex Krauer, Robert Studer und Georges Blum, die Milliardäre Stephan und Thomas Schmidheiny und der Wirtschaftsredakteur Gerhard Schwarz von der *Neuen Zürcher Zeitung*. Ihre Forderung nach einem radikalen Sozialabbau und der Privatisierung der Altersversorgung wurde von links als Manifest der «Sozialabbau-Milliardäre» attackiert und von den Medien als «PR-Fiasko des Jahres» bezeichnet. Es wurde aber auch von prominenten Unternehmern wie dem Uhren-Industriellen Nicolas G. Hayek von der Swatch-Gruppe oder dem erzkonservativen Autoimporteur und SVP-Nationalrat Walter Frey kritisiert, dem das «Bekenntnis zur sozialen Schweiz» fehlte. Der damalige Bundespräsident Kaspar Villiger (FDP), ein Mann der Finanzindustrie, geißelte das Programm als «unsensibel und politisch nicht machbar».

Und Frank A. Meyer, der einflussreiche Kommentator des Zürcher Ringier-Verlages, schrieb in seiner wöchentlichen Kolumne im *Sonntagsblick*: «Den Herausgebern des Buches darf man vorrechnen, dass sie aufgrund von Stellung, Macht, Einkommen und Vermögen zu jenen Kreisen gehören, die keinerlei Mut zum Aufbruch brauchen: Sie leben materiell gesichert bis zum letzten Tag, was immer auch geschehen mag. Den geforderten Mut zum Aufbruch müssten also, wenn das Buch politisches Programm würde, andere aufbringen: Bürgerinnen und Bürger, die bescheiden verdienen, die auf eine existenzsichernde Altersrente angewiesen sind, die eine ausreichende Arbeitslosenversicherung brauchen, die das soziale Netz benötigen. Sie sind die Adressaten des Buches. Von den wohlgebetteten Absendern trennen sie Welten – Lebenswelten.»

Ackermann war nun in der Lebenswelt derer da ganz oben angekommen, gleichsam urbi et orbi. Denn in Zürich wurde er nun in die Zunft zur Meisen aufgenommen, die unter den ohnehin elitären Zünften der Stadt sicherlich eine der elitärsten ist. Diese traditionsreichen Männerbünde versammeln sich seit 1818 alljährlich im April in farbenfrohen Umzügen zum «Sechseläuten», zum Teil als Reiterformationen. Ursprünglich als Handwerker- und Quartierbünde gebildet, wurden und blieben die Zünfte eine sehr protestantische Zürcher Angelegenheit. Fremde und Katholiken wurden nur selten aufgenommen, und die jüdische Gesellschaft blieb stets außen vor. So war Ackermanns Aufnahme in die Zunft zur Meisen etwas Besonderes, denn auch dort waren bis dahin nur ganz wenige Katholiken aufgenommen worden.

Ackermann fühlte sich geehrt und zeigte sich mit einer schmissigen Antrittsrede erkenntlich, an der er besonders intensiv feilte. Dies gehörte traditionell zum Initiationsritus der etablierten Herren. In dem Traditionsclub im historischen Zunfthaus an der Limmat, dem im Mittelalter die Wirte, Winzer, Sattler und Maler angehörten, traf er auf seinen Freund und Nachbarn Walter Kielholz, den aus einfachen Verhältnissen stammenden damaligen Vorstand der Schweizerischen Rückversicherung, auf Frank Bodmer und dessen Sohn André, Partner der Zürcher Privatbank Rahn & Bodmer, den *Tages-Anzeiger*-Verleger Hans Heinrich Coninx und auf den renommierten Wirtschaftsanwalt Hans-Rudolf Staiger, der als Zunftmeister der Herrenrunde vorstand. Die Zunft zur Meisen galt damals als Hausadresse der SKA-Generaldirektoren, soweit sie Zürcher Bürger waren, denn das ist Eintrittsbedingung.

«Ich mache da nicht mit»

1996 wurde für Ackermann das Jahr des Bruchs mit dem Übervater Rainer E. Gut, der allmählich begann, seine eigene Machtposition schwer zu überschätzen. Der Verwaltungsratspräsident hatte am 1. April 1996 in der ihm eigenen Machtvollkommenheit Nikolaus Senn, den Präsidenten der SBG angerufen. Senn, damals neben Gut der mächtigste Mann an der Bahnhofstraße, befand sich in Florida in den Ferien, als ihm Gut unumwunden zurief, dass er die Fusion mit seiner SBG wünsche. «Kein Aprilscherz?», fragt der SBG-Patriarch, und Gut verneinte. Senn bat höflich um Bedenkzeit.

In Wahrheit aber kochte Senn, er empfand Guts Vorstoß schlicht als Affront. Das Telefonat blieb nicht vertraulich. Wenige Tage später wurde Gut von einem Zeitungsbericht überrascht, die von einer unfreundlichen Übernahmeofferte der Credit-Suisse-Holding handelte. Das war Senns Antwort – und damit war die Idee der Mega-Fusion gescheitert. Selbst die sonst freundlich ergebene *Neue Zürcher Zeitung* schrieb über einen «Husarenritt, der in die Binsen ging».

Noch einer fühlte sich schwer brüskiert – Josef Ackermann. Der zweite Mann im Haus hatte nichts von Guts Plänen gewusst. Allmählich wuchs sein Misstrauen gegenüber dem Präsidenten, der ihm zudem immer wieder einmal ins operative Geschäft hineinregierte. Auf Außenstehende wirkte das Verhältnis zwischen den beiden in diesen Tagen mitunter befremdlich. Hilmar Kopper von der Deutschen Bank erlebte während eines Freundschaftsbesuchs bei den Credit-Suisse-Generaldirektoren, der alle Jahre wieder im CS-Ausbildungszentrum in Horgen über dem Zürichsee stattfand, wie Gut in seinen Ansprachen stets deutlich machte, dass er der wichtigste Mann der Bank sei. «Das hat mich irritiert. Es war für uns von der Deutschen Bank sehr ungewöhnlich, aber ich habe mir nichts weiter dabei gedacht», erinnert sich Kopper.

Ackermann schon. Seine Position litt ferner darunter, dass Gut beim Beratungskonzern McKinsey eine geheime Strategiestudie in Auftrag gegeben hatte, um eine zeitgemäße Organisationsstruktur für die Bank zu entwickeln. Die McKinsey-Trupps, geleitet vom Bankenberater Thomas Wellauer, stolzierten nun schon seit 1995 über die Korridore, führten geheimnisvolle Interviews, studierten interne Akten und entfachten das unvermeidliche Powerpoint-Präsentations-Theater, das jedem Unternehmen blüht, wenn die Berater ihre teuren Visionen herzaubern. Gerüchte über große Veränderungen verbreiteten sich auf den Fluren, von «Insiderlisten» wurde gemunkelt, auf denen die Kandidaten für die künftige Führungsriege stünden. Ackermann wurde von den strategisch wichtigen Gedankenspielen fern gehalten – ein weiterer Affront.

Ackermanns Revanche – zumindest wurde es so wahrgenommen – war ein Interview in der Zürcher *Sonntagszeitung*, in dem er Guts Leistungsbilanz mit den Geschäften der CS-Holding öffentlich infrage stellte. «Die Performance unserer Titel war sicher nicht befriedigend», sagte er. Und der Patriarch verstand.

Rainer E. Gut folgte den McKinsey-Vorschlägen, den Umbau des Konzerns auf mehrere unabhängige Säulen zu stützen. Gut entschloss sich, die CS-Holding zur Dachgesellschaft des Konzerns umzufunktionieren, die alles aufnehmen sollte, was er in den Jahren zuvor zusammengekauft hatte. Er ließ sich dabei vom Zürcher First-Class-Juristen Peter Forstmoser beraten, in der Hoffnung, mit dieser Rechtskonstruktion die neuen Anforderungen zur Eigenmittelunterlegung zu unterlaufen. Doch die Eidgenössische Bankenkommission ließ sich auf nichts ein. Sie verlangte, dass der Konzern auch in der neuen Struktur mit exakt denselben Eigenmitteln ausgestattet wurde, wie dies bei einer Zusammenfassung aller Tochtergesellschaften in einer Bankgesellschaft notwendig gewesen wäre. Gut verwickelte sich und die Bank daraufhin in einen fruchtlosen Streit mit der Bankenkommission. Der Konflikt wurde bis vor das Bundesgericht getragen, das seine Beschwerde schließlich ablehnte.

«In meinen Augen war das intellektuell keine überzeugende Lösung», sagt Ackermann noch heute kühl. «Wir wussten alle, was wir tun sollten. Aber Gut konnte einfach die Investmentbanker nicht integrieren.» Schon gar nicht überzeugend war für Ackermann, dass er nur einer von vier gleichrangigen Chefs werden sollte, wenn auch der einflussreichste. Zwar sollte er die wichtigste Einheit, nämlich das Investmentbanking lenken, aber faktisch kam dies einer Desavouierung gleich, und so etwas passte Josef Ackermann überhaupt nicht.

Am 23. Mai trafen sich Ackermann und Gut zum Frühstück. «Ich mache da nicht mit», erklärte Ackermann dem Patron unumwunden. «Ich glaube, es ist gut, wenn du eine andere personelle Lösung suchst.» Gut war in der Kaderriege berüchtigt für seine versteinerte Miene und jenen Blick seiner blauen Augen, der sein Gegenüber erdolchen konnte. Das Gespräch zwischen dem Patriarchen, der nicht loslassen konnte, und seinem «Ziehsohn», der es an der Zeit fand, sich zu emanzipieren, war beendet.

Und zwar für immer. Danach kam es zwischen den beiden zu keiner persönlichen Unterhaltung mehr. Es folgten 30 kühle Arbeitstage auf der Chefetage. Ackermann verreiste, wenn Gut anwesend war, und im Büro trat er nur noch an, wenn er wusste, dass der Patriarch nicht kam. «Du kannst eine solche Schlacht niemals gewinnen», sagt der Freund und Personalberater Björn Johansson, «da gibt es nur einen Sieger.» Mächtige Männer wie Rainer E. Gut bezeichnet Johansson als «Untouchables» – die Unberührbaren.

Nach dem Frühstückstermin war für Ackermann klar, wer die Nachfolge antreten würde. «Lukas, ich glaube, du bekommst bald einen Anruf», sagte er zum McKinsey-Berater Mühlemann, und so kam es auch. Als Gut dem Abtrünnigen Ende Juni 1996 kurz und knapp zu verstehen gab, dass er eine Nachfolgelösung gefunden hatte, unterschrieb Ackermann seine Kündigung.

An seinem letzten Tag rief er ab acht Uhr seine Generaldirektorenkollegen an, um sich zu verabschieden: «Du, ich gehe jetzt.» Mancher verstand erst nicht so recht, was er meinte. Ackermann präzisierte: «Ich verlasse jetzt die Bank.» Über die Flure der CS verbreitete sich die Nachricht wie ein Lauffeuer: «Ackermann kommt nicht mehr.» Dann war er weg. Es war eine schlichte Kündigung. Die Direktoren hatten einfache Arbeitsverträge mit sechs Monaten Kündigungsfrist. Abfindungen waren nicht vorgesehen. Ein Pressecommuniqué erschien mit dem üblichen Stereotyp: «Unterschiedliche Auffassungen».

Der gewiefte PR-Mann Jörg Neef übernahm wieder die Kommunikationsberatung. Der *Tages-Anzeiger* erschien mit der Schlagzeile «Er wollte glaubwürdig bleiben». Ackermann habe den Umbau der CS-Gruppe samt Verlust von 5000 Arbeitsplätzen nicht mittragen wollen. Ackermann als Retter der Arbeitsplätze? Das klang gut und war wohl auch gut gemeint. Aber bei den Kämpfen auf der Chefetage am Paradeplatz ging es in erster Linie nicht um das Schicksal der Männer und Frauen in den Schalterräumen der Filialen, sondern um sehr Persönliches. Ackermanns Machtgefüge war zerbrochen.

Mit Lukas Mühlemann als Konzernchef bekam die Großbank einen neuen Namen: Credit Suisse Group. Die Änderung der Signets kostete mehr als 60 Millionen Franken. Der McKinsey-Mann wurde dem Publikum als neuer Star am Manager-Himmel vorgestellt. Er habe das Zeug, zum «Manager der neunziger Jahre» zu werden, schrieb der Zürcher *Tages-Anzeiger*. Als Erstes wurde tatsächlich die Reduzierung des Personalbestandes um 5000 Mitarbeiter angekündigt. Die Personalverbände, also die Schweizer Gewerkschaften, sprachen von einer «Katastrophe». An der Börse wurde die Ankündigung des Umbaus mit einem Kurssprung belohnt.

Für die Kritiker wurde ein alter Beraterwitz wahr: «Einmal McKinsey, immer McKinsey.» Und tatsächlich hat sich das Geldhaus jahrelang nicht mehr von den Strategieberatern lossagen können. Jahr für Jahr kassierten sie im Schnitt 15 Millionen Franken für ihre Dienste – die Resultate waren verheerend: Die Bank beschäftigte sich zeitweise mehr mit sich selbst als mit ihren Geschäften. Kein Angestellter, der seitdem nicht mindestens einmal irgendwie «umstrukturiert» wurde. «Nennen Sie mir einen glücklichen CS-Mitarbeiter!», frotzelt ein Personalberater.

Ackermanns Nachfolger scheiterte kläglich. Fünf Jahre später, im September 2002, musste der Verwaltungsrat sich nach heftiger öffentlicher Kritik von Mühlemann trennen. Er hatte den Bankkonzern fast «an die Wand gefahren». Er musste massive Verluste nach der Übernahme des amerikanischen Investmentbankhauses Donaldsen Lufkin & Jenrette (DLJ) verbuchen, das mit 20 Milliarden Franken viel zu teuer eingekauft wurde, und im Russlandgeschäft verlor die CSFB 1,9 Milliarden Franken. Im Jahr 2002 fiel der Aktienkurs um mehr als 60 Prozent, was selbst bei der Schweizerischen Nationalbank zu Verstimmungen führte. Der Konzern wankte.

Mühlemann gilt seitdem am Finanzplatz Zürich als Persona non grata. Hans J. Bär zum Beispiel erwähnte ihn in seinen Memoiren mit keinem Wort. Es war eine Episode, die man am Paradeplatz gerne vergessen möchte.

Obwohl nun Rainer E. Gut nicht mehr dem Verwaltungsrat angehörte, zog er immer noch im Hintergrund die Strippen.

Sein Personalreservoir erschöpfte sich jedoch allmählich. Für Mühlemanns Nachfolge guckte er zunächst den amerikanischen Investmentbanker John Mack und den Deutschen Oswald Grübel aus, die eine Doppelspitze bildeten. Gut hatte Grübel bereits Ende der siebziger Jahre als aufstrebenden, hemdsärmeligen Händlertyp bei der Brokerfirma White Weld Securities kennen gelernt, die von der Kreditanstalt übernommen wurde.

Seit 2004 führt Grübel den Konzern alleine – mit teutonischer Strenge und gelegentlich zynischer Personalführung. Er ist die abgeschirmteste Bankierspersönlichkeit, die der Zürcher Finanzplatz jemals erlebt hat, abgeschottet, abweisend und herrisch. Seitdem fallen die CS-Manager besonders bei der Gestaltung ihrer Gehaltssysteme mit hoher Kreativität auf. Sie haben so genannte Anreizeinheiten geschaffen, im Manager-Englisch Performance Incentive Plan Units oder liebevoll PIPs genannt. Diese können je nach Erreichung der Ziele nach fünf Jahren in eine bestimmte Anzahl CS-Aktien umgewandelt werden. Der anfängliche Bestand an PIP-Units kann über einen Multiplikator verneunfacht werden.

Wie viel für 2005 ausgeworfen wurde, steht nicht im Geschäftsbericht. Es wird lediglich aufgeführt, dass CS-Chef Grübel und die fünf weiteren Geschäftsleitungsmitglieder insgesamt 101,6 Millionen Franken erhalten, wovon 46,2 Millionen in bar ausgezahlt werden. Hinzu kommen 816000 «Anreizeinheiten». Jeder der sechs Spitzenmanager hat die Möglichkeit, damit mehr als 100 Millionen Franken zu verdienen, wenn sich der Kurs der CS-Aktie auf 140 Franken verdoppeln würde, wie dies Grübel anstrebt. Hinzu kämen das Grundgehalt und Bonuszahlungen. Für das Geschäftsjahr 2004 würden jedem Geschäftsleitungsmitglied allein aus dem PIP-Programm sogar 170 Millionen Franken zustehen. Ihr gemeinsames Prämienpaket würde dann 1,680 Milliarden Franken kosten – für jeden Einzelnen 280 Millionen Franken. Unnötig zu erwähnen, dass die Zeiten, als die Banker noch mit der Straßenbahn zur Arbeit fuhren, längst vorbei sind.

Zehn Jahre nach Ackermanns Ausscheiden verschaffte die Bankenführung der CS ihrem verlorenen Sohn späte Genugtuung. Unter der Oberkontrolle seines Freundes und Nachbarn Walter Kielholz wurde aus der Credit Suisse Group endlich eine einheitliche Bank gebildet, so wie er sich dies 1996 vorgestellt hatte. Zur Feier des Ereignisses wurden wieder die CS-Signets ausgetauscht – auf der ganzen Welt.

Als Chef der Deutschen Bank hat Ackermann inzwischen eine Investmentbanking-Sparte aufgebaut, die doppelt so groß ist wie jene der Credit Suisse.

Der Mentor: Rainer Emil Gut, Investmentbanker

Der Mann, der aus Josef Ackermann einen Spitzenmanager machte, stammt aus einer wohlhabenden Schweizer Familie, und wie Ackermann ist Gut in einer Familie praktizierender Katholiken aufgewachsen. Der Vater führte ein Leben zwischen Finanzwelt, Kirchenchor und Rotarier-Club. Er war als Kantonalbankdirektor der einflussreichste Bankier im Zugerland und gehörte zum bürgerlich-konservativen Establishment des Kleinkantons.

Rainer Emil Gut, geboren 1932, verbrachte seine Kindheit in einer schmucken Villa, betätigte sich bei den Pfadfindern als zackiger Führer und begann nach dem Abitur als Praktikant in der vom Vater geführten Kantonalbank. Die Lehr- und Wanderjahre führten ihn nach London zur Citibank und nach Paris zum Crédit Commercial, wo er seine spätere Frau, das amerikanische Mannequin Josephine Lorenz, kennen lernte. Bei der Schweizerischen Bankgesellschaft (SBG) wurde er in den Börsenhandel eingewiesen, in deren Londoner Wertschriftenhandelshaus B. Handsford & Co. lernte er den späteren SBG-Bankier Bruno Saager kennen. Saager wurde Guts Mentor. Mit 31 Jahren folgte ihm Gut nach New York und wurde dort 1963 – im Jahr, als John F. Kennedy ermordet wurde – Leiter der SBG-Vertretung an der Wall Street. In dieser Funktion war Rainer E. Gut als «Chefdiplomat» an einem äußerst heiklen und bis heute umstrittenen Deal der SBG beteiligt, der unter anderem von Bruno Saager orchestriert und als Interhandel-Affäre bekannt wurde. Sie erklärt anschaulich diese Zeit, als das Bankgeheimnis den führenden Bankiers noch echte persönliche Macht verlieh. Denn in entscheidenden Geschäften wussten nur sie allein, wer hinter einem Nummernkonto oder einem Aktienpaket steckte, das über Treuhänder verwaltet wurde.

Die Interhandel war 1928 in Basel als Holding für die Auslandsgesellschaften des deutschen Chemie-Konglomerats IG Farben gegründet worden. Die Nazis nutzten die Schweizer Gesellschaft später für ihre verdeckten kriegswichtigen Beschaffungsgeschäfte. 1942 beschlagnahmten die Amerikaner die größte Tochtergesellschaft der Interhandel, die General Aniline & Film Corporation (GAF), als Feindgut. Nach dem Krieg verlangte die Schweiz zunächst die Herausgabe dieser Gesellschaft, die sie als helvetisches Eigentum betrachtete. Strittig war, ob die Interhandel zum versteckten geheimen Auslandsbesitz Nazi-Deutschlands gehörte und nur treuhänderisch in der Schweiz verwaltet wurde oder ob sie eine eigenständige Schweizer Firma war. An dieser Frage hing die Verfügung über ein gigantisches Vermögen. Bis heute wird sie von der Historikerzunft diskutiert, sie konnte nie richtig geklärt werden.

Jedenfalls schaffte es die SBG, die Frage auf der geschäftlichen Seite für sich zu entscheiden. Bruno Saager, mit dem «Riecher» für einen blendenden Deal ausgestattet, bildete ein privates Konsortium, um Interhandel-Aktien aufzukaufen. Er hielt die Existenz der Investorengruppe und die Identität der Hintermänner streng geheim, nicht einmal Notizen fertigte er an. Bankenhistoriker Mario König wunderte sich über die «quellenmäßige Flüchtigkeit» der lockeren Verbindung: «Weder ein Konsortialvertrag noch eine Liste der Beteiligten scheinen zu existieren.» Dessen ungeachtet wurde die Interhandel-Aktie zum Spekulationspapier. Eine besondere Rolle spielte in diesem Zusammenhang die schweizerische Börsenzeitung *Finanz & Wirtschaft*, deren unberechenbare Berichterstattung über die Interhandel den Managern ein Dorn im Auge war. Aber Bruno Saager, Guts Vormann, wusste sich zu helfen. Er kaufte heimlich einfach Verlag samt Zeitung.

Fünfzehn Jahre besaß er das Blatt. Und es blieb bis ins Jahr 2004 geheim – bis Saagers Sohn Hansjürg die Geschichte in einem Interview enthüllte. Das Gespräch mit dem Autor Fred David von der Schweizer Wirtschaftszeitung *Cash* wirft ein

Licht auf Zeit und Geist am Paradeplatz, als Rainer E. Gut seine ersten Sporen verdiente:

«Mein Vater, Bruno M. Saager, der Generaldirektor der Schweizerischen Bankgesellschaft war, besaß tatsächlich 15 Jahre lang die ‹Finanz und Wirtschaft›. Das ist ja nicht anrüchig.

Finden Sie?

Journalistisch kann das natürlich ein Problem sein. Problematisch ist sicher, dass das bis heute geheim gehalten wurde. Das musste aber aufgrund der damaligen Umstände wohl so sein.

Warum enthüllen Sie das gerade jetzt?

Die Schweigepflicht ist abgelaufen. Die Öffentlichkeit hat einen Anspruch, das zu erfahren.

Ihr Vater hat die Zeitung 1961 aus einem ganz bestimmten Grund gekauft: Er wollte die Öffentlichkeit in seinem Sinn wegen eines Riesengeschäfts beeinflussen, in das seine Bank und er selbst persönlich involviert waren.

Moment. Er wollte die Berichterstattung darüber objektivieren.

Wenn man zu diesem Zweck im Geheimen eine Zeitung samt Journalisten kauft, ist das Korruption auf höchster Ebene.

Ich kann Ihnen da nicht folgen.

Der Hintergrund war die Affäre Interhandel, einer der größten Wirtschaftskrimis des 20. Jahrhunderts. Die SBG wollte die Basler Interhandel AG in ihren Besitz bringen ...

... *was ja auch gelang* ...

... und die SBG mit einem Schlag zur größten Schweizer Bank machte: das umstrittene Fundament zum heutigen UBS-Konzern.

Sie müssen den Zeitfaktor berücksichtigen. Es herrschte damals eine aufgeheizte Atmosphäre. Tausende Zeitungsartikel wurden dazu geschrieben. Es waren wüste Auseinandersetzungen. Eine antiamerikanische Stimmung beherrschte das Land. Das wollte mein Vater ändern.

Weil es die Geschäfte der SBG und die Ihres Vaters störte.

Allerdings.

Die ‹FuW› änderte nach dem Kauf der Zeitung ihre redaktionelle Linie um 180 Grad.

Kann man das so sagen? Jedenfalls wurde die Berichterstattung danach sachlicher. Die Zeitung war zum Spielball von Aktionärsgruppen geworden.

Der Vorbesitzer, Hans Herrmann, vertrat als Journalist eine andere Haltung als die Bankgesellschaft. Also kaufte ihr Vater ihn samt seiner Meinung. Zur Tarnung beließ er Herrmann noch sechs Jahre lang als Verwaltungsrat der ‹FuW›.

In der Bank und auch sonst wusste niemand von dem Kauf. Auch mir hat er es erst später gesagt.

Ihr Vater setzte einen Gefolgsmann, den Geschäftsstellenleiter der Volksbank Wädenswil, Alfred Isler, als Chefredaktor ein. Der schrieb dann im Sinn der SBG und späteren UBS.

So kann man das nicht sagen. Mein Vater wusste einfach, dass Isler auf der gleichen Wellenlänge tickte. Der musste seine Meinung nicht ändern. Sie vereinbarten, dass sich mein Vater nicht in redaktionelle Belange einmischte. Er hielt sich daran.

Das brauchte er ja nicht, Isler war sein Gefolgsmann. Da geht doch jede Glaubwürdigkeit verloren.

Ganz klar. Das war auch der Grund für die Geheimhaltung. Es waren eben andere Zeiten, nicht nur bei der ‹FuW›. Der Gründer der angesehenen Westschweizer Wirtschaftszeitung ‹l'Agefi›, Jean Hussard, kam eines Tages zu meinem Vater und schlug ihm ein Päckli vor: Gemeinsam solle man mit publizistischer Orchestrierung durch ‹l'Agefi› den Börsenkurs der Interhandel AG hochtreiben. Den Gewinn würde man dann teilen. Mein Vater schmiss Hussard aus dem Büro.

Insidergeschäfte auf höchster Bankebene waren in der Schweiz Alltag, heißt es. Man nannte das ‹schmidheinerlen›.

Davon habe ich gehört. Der Begriff bezog sich auf Schmidheiny senior.

Der offenbar so auch das größte Industrievermögen der Schweiz aus dem Boden gestampft hat.

Das sagen Sie.

So lange ist das ja alles nicht her. Verstehen Sie, dass wir zuerst einmal Luft holen müssen?

Jeder Wirtschaftsjournalist macht solche Grenzerfahrungen. Das müssten Sie doch eigentlich wissen.»

Generaldirektor Bruno Saager hatte jedenfalls die Medienfront im Griff und vermochte es 1963 nun, begleitet von weiteren SBG-Emissären, sich nach einem heftigen Tauziehen mit der Kennedy-Regierung darauf zu einigen, dass die GAF verkauft werden durfte und die Erlöse je zur Hälfte zwischen dem amerikanischen Staat und der Interhandel AG aufgeteilt werden konnten. Rainer E. Guts Part war es nun, als SBG-Mann in New York die restlichen amerikanischen GAF-Aktionäre von dem Deal zu überzeugen. Denn nicht alle waren begeistert. So hatte er großen Anteil daran, dass die SBG vier Jahre später mit der Interhandel fusionieren konnte und damit in der Schweiz zum größten Finanzkonzern heranwuchs.

Das war Rainer E. Guts Feuertaufe. Seine Prägung durch den kantigen und diskreten SBG-Mann Saager färbte offenbar auch auf Guts Verhältnis zur Presse ab. Zeitlebens betrachtete er Journalisten entweder als willfährige Gehilfen, die es in vertrauten Kamingesprächen zu überzeugen galt, oder eben als Störfaktoren, die man ignorierte. Die archaische Public-Relations-Strategie blieb eine Konstante in Rainer E. Guts Karriere; sie war am Ende auch sein Verhängnis – und seinem «Ziehsohn» Josef Ackermann eine Lehre.

Als die Interhandel-Sache abgeschlossen war, wechselte Gut an der Wall Street zunächst in die Dienste der Investmentbank Lazard Frères & Co. Er hatte bereits genügend Vermögen angehäuft, um als Partner einzusteigen, sodass er auch am Umsatz beteiligt wurde. Er war «ein mit allen Wassern gewaschener Wertschriftenmann», schrieb die *Weltwoche*, und er sei die Geschäfte «recht hemdsärmelig» angegangen.

In New York war Gut also bereits ein reicher Mann. Er residierte auf einem imposanten Anwesen im noblen Städtchen Manhasset auf Long Island, einem beliebten Banker-Domizil, das von der Wall Street mit der Long Island Rail Road in einer halben Stunde erreichbar ist. Er genoss bereits alle Privilegien eines New Yorker Top-Bankers. Er ließ sich zum Beispiel mit dem Helikopter zum Flughafen La Guardia fliegen.

Das raue Klima im Börsengeschäft war der Grund, warum er bei Lazard aufhörte. «Ich musste mich entscheiden, ob ich bereit war, meine Identität aufzugeben, um außergewöhnlich reich zu werden, oder mir selber treu bleiben wollte», erzählte er dem amerikanischen Wirtschaftsmagazin *Forbes*.

Gut erreichte beides. Über Robert A. Lutz, den SKA-Generaldirektor und Vater des legendären schweizerisch-amerikanischen Automanagers Bob Lutz, kam er 1971 zur Kreditanstalt, und zwar zunächst als Präsident der Swiss American Corporation, der Investmentbanking-Tochter der SKA in New York. Zwei Jahre später wurde er in die Generaldirektion nach Zürich berufen, deren Präsident ihm einen klaren Auftrag erteilte: «Put the bank on the map of international business.» – «Machen Sie die Bank zu einer internationalen Geschäftsadresse.»

In puncto Lebensstil war in Zürich allerdings wieder Understatement gefragt. Die Guts zogen in ein Einfamilienhäuschen in Bassersdorf, einem kleinbürgerlichen Quartier im Zürcher Osten nahe dem Flughafen.

Seine zweite Bewährungsprobe sollte die Chiasso-Affäre werden, als deren geschickter Krisenmanager sich Rainer E. Gut endgültig für die höheren Weihen qualifizierte. «Es war das aufwühlendste Ereignis in meiner Karriere», schrieb er, «der Druck der Öffentlichkeit und der Medien war gewaltig. Meine Kollegen und ich in der Geschäftsleitung hatten es mit einer Extremsituation zu tun. Wir mussten meistens aus dem Moment heraus handeln, oft ohne eigentliche Entscheidungsgrundlagen.»

Die Affäre katapultierte Gut 1997, im Jahr des Berufseinstiegs von Josef Ackermann bei der SKA, quasi über Nacht an die Spitze. Er machte aus der einst verschlafenen Herrenbank am Zürcher Paradeplatz eine moderne Investmentbank. Als erster europäischer Bankier übernahm er mit der First Boston eine führende Investmentbank an der Wall Street. Gut kaufte, koste es was es wolle. Größe war das Ziel. Auf seinen Höhenflügen feierte ihn die Schweizer Presse als «Supermann», und die internationale Fachwelt war ebenfalls angetan. «Europas mächtigster Banken-Chairman», schrieb der *Institutional Investor*.

Wie weiland die mächtigen Herren an der Spitze der Deutschen Bank in den Aufsichtsräten der «Deutschland AG» thronten, nahm Rainer E. Gut Platz in den Verwaltungsräten der mächtigsten Schweizer Konzerne. So kontrollierte er die Geschicke der damals prestigeträchtigen Swissair. Er saß in den Aufsichtsgremien der Industrieunternehmen Alusuisse und Sulzer, im Chemiekonzern Ciba-Geigy, beim Rückversicherungs-Giganten Swiss Re und beim Nahrungsmittelkonzern Nestlé, wo er auf den einstigen US-Notenbankpräsidenten Paul A. Volcker traf. In den USA wurde er in den Board des Chemiekonzerns Union Carbide (UCC) aufgenommen. So baute sich Gut ein einzigartiges Machtnetzwerk auf, das lange über seinen Abschied vom Verwaltungsrat der Credit Suisse hinaus Bestand hatte. Bis heute wird er als Strippenzieher verdächtigt, als Königsmacher eingeschätzt: Gut als «Chief Human Resources Schweiz».

Kurz vor seinem Austritt aus dem CS-Verwaltungsrat im Mai 2000 gründete er den «Internationalen Beirat» und ebenso einen Schweizer Beirat, natürlich nicht ohne sich selbst einen Sitz zu gönnen. In diese Beratergremien berief er Vertraute aus Politik und Wirtschaft, darunter Ex-Bundeskanzler Helmut Kohl, die dafür rund 120 000 Franken Honorar erhielten. «Korruptionsräte», schimpfte der einstige Großaktionär Martin Ebner, der zwischenzeitlich selbst mit seiner aggressiven Beteiligungspolitik scheiterte.

Als Ende 2001 die einst so stolze Swissair zusammenbrach, war dies für viele eine nationale Schande. Für Gut war es wieder einmal ein Anlass, den Adresskalender zur Hand zu nehmen, um die neue Swiss mit seinen Managerkandidaten als «Phönix» aus der Asche emporsteigen zu lassen. Doch wie schon bei der Credit Suisse fehlte seiner Kontaktdatenbank die notwendige Frische. Seine Datensätze waren zu alt, sie bedurften der Aktualisierung.

Guts Bilanz ist verheerend. Sein Streben nach Größe riss Milliardenlöcher in die Bücher bei der Credit Suisse. Für die zu spät entdeckten faulen Kredite bei der Fusion mit der Volksbank musste er gewaltige Rückstellungen bilden, zur Übernahme der Investmentbank First Boston mussten mehrfach Milliardenbeträge nachkapitalisiert werden. Und bei dem Versuch, einen Allfinanzkonzern zu bilden, geriet ihm die Integration der Winterthur-Versicherung zum Flop. Mehr als 13 Milliarden Franken zahlte er 1996 für das Unternehmen, 2005 war es nur noch 8,5 Milliarden wert.

«Er ist einer der mächtigsten Eigenmittelvernichter der Schweiz», sagt der Bankier und rechtskonservative Nationalrat Hans Kaufmann, und der Zürcher Wirtschaftsredakteur Roman Seiler errechnete Guts Bilanz: «Zwischen 1990 und 2001 verbuchte die Credit-Suisse-Gruppe neben den Rückstellungen, Wertberichtigungen und Verlusten außerordentliche Aufwendungen, die sich auf 13 Milliarden Franken summierten.»

Besonders teuer wurden seine Abenteuer mit den amerikanischen Investmentbankern, die nicht nur zu teuer eingekauft wurden, sondern auch noch deftige Rechnungen der Justiz hinterließen. Nach dem Enron-Debakel, der größten Firmenpleite aller Zeiten, und weiteren Investmentbanker-Skandalen muss die CS Kosten in Höhe von mehr als zwei Milliarden Franken einkalkulieren. Anders als die US-Banken Citigroup und JP Morgan Chase sowie die Canadian Imperial Bank of Commerce (CIBC), die sich bereits im Vorfeld mit der Justiz auf eine Strafe für ihr Versagen bei den Geschäften mit dem texanischen Energiekonzern einigten und jeweils Beträge jenseits der Zwei-Milliarden-Dollar-Grenze zahlten, lässt es die Credit Suisse auf den Prozess ankommen. Ihr Fall liegt ähnlich dem der kanadischen Bank, die 2,4 Milliarden US-Dollar berappte. Der Sonderermittler Neil Batson ist von der Verstrickung der Credit Suisse First Boston mit ihrem einstigen Starbanker Frank Quattrone überzeugt: «Die CSFB wusste, dass Enrons Finanzangaben mindestens 4,5 Milliarden Dollar an Außerbilanzverpflichtungen nicht enthielten», und dass «viele der Enron-Bilanzpositionen überbewertet waren». Weitere Rechtskosten drohen wegen des Vorwurfs ungerechtfertigter Aktienzuteilungen bei Börseneinführungen von Firmen, die durch die CSFB betreut wurden. Unter den 55 Investmentbanken mit insgesamt 310 Fällen von umstrittenen Aktienzuteilungen ist die CSFB mit 74 Fällen unrühmlicher Spitzenreiter.

Ein ganz persönlicher Verlust, den Rainer E. Gut erleiden musste, erregte an der Bahnhofstraße kein großes Mitleid. Sein Engagement beim Zürcher Fußballclub Grasshoppers (GC) entpuppte sich als sehr teure Leidenschaft. Gut hat gewöhnlich gut unterrichteten Kicker-Experten zufolge rund 30 Millionen Franken aus der eigenen Tasche in den Verein gebuttert. Sein Vermögen wird allerdings immer noch auf mehr als hundert Millionen Franken geschätzt.

In Medien und Diskussionszirkeln wurde Gut immer häufiger als Synonym für den Filz zwischen Finanzwelt, Großkonzernen und bürgerlichen Politkreisen genannt. Im April 2005 musste er schließlich nach harschen Aktionärsprotesten seinen Abschied als Nestlé-Verwaltungsratschef nehmen. Sie attackierten ihn wegen der «Gier der Manager», der «Salär-Exzesse» und der «Arroganz» der Verwaltungsräte. Nur knapp entging er auf der Nestlé-Generalversammlung in der Romandie der größten öffentlichen Schlappe seines Lebens. Beinahe wäre die Wiederwahl seines Kandidaten Peter Brabeck als sein Nachfolger im Amt des Verwaltungsratspräsidenten und im Doppelmandat auf dem CEO-Posten bei Nestlé gescheitert. Ein Antrag einer kritischen Investorenorganisation zur Ämtertrennung zwischen Verwaltungsrat und Management wurde nur knapp mit 50,55 Prozent der stimmberechtigten Aktionäre abgelehnt, obwohl Brabeck für den Fall einer Stimmenmehrheit mit dem Rücktritt von allen Posten gedroht hatte. Guts Kommentar zu dieser Generalversammlung: Manager müssten sich in der Schweiz manchmal fast als «Pissoirwand der Nation» vorkommen.

Aber in Wahrheit war dies eine Abstimmung gegen Rainer E. Gut selbst. Die Wirtschaftszeitung *Cash* erschien mit der Schlagzeile: «Der mächtigste Schweizer Wirtschaftsführer tritt ab – und das ist gut so.»

Rainer E. Gut lebt heute gerne in seinem spanischen Domizil. Fern der Heimat, in La Zagaleta, zehn Kilometer vom Badeort Marbella entfernt, hat er sich in den neunziger Jahren eine stattliche Residenz errichten lassen. An den sanften Hügeln vergnügt er sich in einem der feinsten Golfclubs der Iberischen Halbinsel, erbaut auf einem Gelände, das einst zu den pompösen Besitzungen des saudischen Waffenhändlers Adnan Kashoggi gehörte.

Zahlmeister im Weltmaßstab

«Was sich im wirklichen Leben durchsetzt, ist nicht die Wahrheit, sondern die jeweils herrschende (intellektuelle) Mode und das finanzielle Eigeninteresse.»
John Kenneth Galbraith (1908–2006): The Economics of Innocent Fraud, 2004

«Eigentum verpflichtet. Sein Gebrauch soll zugleich dem Wohle der Allgemeinheit dienen.»
Artikel 14 (2), Grundgesetz für die Bundesrepublik Deutschland, 23. Mai 1949

«Kleinere Sachen», sagte Josef Ackermann, habe er für sich «eigentlich immer ausgeschlossen». Es sollte schon etwas Großes sein. So etwas wie die Deutsche Bank. So war es für ihn keine Frage, als wenige Tage nach seinem Ausscheiden bei der Credit Suisse ein Anruf aus Frankfurt kam: von Hilmar Kopper, dem damaligen Vorstandssprecher der Deutschen Bank. Kopper hatte am 2. Juli 1996 in der Zeitung von Ackermanns Rücktritt gelesen und spontan den Entschluss gefasst, ihm ein Angebot zu unterbreiten: «Wenn du dich langweilst, dann komm nach Frankfurt.» Kopper kannte Ackermann aus dem Aufsichtsrat bei der Bayer AG in Leverkusen, von Bankiers-Konferenzen und von den gegenseitigen Freundschaftsbesuchen mit der Credit Suisse, und die beiden mochten sich.

Kopper musste sich gerade mit einigen Ärgernissen herumschlagen. Im Mai 1996 war die Bank durch die Krise bei Klöckner-Humboldt-Deutz (KHD) in die Schlagzeilen geraten. Die Kölner Motorenfabrik musste von der Deutschen Bank mit frischem Eigenkapital ausgestattet werden, als sich durch betrügerische Machenschaften bei der Anlagenbautochter Wedag in Saudi-Arabien ein Milliardenloch auftat. Kopper, selbst bei der KHD bis 1995 im Aufsichtsrat, war ein Jahr zuvor bereits mit 430 Millionen Mark Nothilfe eingesprungen. Im Juni 1996 musste er die KHD nochmals mit 550 Millionen Mark unterstützen. Erneut wurde öffentlich die Verantwortung und Macht der Banken diskutiert. Koppers Vorstandskollege Michael Endres hatte in seinem Amt als KHD-Aufsichtsratsvorsitzender von der drohenden Gefahr nichts mitbekommen – so wie schon sein Vorstandskollege Ronaldo Schmitz, der Aufsichtsratschef der Frankfurter Metallgesellschaft, die gut zwei Jahre zuvor beinahe vor dem Aus stand. Wenig später war eine Schieflage bei einigen Fonds der Londoner Morgan Grenfell aufgeflogen, die Kopper 1989 gekauft hatte, um dort alle Investmentbanking-Aktivitäten zusammenzuziehen. Die Affäre kostete die Bank 1,2 Milliarden Mark.

Im Sommer 1996 war Kopper gerade dabei, die Führung im Konzern neu zu sortieren. Die direkte operative Verantwortung wurde von den Konzernvorständen auf die Bereichsvorstände von vier neu geschaffenen Geschäftsbereichen übertragen. Es sollte sich einiges ändern bei der Deutschen Bank. Die Internationalisierung stand auf dem Programm.

In dieser Situation war Ackermann ein passender Kandidat für den Vorstand, und es war Kopper von Anfang an klar, dass der Schweizer Chancen auf höhere Weihen hatte – und darauf auch spekulierte. «Natürlich konnte ich ihm keine Zusage auf den Sprecherposten geben. Den wählte der Vorstand aus seinen Reihen», sagt Kopper. Aber es war klar, dass Koppers designierter Nachfolger im Sprecher-Amt, der Vorstand Rolf-Ernst Breuer, für eine längere Führungsphase bereits zu alt war und Ackermann sich größte Chancen ausrechnen konnte. Im Oktober gab Hilmar Kopper seinen vorzeitigen Rücktritt bekannt. Geplant war bereits, dass Rolf-Ernst Breuer im Mai das Sprecher-Amt im Vorstand übernehmen sollte.

Ackermann war in einer angespannten Lebenssituation. Ohne ein konkretes Angebot in der Tasche hatte er bei der Credit Suisse den Abschied genommen. Sein Rücktritt war am Finanzplatz Zürich ein großes Thema, und er erhielt einige ganz passable Angebote. Aber er wollte seinem Widersacher unbedingt beweisen, dass er einen Finanzkonzern erfolgreich führen konnte. Da war die Deutsche Bank ein spannendes Angebot, für Ackermann «die Bank in Europa». In einem Fernsehinterview mit dem Zürcher Publizisten Frank A. Meyer erzählte er: «Das war natürlich das Größte, was man erhoffen konnte. Mich hat damals schon die europäische Dimension interessiert, aus der Schweiz heraus nach Europa zu gehen und in ein globales Umfeld, das hat mich sehr, sehr fasziniert.»

Am 1. November hatte Josef Ackermann seinen ersten Arbeitstag in Frankfurt. Kopper überließ ihm sein Büro, das Eckzimmer im 32. Stock des A-Turmes. Ein symbolischer Akt. «So geht das nun mal», kommentiert der Königsmacher lakonisch. Kopper zog drei Etagen tiefer in das letzte Arbeitszimmer von Hermann Josef Abs, dem teutonischen Großbankier, der den Raum in ein schaurig abgedunkeltes Verlies mit eigener Bibliothek verwandelt hatte. Abs hatte seine in der Nazi-Zeit schon florierende Karriere bei dem Frankfurter Geldhaus fortsetzen dürfen, ohne dass sein unrühmlicher Anteil an der Auschwitz-Vernichtungsmaschinerie als Aufsichtsrat des IG-Farben-Konzerns Anstoß erregte. Als Ackermann in Frankfurt antrat, war dieses Kapitel Geschichte, und Kopper hat das Verdienst, dass endlich eine historische Analyse der Verantwortung der Deutschen Bank im Nazi-Regime stattfand.

In der Deutschen Bank brodelte es. Die Macht der 18 deutschen Hauptfilialen mit ihren sehr eigenständig agierenden Lokalfürsten wurde begrenzt. Die soeben gegründete Direktbanktochter Bank 24 hatte einen schweren Start – und blieb ein Flop. Und die Zahlen begeisterten insgesamt nicht. Die Ratingagentur Moody's erkannte dem Geldhaus im Dezember 1996 das Triple-A-Rating ab, eine Note, die dem Institut die höchste Stufe der Kreditwürdigkeit bescheinigt hatte. Und die Hiobsbotschaften versiegten nicht. Im März 1997 geriet die Deutsche Bank durch den Übernahmeversuch des Industriegiganten Krupp beim Konkurrenten Thyssen in Düsseldorf in die Schusslinie, weil sie in den Aufsichtsräten beider Unternehmen vertreten war. Der Fall wurde Auslöser für die kritische Debatte über verfilzte Strukturen, Ämterhäufung und Machtballung bei den mächtigen Aufsichtsräten. Im Zentrum der Kritik: die Herren von der Deutschen Bank.

In diesen Wochen legte der Geschäftsbericht der Deutschen Bank für das Jahr 1996 den Industriebesitz mit einem Marktwert von 27,1 Milliarden Mark offen. Und Hilmar Kopper wollte stur an den Beteiligungen festhalten. «Solange die steuerliche Situation so ist, wie sie ist, werden wir nicht verkaufen», sagte er. Es war die klare Aufforderung an die deutsche Bundesregierung, erst einmal die Steuern auf den Spekulationsgewinn beim Verkauf von Beteiligungsbesitz zu senken – und die Politik sollte dem Patriarchen bald folgen. Erst eine Steuerreform, die pikanterweise von der ersten rot-grünen Regierungskoalition unter Kanzler Gerhard Schröder durchgesetzt wurde, öffnete die Schleusen für die Verkaufsoperationen und damit für die Entflechtung der «Deutschland AG».

Doch die nationalen Themen waren zunächst nicht Ackermanns Aufgabe. Er sollte sich nach dem Willen Koppers erst einmal um die Kreditrisiken kümmern. Doch bald schon stand die Organisation der Investmentbankingsparte auf seinem Arbeitsplan – ein Reisejob. Ackermann einigte sich mit seiner Ehefrau Pirrko darauf, den Familienwohnsitz in Zürich zu belassen. Die heranwachsende Tochter sollte dort weiterhin zur Schule gehen dürfen, und in Frankfurt würde er ohnehin selten weilen.

Am 23. November 1998 gab die Deutsche Bank in New York bekannt, dass sie das amerikanische Traditionshaus Bankers Trust kaufen wollte. In Fachkreisen stieß sie auf eher skeptische Resonanz. «Der Deal könnte mehr Probleme bereiten als lösen», wertete etwa der britische *Economist* das Geschäft. Die Integration der beiden würde den Deutschen Kopfschmerzen auf Weltniveau verursachen.

Nach dem Kauf der britischen Morgan Grenfall hatte Kopper für exorbitante Beträge etliche Stars unter den Investmentbankern bei der Konkurrenz abgeworben. Edson Mitchell war von Merrill Lynch geholt worden. Frank Quattrone, der später bei der CSFB scheiterte, stieß von Morgan Stanley dazu.

Der Bankers-Trust-Deal war damals in den USA die größte Bankenübernahme durch einen ausländischen Käufer überhaupt, und Josef Ackermann wurde ihr Architekt. Neun Milliarden US-Dollar wurden für Bankers Trust gezahlt. Es war die achtgrößte US-Bank, und sie war bekannt für ihre riskante Geschäftspraxis. Skandale im Derivategeschäft, bei dem unter anderem mit so genannten Futures und Optionen Wetten auf in der Zukunft zu erwartende Preise abgeschlossen werden, hatten Bankers Trust viel Geld und vor allem Reputation gekostet. Zu Beginn der neunziger Jahre musste die amerikanische Notenbank eingreifen, weil das Geldhaus kurz vor dem Konkurs stand.

Als Krisenmanager wurde ein neuer Chef berufen – kein Banker, sondern ein farbloser Experte aus dem Washingtoner Finanzministerium: Frank Newman. Er konnte die Krise nicht aufhalten. Für das dritte Quartal 1998 musste das Institut einen Verlust von 488 Millionen US-Dollar eingestehen. In eigener Sache hingegen war Newman auf dem Quivive, und er wusste, dass er nicht viel Zeit hatte, Kasse zu machen. Der Verkauf des Instituts war beschlossene Sache. Newman reichte es, um sich ein Millionengehalt zu gönnen, die privilegierte Fahrt im eigenen Lift ins Chefzimmer zu genießen und den Helikopter für Privattrips zu nutzen. Und er vergaß nicht, eine so genannte Kontrollwechselklausel in seinem Fünfjahresvertrag zu vereinbaren. Sollte das Institut in fremde Hände fallen – und das würde es ja –, dann war ihm der sofortige Ausstieg unter Mitnahme einer saftigen Entschädigung erlaubt.

So setzte die Deutsche Bank im Sommer 1999 mit einer Rekordabfindung einen zweifelhaften Meilenstein der deutschen Wirtschaftsgeschichte. Frank Newman erhielt zunächst eine

Halteprämie fürs Bleiben und wurde Monate später mit einer Abfindung fürs Gehen verabschiedet. Insgesamt war dies die bis dahin wohl höchste Zahlung, die je ein deutsches Unternehmen einer einzelnen Person hinterherwarf: 100 Millionen US-Dollar. Es wurden ihm zudem die Steuern erstattet, ein Chauffeur, eine Sekretärin und ein Büro bis ins Jahr 2003 versprochen und der hübsche Titel «Chairman Emeritus» gewährt. Den Firmenjet von Bankers Trust durfte er ebenfalls nutzen – «aus Sicherheitsgründen». Sein Finanzchef erhielt ebenfalls einen «goldenen Fallschirm» im Wert von 25 Millionen US-Dollar ausgezahlt. 400 Millionen US-Dollar an Prämien berappte die Deutsche Bank insgesamt – zweifelsfrei eine weltmarktfähige Größenordnung.

Seitdem gelten die hohen Beträge im Leben und Wirken von Josef Ackermann als üblich, als Ergebnis eines amerikanisch dominierten Wirtschaftsstils. Und in seiner Branche galt er nun endgültig nicht mehr als der ehrlich-bodenständige Aufsteiger aus dem Sarganserland, sondern als Zahlmeister von Weltformat. Bei den einfachen Mitarbeitern von Bankers Trust ging dies nicht ohne Groll über die Bühne. Einige kamen demonstrativ mit einem T-Shirt ins Büro, auf das ein bitter-witziger Slogan gedruckt worden war: «Frank Newman got $ 100 million and all I got was this lousy T-shirt.» («Frank Newman bekam 100 Millionen Dollar und ich bekam nur dieses erbärmliche T-Shirt.»)

Der Fall wurde auch aus anderen Gründen für die Deutsche Bank zum Reputations-Desaster. Spuren von Newmans Schaffen finden sich noch in den Beweissammlungen zur Enron-Pleite, dem größten Wirtschaftsbetrugsfall der US-Geschichte. Im März 1998 schrieb Newman Dankesworte für die erfolgreiche, groß angelegte Realisierung einer Finanztransaktion zur «Steuervermeidung» an Kenneth L. Lay, den Chairman und CEO von Enron und inzwischen schuldig gesprochenen Angeklagten des Falles, der vor der Verkündung des Strafmaßes an einer Herzattacke starb: «Bankers Trust ist außerordentlich erfreut, sowohl als Finanzberater wie auch als Partner dieser Transaktion mit Ihrer Firma arbeiten zu dürfen.» Und Newman ergänzte: «Bei Bankers Trust sind wir außerordentlich stolz auf unsere globale Reputation, unseren Kunden beim Schaffen von Werten zu helfen.» Lay paraphierte am Rand: «Good Job. Thanks, Ken.» Die Banker gaben den Programmen illustre Codewörter wie «Project Steele» und überschrieben ihre Präsentation mit einem flotten Motto: «Show Me the Money!»

Die Steuerumgehungsprogramme von Bankers Trust sind überdies Gegenstand von Schadensersatzklagen und weiteren Untersuchungen, für die heute die Deutsche Bank gerade stehen muss. Zwischen 1996 und 1999 hatte Enron einen Gewinn von 2,3 Milliarden US-Dollar ausgewiesen, zahlte aber fast keine Steuern. Zur Steuervermeidung und um die Bilanz zu polieren, unterhielt Enron ein Netzwerk von fast 3500 Briefkastenfirmen in Steueroasen, davon allein 440 auf den Cayman Islands. 20 Verfahren waren im Sommer 2006 noch offen.

Vergessen sind bereits die Strafen, die Bankers Trust 1999 für frühere Verfehlungen zahlen musste. So war die Deutsche Bank von einem amerikanischen Bundesgericht zur Zahlung einer Geldstrafe von 60 Millionen US-Dollar verurteilt worden, weil das Institut in den Jahren 1989 bis 1996 nachrichtenlose Guthaben (das sind Konten, über deren Inhaber man nichts mehr weiß) zur Bilanzfälschung verwendet hatte. Weitere 3,5 Milliarden US-Dollar mussten an die Bankregulatoren des Staates New York gezahlt werden.

Mannesmann

Im Oktober 1999, einige Monate nachdem der Bankers-Trust-Deal abgeschlossen war, kam es bei der Deutschen Bank an einer ganz anderen Front zu einem folgenreichen Beteiligungspoker. Der Düsseldorfer Technologiekonzern Mannesmann kämpfte auf dem europäischen Markt um Claims. Es ging um die Ausdehnung des Territoriums für die eigenen Funknetze und um die Verdrängung der Konkurrenten. Solche GSM-Territorien gewann man, in dem man GSM-Gesellschaften aufkaufte.

Die Deutsche Bank war involviert, weil ihr maßgebliche Anteile an Mannesmann gehörten und sie daher auch im Aufsichtsrat vertreten war: zunächst durch Hilmar Kopper, der das Mandat dann Ackermann vererbte. Zudem interessiert ihre Investmentbanker jede Fusion, denn die Beratung und Gestaltung der komplexen finanziellen Transaktionen gehört zu ihren einträglichsten Geschäften.

Mannesmann-Chef Klaus Esser, der bereits seit Januar verschiedentlich, aber erfolglos Gespräche mit Sir Christopher Gent, dem Chef des britischen Telekomkonzerns Vodafone geführt hatte, verhandelte mit dem Unternehmen Hutchison Whampoa aus Hongkong, dem 44,8 Prozent der Anteile der britischen Mobilfunkgesellschaft Orange gehörten. Diesmal hatte Esser mehr Glück, und er benötigte noch die Zustimmung seiner Aufsichtsräte, denn größere Firmenkäufe und (-verkäufe) müssen stets von diesen abgenickt werden. Am 19. Oktober stimmte Ackermann in einer Aufsichtsratsitzung dem Orange-Deal mit Hutchison Whampoa zu. Am folgenden Tag einigte sich Esser mit der asiatischen Muttergesellschaft über den beabsichtigten Kauf der Orange-Anteile. Der gesamte Kaufpreis war auf rund 30 Milliarden Euro veranschlagt worden und sollte unter anderem durch einen Aktientausch mit Hutchison Whampoa beglichen werden. Auf diese Weise wurde die Hongkong-Gesellschaft mit zehn Prozent größter Einzelaktionär von Mannesmann, und der Hutchison-Aktionär Li Ka Shing machte einen Gewinn von mehr als fünf Milliarden Euro.

Die Aufsichtsräte, unter ihnen Ackermann, fragten Esser, ob die Orange-Manager ebenfalls positiv zum Take-over stünden. Esser erklärte, dass dies naturgemäß davon abhänge, welche Aktienoptionen man den Managern anbiete. Wenig später, am 1. November, teilten die beiden Unternehmen mit, dass Orange-CEO Hans Snook zehn Millionen britische Pfund plus fünf Millionen Pfund Bonus erhalte. Die Beträge wurden als «Transition Bonus» gezahlt, damit die Manager die Übernahme positiv begleiten. Die Gesamtkosten des Vergütungsplanes für Orange beliefen sich auf 117,2 Millionen Pfund (damals knapp 183 Mio. Euro), 30 Millionen Pfund davon allein als Halteprämie für Führungskräfte. Soweit war dies inzwischen «business as usual» für Ackermann.

Am 14. November kam die Revanche von Vodafone-Chef Chris Gent, der dieses Spiel auf seinem Terrain mit großem Argwohn verfolgte. Gent unterbreitete ein förmliches Übernahmeangebot für die ganze Mannesmann AG – mitsamt Orange. Esser und seine Vorstandsmitglieder lehnten ab, und die Aufsichtsräte unterstützen sie dabei. Im Mannesmann-Konzern gab es bereits das «Projekt Friedland», um feindliche Übernahmen abzuwehren. In der Projektgruppe saßen neben Mannesmann-Managern etliche Fusionsspezialisten der Anwaltsfabriken Bruckhaus Westrick Geller Löber und Skadden Arps, Slate Meagher & Flom sowie Investmentbanker von Morgan Stanley, Merrill Lynch, J. P. Morgan und von der Deutschen Bank.

Die Abwehroperation produzierte ein Kursfeuerwerk an den Börsen und endete schließlich mit der Zustimmung zur Übernahme durch die Briten. Sie mündete Jahre später beim fusionierten Unternehmen in zweifelhafte Rekorde: die größte steuerliche Abschreibungsforderung, die der deutsche Fiskus jemals erlebt hat, der höchste Jahresverlust, den ein Konzern in der britischen Wirtschaftsgeschichte je gemeldet hat, und eine Rekordabschreibung in der Jahresbilanz.

Die Übernahme war von gewaltigen Abfindungszahlungen an die Manager der übernommenen Gesellschaft begleitet, die alsbald mit einer Strafanzeige beantwortet wurden, die Stuttgarter Wirtschaftsanwälte bei der Staatsanwaltschaft Düsseldorf einreichten. Und diesmal, so weit ist die Geschichte bekannt, hatte die Sache für den Aufsichtsrat Josef Ackermann ein scheinbar endloses Strafverfahren zur Folge. Zum ersten Mal versuchte in Deutschland der Staat, vertreten durch seine Düsseldorfer

Staatsanwälte, zu klären, ob diese Zahlungen gerechtfertigt sind oder ob die Verantwortlichen, die diese Zahlungen ausgelöst haben, zu bestrafen seien: Veruntreuung von Firmenvermögen oder legaler, moderner Geschäftsstil?

Ackermann wollte, wie so viele, die von Wirtschaftsermittlungen betroffen sind, die Ermittlungen anfangs gar nicht wahrnehmen. Die Justiz kam bislang in seiner Welt nur als Kostenfaktor vor: Rechtskosten für Spitzenanwälte, die Zivilklagen abwehren; Rückstellungen für Schadensersatzansprüche von Investoren und Sammelklagen von Kunden; im schlimmsten Fall Rechtsrisiken, die eine Pflichtmitteilung gegenüber der Börsenaufsicht bedeuten. Er kannte nur juristische Probleme, die mit Geld zu regeln waren. Dass es in Düsseldorf aber um sein persönliches Ansehen als rechtschaffener Bankvorstand und im schlimmsten Fall sogar um eine Gefängnisstrafe ging, das realisierte Ackermann zunächst nicht.

Seine Leute in der Rechtsabteilung suchten nach einem ordentlichen Strafverteidiger und fanden ihn mit Eberhard Kempf, einem der besten Strafrechtler der Republik. Der Frankfurter Anwalt gehört zur Generation des gesellschaftlichen Gegenentwurfs. Er ist ein Weggefährte von Otto Schily, Joschka Fischer und Daniel Cohn-Bendit aus den 68er Kampftagen in Frankfurt und an der Pariser Sorbonne und wird im Gerichtssaal wegen seiner schneidigen Rhetorik und brillanten Prozessführung gleichermaßen gefürchtet wie geachtet.

Als Ackermann während einiger Urlaubstage etwas Ruhe vom Bankenleben fand, rief er «seinen» Anwalt das erste Mal an, um sich nach seinen Aussichten zu erkundigen. Noch immer war er der Ansicht, dass nichts falsch gelaufen sein konnte. Es ging doch nur um Prämien, wie er sie jeden Tag erlebte. Er stellte die Fragen, die alle Beschuldigten am Anfang an ihren Anwalt richten: Wie kommt es, dass die Staatsanwaltschaft so etwas ermittelt? Ist das die Aufgabe der Staatsanwälte? Was ist überhaupt der Kern des Vorwurfs? «Ich bin als Strafverteidiger der Übersetzer zwischen der Prozesswelt und Ackermanns

Welt», erklärt Kempf seine Rolle, als Mittelsmann müsse er beide verstehen.

Ackermann hörte von seinem Anwalt, dass der Fall nicht am Telefon zu erledigen sei, dass ein erstes Treffen stattfinden müsse, um Grundsätzliches zu regeln: «Ich nehme in der Regel keine Vollmacht zur Verteidigung entgegen, wenn ich den Menschen nicht persönlich gesprochen habe.» Und er hörte, dass er mit vielen weiteren Besprechungen in dieser Sache rechnen müsse.

Ackermann versuchte wie viele seiner Kollegen in ähnlich prekärer Situation das ärgerliche Thema aus seinem Manageralltag zu verdrängen, und das war nicht schwer. Während in Düsseldorf die Staatsanwälte Tonnen von Firmenakten sichteten und Dutzende Vernehmungen führten, um sich ein Bild von einer ihnen sehr fremden Materie zu machen, diskutierte der Deutsche-Bank-Vorstand über die nächste Fusion, diesmal in eigener Sache. Es ging um die Überlegung, einen Schulterschluss mit der Dresdner Bank zu wagen, deren moderne Bürotürme in ihrer Frankfurter Nachbarschaft die der Deutschen noch überragten. Vorstandssprecher Rolf-Ernst Breuer hatte die Fusion spektakulär eingefädelt. Doch die Investmentbanker in London hielten nicht viel davon, allenfalls eine Übernahme der Londoner Tochter Kleinwort Benson, der Investmentbankingsparte der Dresdner, hielten sie für strategisch angemessen. Ackermann verbündete sich in dieser Frage mit den Londoner Kollegen. Vielleicht spielte dabei auch sein Misstrauen gegen hemdsärmelig angezettelte Fusionen eine Rolle, wie er sie mit der gescheiterten Take-over-Aktion der Schweizerischen Bankgesellschaft von Rainer E. Gut in Zürich erlebt hatte. Ganz sicher aber war es auch sein klarer Instinkt, in dieser Frage mit den mächtigen Investmentbankern mitzuziehen.

Als Breuers Fusionsplan scheiterte, stand Ackermann als Gewinner da. Mit ihm hatten die Londoner einen Verbündeten, der den Prozess der Entgermanisierung der Deutschen Bank vorantreiben würde. Und er selbst hatte mit den Freunden in London einflussreiche Verbündete für den Ausbau seiner Macht, deren Loyalität allerdings ausschließlich auf einem einzigen Faktor basierte: Geld. Die Stars des Investmentbankings wissen ihre wertvollen Kundenbeziehungen in Bares umzumünzen, und sie sind gewohnt, mit kompletten Teams die Seiten zu wechseln, sobald ein konkurrierendes Unternehmen höhere Gehälter bietet. Sie bewegen sich in einem kleinen, aber heiß umkämpften Markt, und sie wissen, dass es einzig und allein auf ihr Know-how ankommt.

In London wurde Ackermann geliebt, doch in Frankfurt drohte ihm plötzlich Gefahr durch einen Widersacher, der ebenfalls ehrgeizige Pläne schmiedete. Sein Vorstandskollege Thomas Fischer im Eckbüro auf der 31. Etage, zuständig für das Risikomanagement im Konzern, hatte es auf den Sprecherposten abgesehen. Der promovierte Volkswirt wurde in Berlin geboren und war in Kanada aufgewachsen, er hatte sich nach ersten Stationen bei der Deutschen Bank als erfolgreicher Manager der baden-württembergischen Landesbank einen Namen gemacht. 1999 trat er in den Vorstand der Deutschen ein und tüftelte bald eine PR-Strategie aus, wie er sich auch öffentlich empfehlen könnte.

«Wilde Geschichten» wurden dem *WirtschaftsWoche*-Redakteur Dirk Schütz, der heute die Schweizer Wirtschaftszeitung *Cash* leitet, über Thomas Richard Fischer erzählt: «Dass er Boxhandschuhe in seinem Büroschrank habe und Mitarbeiter bei zu starker Gegenrede zum Kampf auffordere. Dass er immer ein Messer in der Hosentasche trage. Dass seine Schuhe mit Stahlkappen bestückt seien. ‹Alles Übertreibungen›, wehrte sich Fischer. Die Boxhandschuhe? Hängen nicht im Büro, sondern zu Hause. Früher war er begeisterter Boxer, und auch heute trainiert er noch regelmäßig am Sandsack. Das Messer? Fischer holt ein Jagdmesser von seinem Schreibtisch. ‹Zum Briefeöffnen.› Die Stahlkappen? Lediglich seine Schuhabsätze sind mit Metall verstärkt. ‹Ich liebe den Klang beim Auftreten.›»

Im August 2000 erfuhr Ackermann das alles aus der Zeitung,

als er gerade Urlaub in Frankreich machte. Das war also der Mann, der ihm den Posten des Vorstandschefs streitig machen wollte? Der Mann, mit dem er in New York so oft kollegial beim Abendessen zusammengesessen war? Der Mann, der ihn immerzu für seine Arbeit belobigte? Der Mann, den er so sehr beim Umbau des Risikomanagements unterstützt hatte?

Und nun musste er auch noch lesen, dass Fischer mit dem Amerikaner Edson Mitchell, dem wichtigsten Investmentbanker der Deutschen in London, einen Fürsprecher gefunden habe. Ausgerechnet der mächtige Mitchell, den Ackermann bislang seinen stärksten Verbündeten wähnte und dem zweifelsohne die Rolle eines Königsmachers zukam, weil an seiner Truppe vorbei keine wichtige Personalentscheidung mehr denkbar war. Dieser Mitchell, die personifizierte Amerikanisierung der Deutschen Bank, für den im Vorstand seit dem Sommer 2000 Englisch gesprochen und englisch protokolliert wurde?

Es muss Ackermann die Sprache verschlagen haben, als er Zitate von Fischer wie dieses über dessen Beziehung zu Mitchell lesen musste: «Wir ticken synchron.» Und es muss ihm sogleich durch den Kopf geschossen sein, dass er wie einst in Zürich wieder in die Lage des Verlierers geraten könnte, der kurz vor dem Ziel einem Konkurrenten den Platz frei machen muss.

Für Ackermann und einige seiner Vorstandskollegen war klar, dass sie nun «klare Entscheide» benötigten. Im September 2000 traf sich also die Herrenrunde – ohne Breuer, der auf die Entscheidung keinen Einfluss nehmen wollte. «Es war eine Sache von fünf Minuten», erinnert sich Ackermann: «Alle stimmten zu, dass wir diese Diskussion nicht zwei Jahre führen könnten.» Mitchell nannte den Kandidaten, der in seinen Augen einzig und allein infrage komme – Ackermann. Und Fischer stimmte ebenfalls in das Konzert ein. Anschließend wurde verkündet, dass Ackermann im Mai 2002 Rolf-Ernst Breuer als Vorstandssprecher ablösen werde.

Edson Mitchell sollte es nicht mehr erleben. Am 23. Dezember 2000 stürzte er auf einem Flug zu seinen Kindern im US-Bundesstaat Maine mit einer Beechcraft King Air 200, einer kleinen Turboprop-Maschine, ab – ein nicht ganz seltenes Managerschicksal. Mitchell war ein kantiger Haudegen und ein grandioser Verhandler, vor allem wenn es ums eigene Salär und um den Bonuspool für sein Team gegangen war. Entsprechend ergeben waren ihm seine Jungs: «Ich wäre mit ihm bis ans Ende der Welt gegangen», erzählte der Inder Anshu Jain, sein teuerster Mann.

Ganz oben und im Rampenlicht

Für Ackermann bedeutete der tödliche Absturz Mitchells Kriseneinsätze in London, um den Investmentbankern wieder eine starke Führung zu verschaffen. Dabei sollte schon bald Anshu Jain die Schlüsselrolle spielen. In Frankfurt wiederum musste Ackermann sogleich nach den Weihnachtsferien eine neue Organisationsstruktur präsentieren, die er noch mit Mitchell ausgeklüngelt hatte. Statt der fünf Geschäftsbereiche sollte es künftig nur noch zwei Säulen geben, auf denen die Bank ruhte: grob betrachtet das Investmentbanking und das Privatkundengeschäft. Ackermann setzte sich an die Spitze des Investmentbankings, Breuer dirigierte das Geschäft mit den Privatkunden.

Die nächste Erschütterung kam mit dem 11. September 2001, dem blutigen Dienstag in Manhattan. Die Aufsichtsräte saßen mit etlichen Vorstandsmitgliedern gerade im Großen Saal der 35. Etage in Frankfurt, als ein Mitarbeiter mit der Meldung hereinstürmte, ein Flugzeug sei ins World Trade Center gestürzt. Hilmar Kopper wies einen Assistenten an: «Das müssen wir sofort auf dem Bildschirm sehen.» Ihm war bewusst, welche unmittelbare Gefahr der Deutschen Bank drohte. Neben den Twin Towers stand der kleine Turm der Bankers Trust, in dem ihre amerikanischen Mitarbeiter arbeiteten. Ein Fernseher wurde hereingerollt, und schon schauten die Banker auf die dramatischen Bilder. «Dann sahen wir, wie das zweite Flugzeug um unser Bankers-Trust-Gebäude herumgeflogen kam, und wir bangten, ob auch unser Turm einstürzt», erinnert sich Ackermann.

Ackermann bestieg sofort mit seiner Frau eine Netjets-Maschine, um nach New York zu fliegen. Sie landeten erst im kanadischen Halifax, weil der amerikanische Luftraum gesperrt war, und von dort erreichten die Piloten, dass er nach New York einfliegen durfte. Die Ackermanns blieben drei Wochen in Manhattan, um sich um die Mitarbeiter von Bankers Trust zu kümmern. Drei von ihnen waren an dem Katastrophentag ebenfalls umgekommen, und 5500 Arbeitsplätze waren auf einen Schlag zerstört. Das Hochhaus steht noch immer, verseucht und unzugänglich; niemand darf hinein.

Einige Wochen später war der Manageralltag wiedergekehrt. Erneut thematisierte Ackermann die Organisationsstruktur der Bank, die im Januar 2002 dann tatsächlich in seinem Sinne der Öffentlichkeit vorgestellt wurde. Ein «Group Executive Committee (GEC) wurde geschaffen, dessen Vorsitz der Vorstandssprecher übernehmen sollte. Dies war letztlich die Vorstufe zum amerikanischen Modell des Chief Executive Officer (CEO), der allein die geschäftspolitische Verantwortung hat. Es war die uneingeschränkte Machtposition, die er sich auf den Leib schrieb. Und es war eine Funktion, die mehr Einfluss bündelte, als alle seine Vorgänger im Sprecheramt je hatten. Er wollte zudem erreichen, dass sich jeder in der Führung für die Gesamtbank mitverantwortlich fühlt. Und dass das «Silodenken», wie er es nannte, aufhörte.

Einer moserte wieder, diesmal allerdings intern. Es war Thomas Richard Fischer, der Mann, der so sehr nach dem Chefposten strebte. Er machte strategische Bedenken geltend. «Dann machen wir das eben ohne Sie!», beschied ihn Hilmar Kopper, der Patriarch im Aufsichtsrat, und Fischer nahm im Januar 2002 den Hut. Fischer arbeitete einige Zeit lang als Berater, unter anderem im Auftrag der Bayerischen Landesbank und der

Investmentbank Rothschild in Frankfurt. Im Januar 2004 hatte auch er wieder einen Job mit Hierarchiequalität, als Vorstandsvorsitzender der Düsseldorfer WestLB. Es war freilich kein einfacher Job. Die WestLB stand kurz vor dem Konkurs, sie hatte im Auslandsgeschäft binnen zwei Jahren vier Milliarden Euro verloren. Seine Ernennung wurde von der Presse als «großer Wurf» bewertet. Und tatsächlich konnte er nach einem Milliardenverlust in seinem ersten Jahr für 2005 immerhin einen Jahresüberschuss von rund 400 Millionen Euro melden.

Ackermann ging nun mit der neuen Visitenkarte in der Brieftasche daran, weitere Industriebeteiligungen und so genannte «Randgeschäfte» – so nennt man alle Einheiten, die man loswerden will – zu verkaufen. Dazu gehörten die US-Tochter Deutsche Financial Services, die Brokerfirma Global Custody, Anteile an der Münchner Rück und an der Deutschen Börse. Und er trennte sich von den Anteilen am Kölner Gerling-Versicherungskonzern, womit ein kostspieliger Ausflug ins Versicherungsgeschäft endete. Die Verkäufe brachten der Bank einen Erlös von rund 5,3 Milliarden Euro.

«Einen großen Teil haben wir dafür verwendet, die Bilanz zu bereinigen und die Kapitalbasis zu stärken. Natürlich floss auch ein Teil in die Bewältigung von Altlasten im Beteiligungsbesitz», erklärte Ackermann im Sommer 2003 in einem Interview mit dem *manager-magazin*. Das waren große Brocken: «Allein für Gerling mussten wir insgesamt über 1,2 Milliarden Euro abschreiben. In diesem Jahr haben uns andere Beteiligungen von Fiat bis MG Technologies zusätzlich 400 Millionen Euro gekostet.» Die Entgermanisierung war vollendet. «Wir sind längst keine deutsche Bank mehr, sondern eine globale. Rund 70 Prozent unserer Erträge kommen aus dem Ausland, 60 Prozent unserer Mitarbeiter und 50 Prozent unserer Aktionäre», triumphierte Ackermann.

Und alles wäre so schön gewesen, wenn da nicht noch einige Staatsanwälte in Düsseldorf an einer Anklageschrift gebastelt hätten und schon eifrig an der Niederschrift ihres Werkes arbeiteten. Als ihr Schriftstück mit 460 Seiten Umfang endlich vollendet, von Dutzenden Juristen bei der Staatsanwaltschaft, der Generalstaatsanwaltschaft und im Landesjustizministerium geprüft, redigiert und als brauchbar deklariert wurde, platzte die Meldung über die Anklageerhebung ausgerechnet im Februar 2003 in die laufende Bilanzpressekonferenz der Deutschen Bank, in der Ackermann gerade seine Zahlen vortrug. Peinlicher kann eine Medienpräsentation kaum verlaufen.

Im September 2003 ließ das Landgericht die Anklage zur Verhandlung zu. Nun war Josef Ackermann nicht mehr länger der glänzende Globalisierer der Deutschen Bank, nun war er der prominenteste Angeklagte der Republik. Seit dem Tag der Anklageerhebung ist klar: Ackermann mag noch so viele geschäftliche Erfolge erzielen, er wird sich als der Bankier vor Gericht in den Geschichtsbüchern wiederfinden.

Plötzlich stand Ackermann, der sich während seiner ersten Jahre im Vorstand in der Öffentlichkeit rar gemacht hatte, im grellen Rampenlicht. Er war so einsam wie ein Fußballspieler nach dem Eigentor. Nun rächte sich, dass er zu den deutschen Medien kein Verhältnis hatte. «Ich war in der ersten Phase mehrheitlich im Ausland und hatte daher kein Netz in Deutschland aufgebaut», sagt er. Und auch später, als er bereits als designierter Nachfolger von Rolf-Ernst Breuer galt, hatte er keine Medienkontakte gesucht, ebenso wenig hatte er vertraute Journalistenbeziehungen in Deutschland gepflegt. Ackermann wollte Breuer nicht ins Handwerk pfuschen, solange er den Sprecher-Job zu machen hatte. Seine Zurückhaltung hatte auch mit seinen Zürcher Erfahrungen zu tun: Er wollte sich nicht mehr der Gefahr aussetzen, mit Interviews seine Königsmacher zu verärgern.

Sein gespaltenes Verhältnis zur professionellen Öffentlichkeit hat vielleicht auch mit skurrilen Erlebnissen zu tun, die er nach seinem Einstieg in Frankfurt hatte. Bei ihm meldeten sich deutsche PR-Berater mit Avancen, die ihm bislang nicht vertraut waren. Die Kommunikationsexperten offerierten frei heraus nicht nur die Betreuung bei der Lancierung positiver Nachrichten über seine Person und seine Arbeit, sie boten auch an, seine Gegner sogleich mit Schmutzkampagnen zu überziehen.

Ackermann lehnte ab, und das Kopfschütteln ist ihm beim Gedanken über diese Szenen bis heute geblieben. Aber er weiß auch, dass diese Art Berater in deutschen Unternehmen durchaus potente Auftraggeber hat. Er selbst war nie ein Fan der Consulting-Branche. «Ich habe fast nichts mit Beratern zu tun», sagt er. Eine der Ausnahmen war der Unternehmensberater Roland Berger, der ihm anfangs die deutsche Welt erklärte. Ackermann fehlte bei seinem Wechsel nach Deutschland das Netzwerk, das ihn in der Schweiz so stark gemacht hatte. Sein Studienkollege Björn Johansson, der aus seinen Wanderjahren als Manager und als Headhunter weiß, wie wichtig die Beziehungsnetze sind, sieht darin einen Grund, warum Ackermann «im großen Kanton» nicht so richtig Fuß fasste: «Er kam mit fast 50 nach Deutschland – ohne Seilschaften, ohne Militärkameraden, ohne gesellschaftliches und politisches Netzwerk. Und ausgerechnet zur Deutschen Bank, der heiligsten Kuh in Deutschland.» Die «Deutschland-Mafia», wie Johansson wenig liebevoll die germanische Konzernlenker-Kaste bezeichnet, hat ihren Weg über Assistentenstellen in den Vorstandsbüros gemacht. Wer einmal erfolgreich als Gehilfe des Vorstandschefs gedient hatte, konnte nicht mehr scheitern.

Ackermann unterschätzte auch die Stimmungslage in Deutschland, die so anders ist als in seiner Heimat. Er kannte weder das Deutschland prägende Erlebnis der politischen Revolte der 68er-Generation gegen die belastete Kriegsgeneration noch das belastende Erlebnis der freundlichen Übernahme trister ostdeutscher Landschaften. Er spürte wenig von den Verwerfungen und Erschütterungen, die das politische Leben in diesem Land beeinflusst haben. Er musste sehr spät realisieren, dass die Gründungsväter und -mütter der deutschen Republik eine Wirtschaftsverfassung gegeben hatten, die dem öffentlichen

Wohl entscheidenden Stellenwert einräumte, und er musste registrieren, dass dieses Dekret noch sehr lebendig nachwirkte. «Eigentum verpflichtet» war der Kernsatz, den jedes deutsche Schulkind gelernt hat und der das Wirtschaftsdenken Deutschlands bestimmt, während er mit einer liberalen Verfassung groß wurde, die entscheidend vom nachrevolutionären Freiheitsgedanken geprägt war und das Wachstumsstreben mit liberalem Humanismus verband. «Eigentum verpflichtet. Sein Gebrauch soll zugleich dem Wohle der Allgemeinheit dienen» – Ackermanns heimatliche Bundesverfassung kommt ohne diesen Satz aus.

Seine politische Galionsfigur war ein Mann wie Alfred Escher, der Vater von Kreditanstalt, Eidgenössischer Technischer Hochschule und Gotthardbahn, dessen Monument heute stolz über die Zürcher Bahnhofstraße blickt. Ein freisinniger Pionier, der das außenpolitische Abenteurertum ablehnte und stabile Finanzen wie eine leistungsfähige Wirtschaft als Garanten der Unabhängigkeit bezeichnete und damit eine einzigartige wirtschaftliche Erfolgsgeschichte begründete, die bis heute fortwirkt. Diese Escher-Ära der Jahre nach 1848 prägte Zürich entscheidend, und sie bescherte der Stadt wirtschaftliche Blüte ohne das soziale Elend, das in der Zeit der Industrialisierung viele Regionen Europas erlebten. Escher war es, der wusste, dass industrielles Wachstum und wirtschaftlicher Aufstieg Banken benötigt, dass es «undenkbar gewesen wäre ohne Geld», wie es der Historiker Gordon A. Craig in seinem Klassiker «Geld und Geist» zusammenfasste, «und zwar nicht so sehr in seiner konkreten als in seiner abstrakten Gestalt, als Kredit. Und für Kredit braucht man Banken.» Oder wie es der Schweizer Geschichtswissenschaftler Jean-François Bergier mit einem Ausspruch einer Figur aus Racines «Les Plaideurs» charakterisierte: «Point d'argent, point de Suisse» – Ohne Geld keine Schweiz.

«Geld und Geist», das war das Credo, mit dem Josef Ackermann an seinem ersten und einzigen heimatlichen Arbeitsplatz groß wurde. Die Schweizerische Kreditanstalt atmete diese Idee seit ihrer Gründung. Das flammende Plädoyer für eine liberale Bürgergesellschaft, das die *Eidgenössische Zeitung* unter dem Titel «Kreditanstalten» als Gründungsaufruf der SKA veröffentlichte, macht den Geist der Bahnhofstraße verständlich: «Es ist schlimm, in allen Dingen reglementieren zu wollen, namentlich in Geldgeschäften. Noch jeder Versuch, sich darein zu mischen, schlug fehl. Wenn man den Handel erschwert, so kann ihn allerdings die Regierung führen, aber sie führt ihn schlecht, wie alle anderen Geschäfte. Lasst die Privaten machen, was ihnen gehört, und die Obrigkeit, was ihr gehört!»

Das war der große Entwurf der Bankenwelt, in der Josef Ackermann seine ersten 20 Berufsjahre erlebte. Bahnhofstraße und Taunusanlage – Welten liegen dazwischen.

Ackermann hat die Chance gehabt, ein wenig von diesem Geist nach Deutschland zu importieren. Es stand in seiner Macht, auf dem Spitzenposten der deutschen Wirtschaft die Deutschen für das helvetische Wirtschaftsmodell zu begeistern. Er hat diese Chance der gesellschaftspolitischen Wahrnehmung seines Amtes verpasst. Er hätte sich in Frankfurt von Anfang an auflehnen müssen, wenn er mit sich im Reinen hätte bleiben wollen. Doch die Kraft zum Rebellieren ist ihm nicht gegeben, und die notwendige Präsenz am Schauplatz der Auseinandersetzung konnte er nicht leisten. Er saß zu oft im Jet, irgendwo zwischen London und New York. Deshalb konnte Ackermann am Main nur als Außenseiter reüssieren.

Der Förderer: Hilmar Kopper, Chef der Deutschland AG

Hilmar Kopper, der «Monolith», wie er in den Frankfurter Banktürmen genannt wird, lässt sich im Zweireiher ins Fauteuil fallen und berichtet brummend, wie er den jungen Ackermann überzeugte, zur Deutschen Bank zu kommen: «Ich habe ihm ganz einfach gesagt: Ich kann dir nicht meinen Stuhl versprechen, aber wenn du dich langweilst, dann komm nach Frankfurt.» Das war keine Einladung. Das kam einem Einberufungsbefehl gleich. Die Worte stammen von einem Mann, der kein Lavieren kennt.

Hilmar Kopper ist mit elf Jahren im Flüchtlingstreck aus dem westpreußischen Oslanin nach Lüneburg gekommen, hungernd, frierend, ums Überleben kämpfend. Der Vater war Gutsbesitzer, alles war dahin; im frühen Nachkriegsdeutschland handelte der Bub auf dem Schwarzmarkt mit Zündern von Panzerfäusten. Er macht jedem, der es wissen will, deutlich, was das für ihn heißt: «Ich bin Preuße. Ich glaube an die absolute Pflichterfüllung, an die absolute Vertragstreue, und ich glaube an die Loyalität.» Er klingt immer noch so, als wollte er die Rheinländer erschrecken, denen es bei solchen Sätzen mulmig und bei dem Gedanken an derlei Tugendhaftigkeit angst und bange wird.

Kontrastreicher konnte Ackermann den Wechsel seines Chefs nicht vollziehen. Zwischen dem gewieften Innerschweizer Katholiken Rainer E. Gut und dem Mennoniten Hilmar Kopper, einem kalvinistisch Reformierten, liegen Welten. Kopper war kein Vorstandssprecher – er war ein Herrscher, mitunter polternd, oft rechthaberisch, aber er konnte auch schelmisch daherkommen oder mit krachendem Humor dazwischenplatzen.

Ein Kerl wie aus einer Hemingway-Erzählung. Wer weiß: Als

23-jähriger Banklehrling war Kopper Mitte der fünfziger Jahre als Trainee nach Amerika gegangen. Er reiste herum, genoss den Groove der Neuen Welt. An einem Strand lernte er einen bärtigen Mann kennen – es war Hemingway.

Kopper begann bei der Deutschen Bank in Leverkusen, wurde mit 30 Jahren Prokurist, zwei Jahre später schon Filialdirektor. Mit 36 war er bereits Vorstandsmitglied und begeisterte die älteren Herrschaften des verknöcherten Kollegiums mit dem amerikanischen Investmentbanking. Der Vorstand verteilte das Sprecheramt zeitweise auf zwei Schultern, machte damit allerdings keine guten Erfahrungen. Die Spitzenmänner F. Wilhelm Christians und Alfred Herrhausen, der die Investmentbanking-Idee unterstützte, «konnten nicht miteinander», erzählt Kopper. Herrhausen wollte zurücktreten, doch dazu kam es nicht mehr; im November 1989 fiel er einem Bombenanschlag zum Opfer, dessen Täter bis heute nicht ermittelt sind.

In einer halbstündigen Krisensitzung wurde der Nachfolger ausgeguckt. Kopper musste antreten, sein Pflichtbewusstsein ließ ihm keine Wahl. Bis 1997 blieb er im Amt des Vorstandssprechers. Danach präsidierte er bis Mai 2002 dem Aufsichtsrat. Er hatte 61 Aufsichtsrats- und Verwaltungsratsmandate inne, 13 davon bei Dax-Unternehmen. Er wurde der mächtigste Strippenzieher der «Deutschland AG» – und der umstrittenste. Als Aufsichtsrat von DaimlerChrysler ließ er seinen Freund Jürgen Schrempp zehn Jahre lang gewähren, obwohl dieser nur Versprechungen und Seifenblasen lieferte. Er wurde der meistkritisierte Banker Deutschlands – bis Ackermann kam.

Was für Josef Ackermann heute der Auftritt mit dem Victory-Zeichen ist, das war 1994 für Hilmar Kopper eine trockene Bemerkung, mit der er die Forderungen der besorgten Handwerker quittierte, die nach der Flucht des Frankfurter Baulöwen und Kreditkunden Jürgen Schneider auf Rechnungen von 50 Millionen Mark saßen. Nach einem Sondergutachten, das Schlamperei bei Kreditvergaben und Kontrollen aufdeckte, mussten mehrere Bankmanager der zweiten Garnitur den Hut nehmen. Kopper sprach in einer Pressekonferenz von «Peanuts» und kassierte dafür eine Würdigung der deutschen Sprachkontrolleure, die alljährlich das «Unwort des Jahres» vergeben. Die kleinen Kunden unterstellten ihm Arroganz, ein Image, das die Bank bis heute nicht loswurde.

Während unten der Volkszorn anschwoll, war sich Kopper oben im Turmzimmer seiner Sache völlig sicher. Die ganze Nation lag daneben. «Dumm» war der Protest. Die Leute sollten doch im Webster blättern, dem großen Wörterbuch der englischen Sprache, sagt Kopper immer noch. «A small amount of money», steht da und das war es doch wohl auch. Oder? Das *Handelsblatt* schrieb einmal: «Kritik perlt an seiner wuchtigen Stirn ab wie Frühlingsregen auf einer frisch gewachsten S-Klasse-Motorhaube.»

Mit diesem Mann zu arbeiten, das musste für Josef Ackermann einem Kulturschock gleichkommen. Ackermann war aus der Schweiz eher die leisen Töne gewöhnt, ein Arbeitsklima, das selbst in den Großunternehmen, Anwaltsfirmen und Weltkonzernen der Eidgenossenschaft vom kollegialen Ton geprägt ist. Aber mit den Ostschweizer Tugenden brauchte er dem Ostpreußen nicht zu kommen, Bescheidenheit war hier nicht mehr gefragt. «Wir waren ein bisschen wilder», witzelt Kopper.

Aber der ruppige Boss signalisierte ihm, dass er diesmal schaffen könnte, was ihm in Zürich nicht vergönnt war – den ersten Platz besetzen. «Eine Zusage gibt es bei uns nicht, aber eine Chance dazu hast du allemal», sagte er dem Schweizer. Und schon bald verstanden sich die beiden blendend. Kopper bot seinem Schützling das Du an – in seiner Laufbahn eine besondere Auszeichnung. Innerhalb der Bank pflegte er die kollegiale Ansprache nur mit den Angelsachsen.

Kopper erinnert sich mit «Zittern und Beben» daran, wie Bankers Trust in New York übernommen wurde, Ackermanns erste große Aufgabe bei der Deutschen Bank. «Wir ahnten gar nicht, was wir da riskiert haben», sagt er rückblickend, und es klingt wie die Erinnerung an eine gewonnene Schlacht. «Einen heißen Reifen» sei der Bankers-Trust-CEO Frank Newman gefahren. Trotz aller Kosten bezeichnet er die Akquisition für die Deutsche Bank als «Quantensprung». Es war die Zeit, als der Inder Anshu Jain zur Deutschen Bank kam, der heute als erfolgreichster Geldesel des Hauses betrachtet wird. Und die hundert Millionen US-Dollar Abfindung für Newman wischt er mit einer Handbewegung weg: «Das gehört zum Kaufpaket dazu.»

Auf Ackermanns Leistung in New York ist er stolz: «Die Amerikaner mögen ihn», sagt er. Ebenso wenig macht er aber ein Hehl daraus, dass er von Breuers misslungenem Versuch einer Fusion mit der Dresdner Bank gar nichts gehalten hat: «Wenn zwei Gleiche zusammengehen, entsteht nichts Neues. Das können Sie ausnullen.»

Koppers Fehler? «Sicher habe ich Fehler gemacht.» Mit der Gründungsidee der Direktbank für die kleinen Leute, «Bank 24» genannt, habe das Haus «Dampf verloren». Zu euphorisch sei er gewesen. Er fasst sich heute noch an den Kopf, wie er selbst demonstrativ ein Konto bei der Bank 24 eröffnen konnte. Und die Massenentlassungen? – «Wer zu spät entlässt, den bestraft das Leben.»

Das Thema Mannesmann hingegen wurmt Hilmar Kopper. Ihn ergreife das schlechte Gewissen bei dem Gedanken, dass Ackermann den Aufsichtsratsposten von ihm geerbt hat, sagt er: «Ich hätte genauso entschieden. Es gibt auch ein Gesetz der Anständigkeit.»

Und wenn der schlimmste aller Fälle im Düsseldorfer Landgerichtsaal einträte, dann würde Kopper kurz auflachen und seinem Ziehsohn nachrufen: Ich besuch dich im Gefängnis und bring dir was zu essen mit.

Der Aufsichtsrat

«Deutschland ist das einzige Land, in dem diejenigen, die Werte schaffen, bestraft werden.»

Josef Ackermann im Januar 2004

Eine verhängnisvolle Affäre

Konzernchef Chris Gent bestieg am 3. Februar 2000 in Newbury bei London den Vodafone-Firmenjet, um nach Düsseldorf zu fliegen. Mannesmann-CEO Klaus Esser hatte ihn zur letzten Pokerrunde um die Übernahme des mächtigen Traditionskonzerns am Rhein gebeten. Noch bevor der Tag zu Ende war, nachts gegen 23 Uhr, feierten die Mobilfunk-Tycoons das Ende einer beispiellosen dreimonatigen Übernahmeschlacht. Der Fusionsdeal mit einem Transaktionsvolumen von 220 Milliarden Euro war perfekt. Zuvor hatte allein Mannesmann 225 Millionen Euro für eine Abwehrschlacht aufgewendet, die Gent im November 1999 mit einem Übernahmeangebot an den Mannesmann-Aufsichtsrat provozierte hatte. Gent hatte 240 Mark für eine Aktie geboten, die damals bei 200 stand. Die Mannesmann-Räte lehnten ab. Es war der Auftakt für ein gewaltiges Kursfeuerwerk gewesen.

Am 3. Februar unterschrieben Esser und Gent eine zweiseitige Vereinbarung. Details regelte ein «Term Sheet for Vodafone Airtouch/Mannesmann Business Combination». Unter dem Stichwort «Exchange Ratio» hielten sie das Umtauschverhältnis fest: «58,9646 Vodafone-Aktien pro Mannesmann-Papier.» Wer schnell kombinierte, konnte dank der Kurssteigerung ordentlich Kasse machen. Wer aber auf den mittelfristigen oder langfristigen Erfolg des Unternehmens setzte, verlor gewaltig. Denn heute liegt der Aktienkurs weit unter dem Wert vor der Fusion.

Die Eigentümer des Mobilfunkkonzerns Hutchison Whampoa aus Hongkong gehörten zu den Schnelldenkern. Sie hielten mehr als zehn Prozent der Mannesmann-Aktien und freuten sich, dass die einjährige Bindungsfrist ihrer Papiere wegen der Fusion hinfällig wurde.

Irgendwann am Abend des 3. Februar 2000, als Gent und Esser noch miteinander verhandelten, klopfte der Hutchison-

Vertreter Canning Fok, ein knallharter Verhandlungsprofi, an die Tür, um dem Mannesmann-Chef ein Angebot zu machen. Esser gab Foks Offerte später in einem TV-Interview wieder: «Wir wollen, dass Sie eine Erfolgsprämie von zehn Millionen Pfund Sterling bekommen.»

Josef Ackermann saß damals im Aufsichtsrat bei Mannesmann im wichtigen «Ausschuss für Vorstandsangelegenheiten», der auch für die Gehälter der Vorstandsmitglieder verantwortlich war – in Schweizer Verwaltungsräten prägnanter «Salärkommission» genannt. Tags darauf, am 4. Februar 2000, zeichnete er die «Anerkennungsprämie in Höhe von GBP 10 Mio» ab. Gezahlt werden sollte, «wenn Vodafone die Aktienmehrheit erworben hat». Das war ein erstaunlich hoher Betrag, wenn man bedenkt, dass Esser erst seit Mai 1999 – also gerade einmal neun Monate – Vorstandsvorsitzender von Mannesmann war.

Für Ackermann war dies «ein international üblicher» Vorgang. Für die Düsseldorfer Staatsanwälte ein Verbrechen, auf das bis zu zehn Jahre Gefängnis stehen. In ihrer 460 Seiten füllenden Anklageschrift warfen sie Ackermann wie Esser «Untreue im besonders schweren Fall» vor.

Zwei Jahre lang hatten sie ermittelt, insgesamt 13 Strafrechtler prüften die Klageschrift. Sie ist nun wieder die Grundlage für das zweite Verfahren vor dem Landgericht, wie bei einem Brettspiel, bei dem alle Figuren für die zweite Runde wieder in die Ausgangsposition gesetzt werden. Es geht wieder um dieselben Vorwürfe und um die Beweiserhebung über Haltung und Verhalten der Angeklagten. Nur im Fall Esser, dem Empfänger der größten Summe, reduzierte das Landgericht die Anklage auf Beihilfe zur Untreue. Diese für Laien schwer verständliche Sichtweise rührt daher, dass Esser faktisch als Arbeitnehmer wie ein Beschenkter zu sehen war, der zwar an der Haupttat mitwirkte, aber eben kein Haupt*täter* war. Als Täter galten jene, die in den Augen der Staatsanwälte widerrechtlich in die Kasse gegriffen hatten und das ihnen anvertraute Geld im Wissen darum entnahmen, dass sie das Unternehmen schädigten. Im Fall des Mannesmann-Aufsichtsratsvorsitzenden Joachim Funk war dies anders. Er galt als Begünstigter und als Haupttäter zugleich, weil er als Aufsichtsratsmitglied über eine Zahlung an sich selbst mitentschieden hatte.

Der Kern des Sachverhalts war einfach: Die angeklagten Mitglieder des Aufsichtsrates ließen den begünstigten Managern Millionen für vergangene Leistungen zukommen. Dafür gab es bei Mannesmann vorher keine Regeln und Vereinbarungen, allerdings stimmten der größte Aktionär und der übernehmende Konzern zu.

Die Staatsanwälte billigten Esser großzügige Abfindungszahlungen im Rahmen seines Vorstandsvertrages durchaus zu. Auch den obligatorischen lebenslangen Anspruch auf Chauffeur, Limousine und Privatsekretärin, den er später für rund zwei Millionen Euro an Vodafone abtrat. Das war geregelt und üblich, und daher hatten die Ankläger daran nichts auszusetzen. Die Staatsanwälte monierten aber, dass die Aufsichtsräte auch ihrem Vorsitzenden Funk eine Prämie von knapp 3,2 Millionen Euro und eine «Alternativpension» von 2,7 Millionen zubilligten – als Belohnung seiner früheren Vorstandstätigkeit. Das war und blieb für Aufsichtsratsmitglieder eine völlig unübliche Zahlung, denn die Aufsichtsräte erhalten gewöhnlich nur ein angemessenes «Sitzungsgeld». So erhält Ackermann zum Beispiel für seine Aufsichtstätigkeit im Jahr 2005 bei der Bayer AG insgesamt 78 000 Euro. Die Zahlung an Funk wurde daher als besonders kritisch betrachtet.

Funk hatte eine enge Verbindung mit der Deutschen Bank. Er war als Aufsichtsratsvorsitzender von Mannesmann der Nachfolger Hilmar Koppers, und er saß im Beraterkreis der Deutschen Bank, einem Gremium, in dem sich traditionell die Spitzen der Deutschland AG trafen.

Die Staatsanwälte beklagten, dass Ackermann bei der Zahlung an den Aufsichtsratschef «in Kenntnis der Rechtswidrigkeit zugestimmt» habe. Und die Zahlungen hätten insgesamt «allein der Bereicherung der Begünstigten» gedient. Sie sahen «im Sinne der Rechtsprechung des Bundesgerichtshofs» eine «bewusste Schädigung des Gesellschaftsvermögens». Die Esser-Prämie und die weiteren Zahlungen waren in ihren Augen weder mit dem Strafgesetzbuch noch mit dem deutschen Aktienrecht vereinbar. Die Schwere der Tat – wichtig für die Bemessung der Strafe – begründeten sie mit der Höhe der Schadenssumme, aber auch mit den Tatumständen. Als besonders gravierend beurteilten die Staatsanwälte, dass die Belohnung den Managern «als Gegenleistung für ihre Befürwortung einer freundlichen Übernahme» gewährt wurde und nicht für ihre Verdienste bei der Mannesmann AG.

Am 17. Februar 2000 hatte Ackermann den Beschluss des «Ausschusses für Vorstandsangelegenheiten» zur Abstimmung gebracht. Die vier Mitglieder dieser Salärkommission, darunter Funk und Ackermann, hatten sich noch einmal am 28. Februar mit der Zehn-Millionen-Pfund-Prämie für Esser befasst und endgültig zugestimmt.

Die Staatsanwälte erhoben den Vorwurf, dass warnende Hinweise der Wirtschaftsprüfer des Revisionskonzerns KPMG ignoriert wurden. Diese hatten bereits am 11. Februar die Prämienzahlung moniert. KPMG-Risikomanager wurden eingeschaltet, die auf Berichtspflichten bei Gesetzesverstößen hinwiesen. Ein Supervisor aus der KPMG-Zentrale machte «erhebliche Vorbehalte» geltend. Schließlich versahen sie ihren späteren Prüfbericht mit dem Warnhinweis auf «ein nachteiliges Rechtsgeschäft».

Die Ankläger bemerken zur Arbeitspraxis im Aufsichtsrat kritisch, dass Funk, anders als sein Vorgänger Hilmar Kopper, den Aufsichtsratsmitgliedern «im Regelfall erst in der Sitzung den Beschlussvorschlag vorgelegt» hatte. Kopper hingegen, der preußisch korrekte Leader, hatte seine Räte stets vorher schriftlich mit begründeten Anträgen orientiert. Grundsätzlich bemängeln die Staatsanwälte, dass Josef Ackermann «die Beschlussvorschläge nicht eigenständig und sorgfältig dahingehend (prüfte), ob diese dem Interesse der Mannesmann AG und den weiteren, für die Festsetzung von Bezügen maßgeblichen rechtlichen Bestimmungen entsprachen».

Nach Auffassung der Ankläger wurde Ende Januar 2000 der «Tatplan» ins Werk gesetzt: «Infolgedessen fassten die Angeschuldigten Dr. Esser und Prof. Dr. Funk den Entschluss, sich und weitere Führungskräfte (...) insbesondere für den Fall einer Übernahme (...) gegebenenfalls auch unrechtmäßig zu bereichern.» Funk bewilligte zunächst Esser einen «Wagen mit Fahrer und ein Büro mit Sekretärin auf Lebenszeit». Für die Staatsanwälte eine «unzulässige» Abmachung. Ackermann wurde an diesem Tag nicht informiert, obwohl der Aufsichtsrats-Ausschuss gerade tagte.

Nach langem Ringen einigten sich Gent und Esser am 3. Februar auf einen Übernahmepreis. Doch ein paar Hürden waren noch zu überwinden. Essers Honorarvorstellungen begeisterten den Briten nicht: «Zu einer Zahlung seitens Vodafone sah Sir Gent keine Veranlassung.» Gent wollte nichts aus seiner Kasse zahlen. Die «Mannesmänner» sollten ihr eigenes Budget belasten und darüber noch vor der Fusion entscheiden. Nun war also Tempo gefragt: «Noch vor der Aufsichtsratssitzung am 4. Februar 2000 sollte in aller Eile der Beschluss des Präsidiums über die Prämien gefasst werden.»

«Innerhalb weniger Minuten», so die Anklageschrift, wurde eine Anerkennungsprämie für Esser von 10 Millionen Pfund bewilligt. Ackermanns Verteidiger gab zu Protokoll, wie diese Sitzung ablief: Ackermann und Funk waren allein, die beiden Gewerkschaftsvertreter verhindert. Nun brachte Funk aufs Tapet, dass er selbst auch gerne eine Prämie haben wollte. Er dachte an drei Millionen Pfund. Ackermann habe «keine Bedenken gehabt», ermittelten die Staatsanwälte, und das erste Landgerichtsurteil kam zu dem Schluss: «Der Angeklagte Dr. Ackermann war bis zu diesem Zeitpunkt nicht auf den Gedanken gekommen, dieser verdiene eine Prämie. Eine Diskussion, warum der Angeklagte Prof. Dr. Funk nun begünstigt werden sollte, fand nicht statt. Dem Angeklagten Dr. Ackermann reichte dessen Wunsch, um eine Einbeziehung in den Prämienfonds zu befürworten.»

Auf sein Anraten sollte das Okay von Canning Fok eingeholt werden, dem Vertreter von Mannesmann-Großaktionär Hutchison Whampoa aus Hongkong. Funk bat Fok herbei, der während der Deals im Mannesmann-Haus saß. Fok sprach mit Ackermann unter vier Augen, er war einverstanden. Aber es sollte nicht aus seiner Kasse gezahlt werden, auch wenn die Vorfreude bei Hutchison in Hongkong groß war – ihr Kursgewinn würde am Ende insgesamt 8,3 Milliarden Euro betragen. Daraufhin informierte Ackermann telefonisch Präsidiumsmitglied Klaus Zwickel, den Gewerkschaftsfunktionär, der als Arbeitnehmervertreter zustimmen musste. Dieser meinte, dass es «sehr viel Geld» sei; er hatte aber «im Ergebnis damit kein Problem».

In den Augen der Staatsanwälte war dieser Vorgang eine «unzulässige» Selbstbegünstigung Funks. Auch Ackermann sei bewusst gewesen, dass dafür «die Hauptversammlung zuständig ist». In seiner Verteidigungsschrift, die er der Staatsanwaltschaft übermittelte, berief sich Ackermann darauf, dass «nach seinen Schweizer und angelsächsischen Erfahrungen der Verwaltungsrat bzw. der Board selbst» darüber bestimme. Das war eine heikle Argumentation, denn er war natürlich als Mitglied eines deutschen Aufsichtsrates verpflichtet, die deutschen Gesetze zu kennen und zu beachten.

Der Jurist Esser erkannte den aktienrechtlichen Fehler des Ackermann-Beschlusses und erklärte ihn zunächst intern für «nichtig». Eine weitere Hürde tauchte auf. Vodafone verlangte Kopien aller Lohnverträge und Beschlüsse für den zu erstellenden Börsenprospekt. Denn nach den strengen angelsächsischen Regeln mussten diese exakt aufgelistet werden. Darüber war Esser, der sich sonst gerne sehr weltgewandt gab, laut Anklage «überrascht».

Die «Mannesmänner» waren «bis zum 11. Februar nicht in

der Lage», den Briten die benötigten Verträge zu übermitteln. Das Protokoll über ihr entscheidendes Vier-Augen-Meeting unterzeichneten Funk und Ackermann erst an diesem Tag. Die Ermittler befanden, dass nun hektisch immer neue Beschlussentwürfe angefertigt wurden, um nachträglich «den Anschein der Rechtmäßigkeit» herzustellen.

Nachdem Vodafone den Börsenprospekt publizierte, ging ein Sturm der Entrüstung durch die Öffentlichkeit. *Bild* titelte über einem Esser-Foto: «60 Mio. und Tschüss». Gewerkschafter Zwickel kam politisch unter Druck und sagte die Unwahrheit: Vodafone habe die Zahlungen angeregt und auch getätigt. Und in der Mannschaft wuchsen die Begehrlichkeiten. Nun wurde die Kasse auch für weitere Kader und Exmanager geöffnet. Selbst die Pensionäre und ihre Hinterbliebenen, «Witwen und Waisen», wie die Ermittler süffisant formulieren, wurden mit «Einmalzahlungen» auf ihre Pensionsansprüche bedacht. Auch hier wurde fast der doppelte Betrag dessen gezahlt, was den Betroffenen zustand, insgesamt 32 Millionen Euro.

Einer Mitarbeiterin aus Essers Direktionsabteilung kamen Zweifel, als sie die Prämienbeschlüsse für die Buchhaltung aufbereiten sollte. Sie unterrichtete einen Prüfer von KPMG. Der Revisor verweigerte den Prüfstempel und unterrichtete seinen Risikomanager, seinen Niederlassungsleiter und den KPMG-Hausjuristen. Sie monierten die Zahlung an Funk als «nicht zulässig» und warnten unmissverständlich mit Hinweis auf ihre gesetzlichen Pflichten.

Am 17. Februar tagten das Präsidium des Aufsichtsrates und anschließend der gesamte Aufsichtsrat erneut. Es kam zum offenen Streit zwischen Arbeitgeber- und Gewerkschaftsvertretern. In einer mittäglichen Sitzungspause erschien Ackermann und erklärte, laut Anklageschrift «wahrheitswidrig», den anwesenden Arbeitnehmervertretern, dass die Anerkennungsprämie in Höhe von 20 Millionen Pfund «durch Vodafone erfolge».

Diese Version konnte später in der Gerichtsverhandlung nicht bestätigt werden. Das Landgericht kam in erster Instanz bei diesem Punkt zu dem Ergebnis, dass Josef Ackermann den «Arbeitnehmervertretern – mit einem nicht mehr feststellbaren Wortlaut – eine Anerkennungsprämie für den Angeklagten Dr. Esser in Höhe von 10 Mio. GBP bekannt» gab. Ob Ackermann aber «darüber hinausgehende Angaben, insbesondere zu der Frage, wer die Prämien gewährte, gegenüber seinen Aufsichtsratskollegen gemacht hatte», das ließ sich laut erstem Gerichtsurteil nicht mehr feststellen.

Laut Ackermann sei es «eine nicht zu erwähnende Selbstverständlichkeit» gewesen, dass Mannesmann zahle. Deshalb habe er damals darüber nichts Konkretes gesagt. Die einzelnen Arbeitnehmervertreter kamen jedenfalls zu unterschiedlichen Rückschlüssen über den Zahler der Prämien. Mannesmann, Vodafone, Hutchison und Canning Fok – alle Varianten kamen in ihren Zeugenaussagen vor.

Die Staatsanwälte erhoben den Vorwurf, dass die mutmaßliche Falschaussage Ackermanns so von Gewerkschaftsführer Zwickel gewünscht worden sei, um die «entstandene Unruhe» zu beseitigen. Danach habe Ackermann den Saal verlassen. In trockenem Anklägerdeutsch ergänzten die Ermittler: «Eine Information» der weiteren Aufsichtsratsmitglieder von der Arbeitgeberseite «erfolgte seitens des Angeschuldigten Dr. Ackermann nicht, da diese nach der Unterbrechung der Sitzung abreisten». Es handelte sich um die Elite des deutschen Wirtschaftslebens, unter ihnen Mercedes-Chef Jürgen Schrempp, Henning Schulte-Noelle von der Allianz und Ex-Bundesminister Heinz Riesenhuber. Sie erfuhren die Details erst durch das schriftliche Protokoll.

Offenbar bereitete die Formulierung dieses Protokolls einige Mühe. Ackermann, Esser, Funk und fünf weitere Manager erarbeiteten zunächst Formulierungen, die laut Anklage «nicht mit dem tatsächlichen Geschehensablauf übereinstimmen». E-Mails und Notizen gingen zwischen den Beteiligten hin und her. Ackermann stimmte laut Anklage am 23. Februar «der Aufnahme in das Sitzungsprotokoll zu, obgleich ihm auffiel, dass die Anerkennungsprämien nunmehr entgegen der Beschlusslage und seiner Aussage ausdrücklich von der Mannesmann AG geleistet werden sollten». Ein Protokollführer legte nochmals Hand an den Text und strich die Worte «von Mannesmann».

Die bereits vorbereitete und abgezeichnete Zahlungsanweisung wurde gestoppt. Funk ließ daraufhin wegen der Bedenken der Prüfer einen Umlaufbeschluss anfertigen, sodass die Prämie am 28. Februar ausgezahlt wurde. Endgültig wurde dann eine missverständliche Formulierung zu Papier gebracht: «Es wird festgestellt, dass die Zahlung des Betrages von GBP 10 Mio. durch die Mannesmann AG an Herrn Dr. Esser von dem Großaktionär Hutchison Whampoa mit Herrn Gent (Vodafone AirTouch) abgestimmt worden und dem Präsidium vorgeschlagen worden ist.» Funk unterschrieb noch am gleichen Tag und leitete das Papier an die weiteren Präsidiumsmitglieder weiter. Ackermann unterschrieb, ebenso Zwickel.

Der Prozess

Im Januar 2004 begann der erste Prozess gegen Josef Ackermann und die weiteren Angeklagten vor der 14. Großen Wirtschaftsstrafkammer im Landgericht Düsseldorf. Im Saal L 111 in dem martialisch wirkenden Bau am Rhein, reserviert für große oder sicherheitsgefährdende Fälle wie Spionage- und Terroristenverfahren, musste nun der Chef der Deutschen Bank antreten. Dreißig Sitzungstage waren vorgesehen, mehr als 60 Zeugen waren geladen, und sein Erscheinen war angeordnet. Für alle Angeklagten galt Anwesenheitspflicht an jedem Prozesstag. Von den berühmten Fällen der Zürcher Justiz, so weit ihn das überhaupt interessierte, kannte er dies nicht. Dort werden vergleichbare Verfahren im Wesentlichen als Aktenprozesse geführt. Einer langwierigen Zeugenvernehmung durch den Staatsanwalt, die protokolliert wird, folgt eine allenfalls zweitägige Verhandlung.

Ackermanns Pressesprecher versuchten zunächst, den damit verbundenen Aufwand herunterzuspielen. Das sei nicht schlimmer als ein längerer Urlaub oder ein Ausfall wegen eines gebrochenen Fußes. Mit 55 Jahren befand er sich zum ersten Mal in so einer Situation, die für jedermann unangenehm ist, für ihn aber per se einer öffentlichen Schmach gleichkam: in einem tristen Gerichtssaal, das Volk neben der Journalistenmeute auf den Zuschauerbänken, ohne den üblichen Schutz, ohne Kofferträger und Eventmanager.

Schon vor Prozessbeginn trat als Kronzeuge der publizistischen Verteidigungsschlacht der Frankfurter Rechtsprofessor Theodor Baums auf. Er wurde mitunter als «unabhängiger Rechtsexperte» mit der Aussage zitiert, die Anklage stehe «auf wackeligen Beinen». Tatsächlich war Baums in der Sache Partei. Er hatte zwei aktienrechtliche Gutachten im Fall Mannesmann erstellt, einmal im Auftrag der Übernehmer-Gesellschaft Vodafone, ein weiteres Mal für die Deutsche Bank. Im Gutachten für Vodafone befand er, dass die Abfindungs- und «Anerkennungsprämien» in Höhe von 60 Millionen Mark korrekt und «angemessen» seien. Er stützte sich dabei auf eine Arbeit, in der die Mannesmann-Prämien mit jenen in Konzernen von ähnlich hoher Marktkapitalisierung aus der Boomzeit verglichen wurden. Diese Studie kam ausgerechnet vom Beratungsunternehmen Arthur Andersen, das wegen der Strafuntersuchungen und Schadensersatzzahlungen infolge illegaler Praktiken im amerikanischen Enron-Fall Pleite ging.

Für Ackermanns Deutsche Bank hatte Baums im Dezember 2002 eine Studie angefertigt, um nachzuweisen, dass die Schädigung des «Unternehmensinteresses» kein gerichtlich verwertbares Kriterium sei. Zudem würden für Vorstände und Aufsichtsräte in Deutschland keine Formvorschriften gelten. Daher seien ihre Beschlüsse nicht angreifbar.

Das teure Stück überzeugte die Öffentlichkeit nicht. Vor dem Prozess war die Stimmung einfach gegen Ackermann. Das Publikum erwartete einen unterhaltsamen Prozess. In eine ungewohnte Starrolle versetzt sah sich plötzlich auch der junge Staatsanwalt Johannes Puls, der damit überfordert war. Staatsanwälte schweigen lieber, statt sich vor Kameras und Mikrophonen den Mund zu verbrennen. Denn sie müssen, auch wenn sie Prozesspartei sind, neutral bleiben. Sie haben gleichermaßen die Aufgabe, Belastendes und Entlastendes zu ermitteln, und ein verbaler Fehltritt kann ihre Position schwächen.

Als Johannes Puls den Fall Mannesmann übernahm, war die Ermittlungsakte bereits speckig geworden. Seine Vorgänger wollten das Verfahren eigentlich einstellen, mangels hinreichenden Tatverdachts. Da intervenierte beim Generalstaatsanwalt der Stuttgarter Wirtschaftsanwalt Mark Binz mit der Vorlage neuer Beweisdokumente. Er hatte das ganze Verfahren anfangs überhaupt mit einer Anzeige ins Rollen gebracht. Der «General», wie ihn seine untergebenen Staatsanwälte nennen, folgte der Beschwerde und knallte das Dossier dem damals 43-jährigen Puls auf den Tisch. Er schien der richtige Mann für die komplexe Akte zu sein, Puls galt als «Dickbrettbohrer». Seine Karriere hatte Anfang der neunziger Jahre bei der Berliner Staatsanwaltschaft für Regierungskriminalität begonnen. Dort wurden gewaltige Kriminalfälle in Serie durchexerziert, die nach der Wiedervereinigung aufgeflogen waren. Er galt als eigensinnig, zugeknöpft und schweigsam, zugleich aber auch als umgänglich. Zwei Jahre lang hatte sich Puls mit dem Dossier in seine kaum zwölf Quadratmeter große Arbeitsklause zurückgezogen, ein Souterrainzimmer mit voll gestopften, schmucklosen Behördenregalen. Vom Minipult aus konnte er durch das kleine Fenster auf den ebenso tristen Innenhofparkplatz des so genannten Phoenix-Hauses schauen, einer früheren Direktionsresidenz Düsseldorfer Stahlbarone.

«Unsere Kellerkinder», frotzelten die Beamten über Puls und seine Kollegen der «Besoldungsgruppe R 1». R 1 – das bedeutet Akten im Meter abfertigen für kaum mehr als 3000 Euro Monatssalär, das ist etwa so viel, wie im Mannesmann-Verfahren ein First-Class-Verteidiger an einem einzigen Prozesstag kostet.

Vorsitzende der Kammer war die resolute Richterin Brigitte Koppenhöfer. Sie war als langjährige Jugendrichterin vorher eher den Habenichtsen begegnet. Dass die Wahl auf sie fiel, hatten die sechs Angeklagten ihrem Senior Joachim Funk zu verdanken, beziehungsweise dem ersten Buchstaben seines Familiennamens, nach dem er mit 66 Jahren altersbedingt die Nummer 1 auf der Anklageliste war. So läuft dies seit Jahr und Tag im Düsseldorfer Landgericht, und so wurden im «Geschäftsverteilungsplan» die Angeklagten mit dem Buchstaben F der Richterin Koppenhöfer zugeteilt. Das Alphabet entscheidet und nicht die Bedeutung der Angeklagten. Schließlich gibt es keinen VIP-Gerichtshof.

Richterin Koppenhöfer, damals 52 Jahre alt und zweifache Mutter, wurde als bodenständig eingeschätzt, sie entschied zuweilen pragmatisch. Geständnisse belohnte sie mit einem «Rabatt», sie schätzte den effizienten Umgang mit der «Ressource Justiz». Was damals nicht bekannt wurde, war die pikante Tatsache, dass sie als Ehefrau eines ehemaligen Topmanagers aus dem Düsseldorfer Henkel-Konzern privat durchaus die Vorzüge von Aktienoptionsprogrammen und Bonuszahlungen schätzen gelernt hatte. Gatte Koppenhöfer war Direktoriumsmitglied in dem Waschmittelunternehmen und gehörte zu den Stillen im deutschen Wirtschaftsestablishment.

Ackermann hatte sein Schicksal in die Hände eines Intellektuellen gelegt, eines bekennenden Vertreters der Achtundsechziger-Generation: Eberhard Kempf. Er ist mit der Starrolle durchaus vertraut, auch wenn er das Understatement pflegt: «Lassen Sie bitte den Star vor dem Anwalt weg!» Ausgerechnet in seinen intensiven und langwierigen Vorbereitungssitzungen für die Verteidigung begegnete Ackermann dem einstigen Revoluzzer. Derlei alte Feindbilder spielen allerdings bei dem Juristen keine Rolle mehr. Er ist längst schon der Anwalt des Establishments. Prominente Mandanten aus Finanz und Wirtschaft haben bei ihm Rat in schwerer Stunde gesucht. So der Devisenhändler Nick Leeson, der die britische Barings Bank in den Ruin getrieben hatte; der auf seiner Flucht erwischte Baulöwe Jürgen Schneider wegen Kreditbetrugs; der CDU-Steuerberater Horst Weyrauch in Schwarzgeldverfahren; der tragisch verunglückte FDP-Spitzenpolitiker Jürgen Möllemann in seinem Parteispendenverfahren.

Kempf, aufgewachsen im badischen Lahr, ging auf studentische Wanderschaft nach Heidelberg, Berlin, Freiburg und an die Pariser Sorbonne. Als er 1970 zurückkehrte und seine Kanzlei eröffnete, war er eine erste Adresse für die Laufkundschaft aus der linken Politbewegung: Straßenkämpfer, Strommasten-Säger und Hausbesetzer. Die Anklageschriften handelten vom Verstoß gegen das Versammlungsrecht, dem Widerstand gegen die Staatsgewalt oder schwerem Landfriedensbruch. Die strittigen Tatwaffen waren Megaphone und Pflastersteine. Und die Täter zählten Eberhard, den Szene-Anwalt, zu den ihren. Kurzzeitig gehörte er dem Kommunistischen Bund Westdeutschlands (KBW) an, einer maoistischen Kaderorganisation, deren kaufmännisches Geschick im Printbusiness sogar den Schlapphüten vom Verfassungsschutz auffiel.

Berühmt wurde er durch die fulminante Verteidigung seines Anwaltskollegen Klaus Croissant, der als Verteidiger in Terrorismusverfahren selbst auf die Anklagebank geriet und durch seine Flucht nach Frankreich ein spektakuläres Auslieferungsverfahren hatte. Unvergessen blieb ein Demo-Prozess, in dem ein entnervter Richter den Verteidiger Kempf von den Gerichtsdienern aus dem Sitzungssaal heraustragen ließ. Mit einem Schmunzeln erinnert sich Kempf an den Fall. Und ohne schlechtes Gewissen: Sein Mandant obsiegte.

Mit Bravour und Überzeugung durchkämpft er bis heute seine Prozesse. Auch die Grundeinstellung hat sich nicht wesentlich verändert: «Ich bin Fundamentaldemokrat geblieben.» So hatte er im Herbst 2000 auch keine Scheu, den aus seinem bretonischen Versteck heimgekehrten Ex-Terroristen Hans-Joachim

Klein zu verteidigen, der wegen des Anschlags auf die Wiener Opec 1975 vor Gericht gestellt wurde.

Eberhard Kempf weiß um die rhetorische Kraft der leisen Töne. Die Königsdisziplin der Überzeugungskunst im Prozess, das ist sein Handwerk. Im Gerichtssaal spielt er nicht den Entertainer, er nimmt lieber das Seziermesser. Er wartet auf den richtigen Zeitpunkt und kann die Gegenseite im Zweifel mit einem Wort, einer leisen Bemerkung, einer pointierten Frage ausmanövrieren. Im Instrumentenkoffer hat er das ganze Arsenal prozesstaktischer Waffen parat: «Ich kann mir alles vorstellen, und ich schließe nichts aus. Mal so oder mal anders. Das ist meine Rolle.»

Neben Kempf traten als Verteidiger und Zweitberater der Angeklagten die prominentesten Strafrechtler der Republik auf. Als sich die Herren mit ihren Mandanten zum Beginn des ersten Sitzungstages im Landgerichtssaal einfanden, herrschte zunächst eine lockere Atmosphäre. Man kannte sich von vielen Beratungsgesprächen. Dennoch lag ein Hauch von Verunsicherung in der Luft, den sich die Manager und Exmanager aber nicht anmerken lassen sollten. Die Anwälte hatten ihnen eingebläut, nur ja nicht geduckt auf dem Anklägerstuhl zu hocken.

Für den Gerichtsfotografen Oliver Berg war es eine unwirkliche Situation, als er die Angeklagten fröhlich, laut und scherzend erlebte. So hatte er das noch nie erlebt. Den Managern schien jegliche Demut vor der autoritären Institution fremd zu sein. Er nahm seine Kamera, fokussierte auf die beiden wichtigsten Motive – Esser und Ackermann, die gerade zusammenstanden.

Eine Geste, ein Lachen, und der Fotoreporter drückte ab. Das war der Augenblick, der für Ackermann so peinlich endete wie einst der Peanuts-Vergleich seines zweiten Ziehvaters Hilmar Kopper. Das Bild ging binnen Stunden um die Welt, und Ackermann befand sich unversehens in einer prekären Lage. Das Urteil schien moralisch bereits gesprochen, bevor der Prozess überhaupt so recht begonnen hatte.

Ackermann entschuldigte sich bei der Richterin für seinen Fauxpas und eröffnete seine Befragung mit einer langen Rede, die allerdings wieder Gelegenheit für Missverständnisse bot. «Deutschland ist das einzige Land, in dem diejenigen, die Werte schaffen, bestraft werden», sagte er und beging dann die weitere Ungeschicktheit, sich als «externes» Aufsichtsratsmitglied zu bezeichnen, als wollte er seine Verantwortung herunterspielen. Sein Heimatblatt, die *Neue Zürcher Zeitung*, quittierte die Aussage mit einem bösen Kommentar: «Diese Ignoranz eines stellvertretenden Aufsichtsratsvorsitzenden, der Ackermann bei Mannesmann war, wirft zumindest ein seltsames Licht auf das Kontrollgremium deutscher Aktiengesellschaften, in dem ‹alte Herren› und viel beschäftigte Manager anderer Unternehmen sich ein Stelldichein geben.»

Doch die Justiz folgt ihren eigenen Gesetzen, sie lässt sich in der Regel weder von Medien noch von Politikern treiben, die begleitend, wie es Richterin Koppenhöfer sarkastisch ausdrückte, eine neue «Einstellungsvorschrift» in die Strafprozessordnung einführen wollten: die «Gefährdung des Wirtschaftsstandorts Deutschland» durch die Justiz.

Tatsächlich schlug in der Medienberichterstattung die Stimmung bald um. Im Saal hörten die Korrespondenten von den Staatsanwälten merkwürdige Fragen an die Zeugen, deren kriminalistischer Hintergrund für Außenstehende überhaupt nicht nachvollziehbar war. Und immer wieder wurden die Zeugen nach den immer gleichen Vorgängen befragt, eine wenig unterhaltsame Veranstaltung. Die Show wurde langweilig.

Die pragmatische Brigitte Koppenhöfer erlöste das Publikum, als sie ein so genanntes Rechtsgespräch mit Verteidigern und Staatsanwälten vorschlug, ein durchaus übliches Verfahren des «fair trial», in dem die Richter den Beteiligten ihre Meinung kundtun und die Stoßrichtung erkennbar wird. Wenn alle wissen, woran sie sind, kann das Verfahren in der Regel verkürzt werden – wenn der «Prozessbeschleunigungswille» da ist.

Richterin Koppenhöfer signalisierte den Gesprächsteilnehmern, dass es wohl nach einem Freispruch aussähe, und nannte einige ihrer Argumente. Die Staatsanwälte zeigten sich geknickt, die Verteidiger frohlockten. Sie hatten den Sieg so gut wie in der Tasche, als sie aus dem Konferenzzimmer heraustraten und ihre Telefone zur Hand nahmen, um die Mandanten anzurufen.

Am 22. Juli 2004 verkündete Richterin Koppenhöfer das Urteil, nicht ohne einige spitze Bemerkungen über Josef Ackermann zu machen: «Wir bewerten nicht deutsche Unternehmenskultur, selbst wenn die Beweisaufnahme insoweit Anlass zur Verwunderung gab. Allerdings – und das sei deutlich gesagt – operieren Unternehmen und deren Entscheidungsträger in Deutschland nicht im rechtsfreien Raum, und zwar unabhängig davon, ob sie Werte schaffen oder nicht.» Aber sie betonte auch den Grundsatz *In dubio pro reo:* «Man muss Angeklagten zwar nicht alles glauben, man darf ihnen aber auch nicht alles unterstellen. Das ist nicht Klassenjustiz, sondern ein rechtsstaatlicher Fundamentalgrundsatz mit Verfassungsrang.»

Die Richterin sprach die Angeklagten vom Vorwurf der Untreue frei. Zwar hätten sie nach der Auffassung der Kammer gegen das Aktiengesetz verstoßen, weil ein Unternehmensinteresse an der Prämiengewährung zum damaligen Zeitpunkt nicht bestand. Aber sie würden strafrechtlich nicht dafür zur Verantwortung gezogen, weil «ihr Handeln keine gravierende Pflichtverletzung darstellte». Im Fall der Prämienzahlung an Aufsichtsrat Funk bejahte das Gericht allerdings eine «gravierende Pflichtverletzung». In diesem Fall hätten die Angeklagten Ackermann und Zwickel indessen «in einem die Schuld ausschließenden Verbotsirrtum gehandelt».

Der Verstoß gegen das Aktiengesetz war schnell vergessen. «Freispruch ist Freispruch», erklärte Ackermann kurz nach der Urteilsverkündung in die Mikrophone. Später sagte er, dass ihn das Verfahren «Kraft gekostet habe» und dass er Erholung nötig habe – sicherlich eine Ackermann-Untertreibung, denn eine solche Erfahrung steckt selbst ein robuster Kämpfer wie er nicht so leicht weg. Sein Angeklagtenkollege Klaus Esser zog sich auf seinen Landsitz in La Celle St.-Cloud in der Nähe von Paris zurück. Richterin Koppenhöfer verdaute die Strapazen des Verfahrens übrigens noch weniger gut. Sie durchlebte nach dem Prozess wegen eines Rückenleidens eine fast einjährige Odyssee durch diverse Kliniken.

Die Revision

Ackermann hatte nur einen Tag Verschnaufpause, bis die Staatsanwälte verkündeten, dass sie Revision beim Bundesgerichtshof einlegen würden. Sie übergaben die Akten dem Generalbundesanwalt, der in Revisionsverfahren die staatsanwaltschaftlichen Aufgaben bei der Verhandlung des Bundesgerichtshofes über erstinstanzliche Strafurteile der Landgerichte wahrnimmt.

Im Mai 2005 beantragte der oberste Ankläger der Republik die Revision des Verfahrens. An Koppenhöfers Urteil lässt der Bundesanwalt darin kein gutes Haar. In seiner 55 Seiten langen Replik werden der Richterin Seite für Seite vernichtende Noten erteilt: «lückenhaft», «widersprüchlich», «fehlerhaft», «mangelhaft», «reihenweise untauglich». Im Urteil zitierte Gutachten werden zerrissen, als untaugliche Parteischriften entlarvt. Rechtliche Bewertungen seien falsch gewesen, Beweise nicht oder ungenügend gewürdigt worden.

Die Stellungnahme an den Bundesgerichtshof sei ein «schlüssiges Plädoyer für die Aufhebung sämtlicher Freisprüche», befand das Nachrichtenmagazin *Der Spiegel*, «Mannesmann reloaded», resümierte das Blatt.

Der Düsseldorfer Generalstaatsanwalt stimmte der Revision zu. Der Generalbundesanwalt hätte seine Entscheidung auch ohne Begründung an den Bundesgerichtshof weiterreichen können, doch der Fall war ihm ein eindringliches Statement wert. So kritisierte er, dass das Landgericht völlig unbeeindruckt vom Reibach des chinesischen Großaktionärs urteilte, dass der Hutchison-Whampoa-Eigner kein wirtschaftliches Interesse gehabt habe, obgleich er durch die Übernahme seine Mannesmann-Aktien vorzeitig zum Spitzenkurs verkaufen durfte. Dieser Umgang mit den Tatsachen müsse «bei einem Aktienpaket im Wert von mehreren Milliarden Euro auf Befremden stoßen», befand der Bundesanwalt in seiner «Sachrüge». Er nannte auch die Folgerung des Gerichts zur Interessenlage von Vodafone «überraschend». Diese würde «letztlich auf die Erwägung hinauslaufen, die Gesellschaft sei an der Annahme des von ihr selbst unterbreiteten Übernahmeangebots in Wahrheit nicht interessiert gewesen».

Als «beachtliche Mängel der Beweiswürdigung» betrachtete der Bundesanwalt, dass entscheidende Kriterien für den Untreuevorwurf nicht erkannt, aber entlastende Argumente ohne rechtlich haltbare Würdigung erwähnt wurden. Durch die Zahlungen sei ein Vermögensschaden verursacht worden. Das Unternehmen habe dafür nie Aussicht auf einen Gegenwert gehabt. Das «Motiv der Dankbarkeit» überzeuge nicht. Mit Verweis auf untaugliche Gerichtsentscheide habe das Gericht fälschlicherweise den Beweis «gravierender Pflichtverletzungen» verlangt, die nur dann gegeben seien, «wenn Bestand und/oder Rentabilität des Unternehmens gefährdet» würden. Diese Beweishürde sei zu hoch, zudem lägen tatsächlich «gravierende Verstöße» vor. Als selbstverständliche Leitlinie gelte das Unternehmenswohl: «Wäre dies anders, würde jede strafrechtliche Ahndung und zivilrechtliche Haftung für einen noch so dreisten ‹Griff in die Kasse› durch den Vorstand, der Bestand und Rentabilität des Unternehmens nicht gefährdet, ihre innere Rechtfertigung verlieren.»

Der vom Gericht als unvoreingenommen geschilderte Sachverständige Gerd Krieger habe selbst an den Mannesmann-Vorgängen mitgewirkt. Der Professor sei schließlich bei einem Managermeeting anwesend gewesen, in dem «verschiedene Begründungsalternativen erörtert wurden, die es ermöglichen sollten, dem Angeklagten Funk eine Prämie zukommen zu lassen». Und über diese Sitzungsteilnehmer hatte sogar das Gericht geurteilt, dass es ihnen nur «um bloße Vorwände gegangen sei, die den wirklichen Beweggrund verschleiern sollten».

Der Chefankläger trug schließlich hinsichtlich der Angeklagten auch Bedenken wegen ihrer «allgemeinen Glaubwürdigkeit und der Glaubhaftigkeit ihrer Aussagen» vor. Und keiner der Angeklagten habe den künftigen Nutzen der Mannesmann AG im Auge gehabt. Das Aktiengesetz kenne «keine Norm, die es den Gesellschaftsorganen erlaubte, Gesellschaftsvermögen nicht im Interesse der Gesellschaft zu verausgaben»; eine «irgend geartete positive Wirkung der Zuwendung für das Unternehmen» sei nicht zu erwarten gewesen. Und ein Satz gegen die moderne Managerkultur: «Das professionell Übliche bietet keinen Maßstab für das normativ Richtige.»

Am 21. Dezember 2005 verkündete der 3. Strafsenat des Bundesgerichtshofes (BGH) ein Urteil, das auch über den Fall hinaus grundsätzliche Wirkungen entfalten wird. Die dem Urteil vorangestellten Leitsätze werden die künftige Rechtsprechung in Untreue-Fällen beeinflussen. Sie lauten:

1. Bewilligt der Aufsichtsrat einer Aktiengesellschaft für eine erbrachte dienstvertraglich geschuldete Leistung einem Vorstandsmitglied nachträglich eine zuvor im Dienstvertrag nicht vereinbarte Sonderzahlung, die ausschließlich belohnenden Charakter hat und dem Unternehmen keinen zukunftsbezogenen Nutzen bringt (kompensationslose Anerkennungsprämie), liegt hierin eine treupflichtwidrige Schädigung des anvertrauten Gesellschaftsvermögens.
2. Die zur Erfüllung des Tatbestandes der Untreue erforderliche Verletzung der Vermögensbetreuungspflicht muss auch bei unternehmerischen Entscheidungen eines Gesellschaftsorgans nicht zusätzlich ‹gravierend› sein.

Damit wurde klargestellt, dass solche Prämien ohne erkennbare Gegenleistung illegal sind. Im zweiten Leitsatz machte der BGH ferner deutlich, dass es dabei gar nicht auf die hohe

Hürde einer «gravierenden» Pflichtverletzung ankomme, wie die Düsseldorfer Richter zugunsten der Angeklagten geurteilt hatten.

Die Bundesrichter hoben die Freisprüche auf und ordneten eine neue Verhandlung am Landgericht Düsseldorf an, weil sie in der erstinstanzlichen Entscheidung «Rechtsfehler» entdeckten. Zwar fanden die Bundesrichter, dass es richtig war, die Prämienzahlungen als Verstoß gegen das Aktiengesetz zu werten. Aber anders als die Düsseldorfer urteilten die Karlsruher, dass zudem auch Untreue stattgefunden hat. Aufsichtsräte müssten «bei allen Vergütungsentscheidungen im Unternehmensinteresse handeln», dies sei als «verbindliche Richtlinie anerkannt».

Das Gebot, alle Maßnahmen zu unterlassen, «die den Eintritt eines sicheren Vermögensschadens bei der Gesellschaft zur Folge haben, gehört – ohne dass es dazu weiterer gesetzlicher oder rechtsgeschäftlicher Regelungen bedürfte – zu den Treuepflichten, die ein ordentliches oder gewissenhaftes Präsidiumsmitglied zwingend zu beachten hat». Somit ist es nach Auffassung der Bundesrichter auch gar nicht nötig, im Aktiengesetzbuch nachzublättern, um diese Frage zu klären. Auch ein Gesetz zur Übernahme von Aktiengesellschaften – das es in Deutschland im Gegensatz zur Schweiz damals noch nicht gab – müsse nicht konsultiert werden.

Nach dem Urteil des 3. BGH-Senats hat also Josef Ackermann die «ihm obliegende Vermögensbetreuungspflicht verletzt». Derlei Prämien seien zulässig, wenn dem Unternehmen gleichzeitig Vorteile zufließen, wenn zum Beispiel von ihnen eine Anreizwirkung ausgehe. Dabei sei es aber besonders bedeutsam, dass diese Zahlungen in einem angemessenen Verhältnis zu den Aufgaben und zur Lage des Unternehmens stünden. Bei der Frage, was als angemessen zu bewerten sei, kniffen die Bundesrichter allerdings: «Welche Grenzen sich daraus für die Höhe einer Prämie ergeben, entzieht sich generalisierender Betrachtung und bedarf hier angesichts der Besonderheiten des zu entscheidenden Falles keiner näheren Erörterung.»

Die obersten Richter ließen sich auch nicht von den Gutachten der Verteidigung beeindrucken, die den Aufsichtsräten unbegrenzte Ermessenspielräume zubilligten. Sie betrachteten die Zahlungen als «treuepflichtwidrige Verschwendung», ein Handlungsspielraum sei ihnen «nicht eröffnet» gewesen. Die Höhe spiele in diesem Fall gar keine Rolle mehr, die Prämienzahlungen seien «bereits dem Grunde nach unzulässig» gewesen.

Die Aussagen der Angeklagten, Esser und sein Management hätten den Börsenwert von Mannesmann im Übernahmekampf schließlich enorm gesteigert und somit die Aktionäre nicht geschädigt, sondern reich gemacht, wischten die Bundesrichter mit einem einfachen Gegenargument vom Tisch. Die Steigerung des Börsenwertes sei ja bereits eingetreten gewesen, als über die Prämien entschieden wurde, daher hätten sie gar keine Anreizwirkung mehr entfalten können. Die Sonderzahlungen seien daher «von keinem Nutzen für die Aktionäre gewesen». Außerdem erinnerten die Richter die angeklagten Mannesmann-Manager daran, dass sie im Übernahmekampf nur ihren Job gemacht hätten: «Nach den Dienstverträgen waren diese verpflichtet, ihre gesamte Arbeitskraft uneingeschränkt für die Mannesmann AG einzusetzen.»

Dies war zweifelsfrei ein hartes Urteil, aber die Bundesrichter bauten den Angeklagten auch eine schmale Brücke, über die ihre Verteidiger marschieren können: Es sei für die Zahlungen zwar die Zustimmung der Anteilseigner der Mannesmann AG, und zwar durch die Hauptversammlung, notwendig gewesen. «Alle Aktionäre» müssten in «ihrer Gesamtheit» einwilligen. Vodafone sei am 3. Februar 2000 aber nur Anteilseigner von 9,8 Prozent und erst Ende März im Besitz von 98,6 Prozent gewesen. Das Einverständnis des zukünftigen Alleinaktionärs – gemeint war das Abnicken durch Sir Gent – sei «für den Schuldspruch daher ohne Bedeutung». Aber – und dies ist ein großes Aber – dieses Einverständnis könne «je nach den Umständen als den Unrechtsgehalt erheblich mindernder Faktor die Strafzumessung beeinflussen». Kurz: die Schuld sei gegeben, die Höhe der Strafe aber eine andere Frage. Damit eröffneten die Bundesrichter dem zweitinstanzlichen Gericht die Chance eines Schuldspruches mit einer moderaten Strafe.

Den Düsseldorfern wurde mit auf den Weg gegeben, nun erstmalig die «subjektive Tatseite» zu ermitteln, was im ersten Prozess nicht geschah. Dabei geht es um die Beweiserhebung über die tatsächlichen Umstände der Entscheidungen Ackermanns, die Vorstellungen und Motive bei seinem Handeln, um den Grad seiner «(Un-)Kenntnis von den Tatsachen und der eigenen (Fehl-)Bewertung des Verhaltens», um die Frage, ob er vorsätzlich gehandelt hat. Der BGH-Senat schickte aber auch voraus, dass die bisherigen Erkenntnisse darauf hindeuten würden, dass den Angeklagten «die Verletzung der Vermögensbetreuungspflicht bewusst, jedenfalls die Rechtmäßigkeit ihres Handels gleichgültig war».

Konkret zum Chef der Deutschen Bank heißt es: «Der Angeklagte Dr. Ackermann befürwortete die Prämie, obwohl er zuvor von den mündlich und schriftlich geäußerten Bedenken der Wirtschaftsprüfungsgesellschaft KPMG zu den Sonderzahlungen für die aktiven Vorstandsmitglieder hinsichtlich Vertragsgrundlage, Veranlassung und Größenordnung Kenntnis erhalten hatte.» Und im Fall des Okay für die Zahlung an Aufsichtsrat Funk: «Das tatsächliche Motiv der Angeklagten Dr. Ackermann und Zwickel für die Prämienbewilligung war jedoch allein der Wunsch des Begünstigten, selbst auch eine Anerkennungsprämie zu erhalten.» Ackermanns Erklärungen dazu schenken sie keinen Glauben: «Es ist schlechterdings nicht vorstellbar, dass sich der in führenden Positionen der deutschen Wirtschaft tätige Angeklagte Dr. Ackermann und der Gewerkschaftsführer Zwickel für berechtigt gehalten haben könnten, in Millionenhöhe willkürlich – so das angefochtene Urteil – über das ihnen anvertraute Gesellschaftsvermögen verfügen zu dürfen.»

Fest steht bereits, dass den Bundesrichtern die bisherigen Erklärungen Ackermanns zur Zahlung an Joachim Funk nicht ausreichen. Wenn er keine weiteren guten Gründe und Motive für sein Handeln nennen kann, als einfach nur dem Wunsch seines Ratskollegen entsprochen zu haben, dann müsse ihnen zufolge von einer vorsätzlichen Tat gesprochen werden.

Das «Vermächtnis» von Sir Gent

Die Entscheidungen der Landgerichtskammer und des 3. Strafsenats des Bundesgerichtshofes wurden inzwischen vielfach von Strafrechtsexperten rezensiert und kritisiert. Viele Autoren sahen rechtslogische Mängel im Düsseldorfer Urteil, anderen ist das Urteil der Karlsruher Bundesrichter zu kategorisch und apodiktisch geraten. Aber durchgängig wird bei den Kritikern das mulmige Gefühl beim Freispruch im Fall der Millionenzahlung an den Aufsichtsratsvorsitzenden Funk deutlich, die dieser zusammen mit seinem Vize Ackermann ausgelöst hatte.

So ist es für Michael Kort, Professor für Wirtschaftsrecht in Augsburg, «in der Tat sehr fraglich, ob (zusätzliche) Vergütungsbestandteile noch ehemaligen Vorstandsmitgliedern gewährt werden können». Mit dem Ausscheiden aus dem Vorstandsamt sei eine Zäsur erfolgt, die spätere Zahlungen rechtswidrig mache: «Jedenfalls dann, wenn zwischen dem Ausscheiden und der Festsetzung der (zusätzlichen) Vorstandsvergütung wie im Falle Funk bereits elf Monate liegen, verstößt eine solche zusätzliche Vorstandsvergütung gegen Paragraph 87 Abs. 1 Satz 1 des Aktiengesetzes.»

Kort ist keineswegs ein wirtschaftsfeindlicher Gelehrter. Er erörtert zum Beispiel die Frage, um deren Klärung sich die Karlsruher Richter drückten, was als «angemessene» Entlohnung zu definieren sei, durchaus im Sinne der Manager. Der Augsburger sieht als Maß letztlich nur ein entscheidendes Kriterium: «die Marktüblichkeit».

Ähnlich wirtschaftsfreundlich argumentiert auch der Münchner Strafrechtsprofessor Bernd Schünemann in einer Besprechung des Karlsruher Urteils. Den Bundesrichtern attestierte er einen «außerordentlichen Schneid», ihre Entscheidung sei ein «Markstein in der Judikatur zur Organuntreue». Er will aber nicht gelten lassen, dass man mit dem Untreue-Tatbestand, der im Paragraphen 266 des Strafgesetzbuches (StGB) festgehalten ist, mehr als nur das Vermögen der Aktionäre zu schützen habe. Der Shareholder Value ist für ihn das einzige «geschützte Rechtsgut», das es mit diesem Artikel zu verteidigen gilt, aber keine weiteren Interessen in dem und um das Unternehmen: «Weil es in Paragraph 266 StGB allein um den Schutz des Vermögens geht, würde es geradezu auf einen ‹Missbrauch› dieses Straftatbestandes hinauslaufen, wenn man mit seiner Hilfe Verletzung von Gemeininteressen pönalisieren wollte.»

Dass es gar nicht mehr auf eine «gravierende Pflichtverletzung» ankomme, hält Schünemann für falsch. Er lehnt andererseits aber auch die Position der Verteidiger ab, die mit einer «Phalanx» aktienrechtlicher Gutachten «die nachträgliche Erfolgsgratifikation ohne konkrete Anreizwirkung selbst in dem exorbitanten Umfang wie im Mannesmann-Fall für unbedenklich erklärten». Schünemann sagt, dass freiwillige nachträgliche Zahlungen im Arbeitsrecht durchaus üblich seien. Um dies zu verdeutlichen, konstruiert er den anschaulichen Fall, «dass sich der Mannesmann-Vorstandsvorsitzende in der Abwehr der feindlichen Übernahme gesundheitlich aufgerieben und im Moment des Scheiterns einen zur Invalidität führenden Schlaganfall erlitten hätte». Wenn die Aufsichtsräte ihm daraufhin «nach eingehender Prüfung der Gesamtsituation nachträglich freiwillig eine angemessene Gratifikation gewährt» hätten, dann wäre dies von niemand als Untreue ausgelegt worden.

Im Mannesmann-Fall sieht der Münchner Strafrechtler allerdings – anders als Richterin Koppenhöfer – eine «Fülle gravierendster Ermessensfehler». Ackermann habe als «ein einziges nicht befangenes Mitglied des Präsidialausschusses ohne jede ernsthafte Prüfung und in völliger Unterordnung unter den

Willen des chinesischen Großaktionärs eine exorbitante Gratifikation bewilligt». Nur so sei auch die Pflichtwidrigkeit und der Vermögensnachteil zu begründen.

Gerald Spindler, Professor für Wirtschaftsrecht in Göttingen, verlangt bei nachträglichen Prämien stets «strenge Anforderungen an die Begründung der Angemessenheit», erst recht in einer Situation wie im Fall von Ackermanns Plazet für die Zahlung an seinen Kollegen Funk: «Abgesehen davon, dass hier die Rechtsgrundlage für die Zahlung sorgfältig geprüft werden muss, da kein Anstellungsvertrag mehr besteht, sind die Anforderungen an die Begründung einer solchen Zahlung umso höher, je mehr Zeit zwischen der vorherigen Vorstandstätigkeit und dem Zeitpunkt des Zahlungsbeschlusses verstrichen ist.» Und der Bonner Rechtsprofessor Günther Jakobs wird noch deutlicher: Den Kandidaten im ersten und zweiten juristischen Staatsexamen sei gewiss nicht anzuraten, auf die Frage, ob das Aufsichtsratspräsidium sechs Millionen Mark grundlos und «ohne zumindest faktische Gegenleistung hergeben dürfe», schlicht mit «ja» zu antworten: «Die juristisch nächstliegende Antwort lautet selbstverständlich ‹nein›.» Die Zuwendung könne «nur ein Tropf» für erlaubt halten: «Die Hoffnung auf Gewinn mag auch ‹kreative› Geschäfte erlauben, ebenso solche, bei denen eine Kompensation vage bleiben wird (Sponsoring etc.), aber offenbar kompensationslose Leistungen sind (jenseits des Bagatellbereichs) ausgeschlossen und mutieren zur Untreue.»

Hätte Ackermann das auch in der Schweiz passieren können? Dies fragen sich Manager und Juristen häufig in seiner Heimat. Einen Fall von Salär-Exzess hatten die Zürcher Strafermittler auch bereits auf dem Tisch. Staatsanwalt Daniel Tewlin, eine Koryphäe auf dem Gebiet der Börsendelikte, hatte darüber zu entscheiden, ob er gegen die ehemaligen ABB-Manager Percy Barnevik und Göran Lindahl Anklage erheben sollte. Die beiden hatten 1996 bei ihrem Ausscheiden gewaltige Summen erhalten, während der Konzern einen Verlust von 1,2 Milliarden Franken verkraften musste. Barnevik kassierte 148 Millionen und Lindahl 85 Millionen Franken.

Der Zürcher Staatsanwalt entschied gegen die Anklageerhebung, im Oktober 2005 stellte er das Verfahren ein. Eine Strafbarkeit von «Vergütungsexzessen» wäre allenfalls dann denkbar, wenn die Auszahlungen ohne Genehmigung der zuständigen Aufsichtsorgane erfolgt wären oder wenn dafür besonders geschützte Vermögenswerte einer Gesellschaft verwendet würden. Dies sei aber bei den ABB-Männern Barnevik und Lindahl nicht der Fall gewesen.

Staatsanwalt Tewlin hatte die Vergütungspraxis der Topmanager der ABB seit ihrer Gründung im Jahr 1988 sowie auch jene der Vorgängergesellschaften ASEA und BBC unter die Lupe genommen. Dabei stellte sich heraus, dass der ABB-Verwaltungsrat tatsächlich die Zahlungen so geregelt hatte, und dies genügte den damaligen Ansprüchen an das Vergütungsverfahren. Die Pensionszahlungen und Kompensationen waren vorher fixiert worden. Weil die Verträge zum Teil aus dem Jahr 1988 stammten, stellte sich ferner die Frage der Verjährung. Die weitgehend erfolgsabhängigen Salär- und Bonuszahlungen sowie die Vorsorgeleistungen waren nur in kleinstem Kreis entschieden worden, das war früher die übliche Praxis in den schweizerischen Publikumsgesellschaften. Nicht einmal der gesamte Verwaltungsrat wusste von den Kompensationen, und der Geldregen an Barnevik war damals nie hinterfragt oder angepasst worden, weil der Mann international als eine Lichtgestalt des modernen Managements galt. Zudem linderten die beiden schwedischen Manager nach Bekanntwerden der Geldflüsse die öffentliche Empörung, indem sie sich einsichtig zeigten und einen Teil zurückerstatteten. Barnevik gab 90 Millionen und Lindahl 38 Millionen Franken zurück.

Der Fall war also, wie so oft im Strafrecht, nicht vergleichbar mit der Causa Mannesmann. Aber es ist keineswegs so, dass das Schweizer Strafrecht in dieser Frage alles durchgehen lässt, es sanktioniert ebenfalls die «ungetreue Geschäftsbesorgung» im Strafgesetzbuch. Der Zürcher Professor für Wirtschaftsstrafrecht Daniel Jositsch sieht den einzigen Unterschied zur deutschen Justiz darin, dass es in der Schweiz noch keine wegweisenden vergleichbaren Gerichtsentscheidungen gibt. Aber in einem ähnlichen Fall hält er auch ein Urteil der liberaleren Schweizer Justiz für denkbar. In einem Interview mit dem Zürcher *Tages-Anzeiger* erklärte Jositsch dazu:

«Ich erachte das durchaus als möglich. Die gesetzliche Grundlage ist relativ allgemein gefasst. Handlungen wie die Zahlung solcher Boni können aber unter den Tatbestand der ungetreuen Geschäftsbesorgung fallen. Es geht um Zahlungen, die geschäftsmäßig unbegründet und unverhältnismäßig sind. Wer Zahlungen jenseits jeder Verhältnismäßigkeit macht, hat aber in der Tat etwas zu befürchten. Der soll auch etwas befürchten müssen. Aber alle diejenigen, die im normalen Bereich geschäftlich tätig sind, brauchen sich nicht zu ängstigen. Daran wird auch der Fall Ackermann nichts ändern.

Das Aktienrecht regelt diese Zahlungen nicht genau, was von der Wirtschaft auch nicht gewünscht wird. Man möchte hier eine gewisse Freiheit haben. Das Strafrecht muss aber eine Grenze ziehen. Ich plädiere dafür, dass man sich darauf beschränkt, unverhältnismäßige Zahlungen zu bestrafen. Zahlungen, für die es aus betrieblicher, wirtschaftlicher Sicht keine Grundlage oder Rechtfertigung gibt. Bei Abfindungen an einen ausscheidenden Manager von über 100 Millionen Franken gibt es für die Unternehmung keinen Gegenwert.

Es braucht einen Leitentscheid. Im Idealfall müsste sich das Bundesgericht einmal mit dieser Frage auseinander setzen und feststellen, ob diese Zahlungen zulässig sind oder ob sie den Tatbestand der ungetreuen Geschäftsbesorgung erfüllen. Meines Erachtens erfüllen sie diesen Tatbestand, wenn sie eben das vernünftige Maß überschreiten und keine ausreichende, von den Aktionären abgesegnete Regelung besteht.»

Und auch im britischen Newbury bei London, am Hauptsitz des weltgrößten Mobilfunkkonzerns Vodafone, macht man sich inzwischen Gedanken darüber, ob alles richtig war, was Sir Chris Gent angezettelt hat. Der frühere Chef hat das Unternehmen im Streit verlassen. Er verzichtete auf seine Vodafone-Ehrenpräsidentschaft auf Lebenszeit. Seine Bilanz sieht grauenvoll aus. Im Geschäftsjahr 2005/2006 wurden tiefrote Zahlen geschrieben. Hauptgrund dafür sind milliardenschwere Abschreibungen auf die übernommene Sparte von Mannesmann. Der Fehlbetrag belief sich auf 39 Milliarden Euro. Das ist der bis dahin größte Verlust in der britischen Wirtschaftsgeschichte.

Die Wertberichtigungen summierten sich in den Büchern auf umgerechnet insgesamt 53,4 Milliarden Euro, 44 Milliarden davon für die Mannesmann-Erwerbung. So musste der Wert von Mannesmann drastisch nach unten korrigiert werden. Statt der letztlich gezahlten 197 Milliarden wurde die deutsche Tochter nur noch mit 80 Milliarden Euro eintariert.

Das Mannesmann-Imperium wurde zerschlagen. Der Name Mannesmann ist verschwunden, obwohl vereinbart war, dass er erhalten bleibt. Schlechte Nachrichten gab es auch für den deutschen Fiskus. Vodafone wollte für das Geschäftsjahr 2001, das Jahr nach der Übernahme, für Mannesmann 50 Milliarden Euro auf immer und ewig beim deutschen Finanzamt abschreiben. Diesen Buchverlust wollte Vodafone über Jahre hinweg mit Gewinnen verrechnen, um auf diese Weise Steuern zu sparen. Vodafone hätte bei voller Anerkennung der Teilwertabschreibungen die Steuern um rund 20 Milliarden Euro reduzieren können, doch die Experten vom Finanzamt akzeptierten die Forderungen der Briten nicht und begannen Verhandlungen über den Abschreibungsanteil.

Als dies im Sommer 2005 bekannt wurde, protestierten deutsche Politiker aller Lager. Dietrich Austermann zum Beispiel, der frühere CDU-Haushaltsexperte im Bundestag, witterte einen «steuerlichen Beutezug». Wären die Abschreibungen von den Steuerbeamten in voller Höhe akzeptiert worden, dann hätte der Verlustvortrag theoretisch ausgereicht, damit die Vodafone Deutschland GmbH für die nächsten 200 Jahre keinen Cent mehr an den Staat bezahlen muss. De facto hätten die deutschen Steuerzahler damit die Übernahme durch die Briten mitfinanziert.

Eine entscheidende praktische Frage des Falles wurde jedoch weder von den Anklägern noch von den Richtern beantwortet: Was ist eine angemessene Belohnung? Auch in der Rechtsliteratur zu dem Fall, die inzwischen Bände füllt, sind dazu keine tragfähigen Lösungen angeboten worden.

Aber es gibt einen klugen Ansatz, die Angemessenheit derartiger Zahlungen zu bewerten – aus Ackermanns Heimat. Im August 2005 hatte die schweizerische Übernahmekommission im Fall des mittelständischen Technologiekonzerns Saia Burgess darüber zu entscheiden, ob der Verwaltungsrat die Arbeitsverträge der Manager mit unangemessen hohen Abfindungsansprüchen verbesserte, nachdem er von einem geplanten Take-over durch einen asiatischen Konzern erfuhr. Der Verwaltungsrat, ähnlich befugt wie der deutsche Aufsichtsrat, hatte den Mitgliedern der Saia-Burgess-Geschäftsleitung aus Murten im Kanton Fribourg für den Fall der feindlichen Übernahme – bei einem so genannten Kontrollwechsel – den Betrag von maximal rund 4,1 Millionen Franken pro Jahr zugesprochen, inklusive Sozialabgaben und Pensionskassenbeiträge.

Die Übernahmekommission, die nach den Regeln des helvetischen Milizsystems aus neun aktiven Mitgliedern des Wirtschaftslebens zusammengesetzt ist und die Befugnisse einer Bundesbehörde besitzt, setzte die strittigen Beträge ins Verhältnis zu verschiedenen Kennzahlen der letzten Bilanz des Technologiekonzerns. Das Zahlungsversprechen aus den geänderten Managerverträgen entsprach demnach 5,7 Prozent des Vorsteuer-Betriebsergebnisses (EBITDA), rund 16 Prozent des Reingewinns, etwa 13 Prozent des für die Forschung und Entwicklung ausgegebenen Betrages und rund zwei Drittel der Dividenden. In ihrer Empfehlung vom 23. August 2005 kam die Take-over-Kommission zu dem Ergebnis, dass «Abwehrmaßnahmen ohne Effizienzsteigerung für die Gesellschaft nicht sachlich begründet sind». Die vertraglichen Zahlungsverpflichtungen seien nicht im «Gesellschaftsinteresse» gewesen, sondern allein im «Sonderinteresse der Gruppenleitungsmitglieder». Die Empfehlung wurde im September 2005 von der nächsten Instanz, der Übernahmekammer der Eidgenössischen Bankenkommission (EBK), bestätigt. Die Arbeitsverträge hätten «eindeutig den Gesellschaftsinteressen» widersprochen. Die Abwehrmaßnahme sei «unlauter» gewesen.

Setzt man, dem Beispiel der schweizerischen Übernahme-Regulierungsbehörde folgend, die Mannesmann-Sonderzahlungen von 57 Millionen Euro zum Beispiel ins Verhältnis zu den Forschungs- und Entwicklungsausgaben von Vodafone im Jahr 1999, so wird ein frappierendes Missverhältnis deutlich. Die Extrabezüge erreichten sogar beinahe die Gesamthöhe dieser Investitionen in die Zukunft des Konzerns, denn der Vodafone-Forschungsetat betrug damals rund 58,6 Millionen Euro. Und auch bezogen auf dieses Budget im Jahr nach der Fusion, sieht das Verhältnis kaum besser aus: Die Vodafone-Bilanz 2000 wies Forschungsaufwendungen von 73 Millionen Euro auf – nur neun Millionen mehr, als die Mannesmänner für ihre abtretenden Manager ausgaben. Und im Verhältnis zur letzten Dividendenausschüttung an die Mannesmann-Aktionäre für das Geschäftsjahr 1999 betrugen die Prämienzahlungen immer noch mehr als 18 Prozent.

Auch im Vergleich zu den regulären Managergehältern bei Vodafone stimmten die Relationen nicht mehr. Das gesamte Management des britischen Konzerns aus Aufsichtsrat und Vorstand erhielt 1999 umgerechnet knapp fünf Millionen Euro und im Jahr 2000 rund 10,7 Millionen Euro an Gehältern. Chris Gent allein bekam im Fusionsjahr lediglich 2,1 Millionen Euro (und im Jahr zuvor «nur» 1,3 Millionen Euro).

Wie auch immer die Sonderzahlungen an die Manager zu den kritischen Ausgaben von Mannesmann oder Vodafone in Bezug gesetzt werden – es wird schwer fallen, diese Beträge als verhältnismäßig und angemessen zu deklarieren.

So leidet Ackermann nun unter einem Effekt, den man forensische Zeitverschiebung nennen könnte: Wenn der Angeklagte nach Jahren der Ermittlungen und mehreren Instanzen des Prozessweges vor den Richter tritt, dann wird sein Handeln im Licht einer veränderten Erkenntnislage betrachtet: weil sich immer mehr Resultate seines Tuns oder doch Mittuns gezeigt haben, die er selbst seinerzeit wohl kaum voraussehen konnte. Jetzt beeinflussen sie das Urteil über ihn – jedenfalls das der öffentlichen Meinung.

Der Fotograf: Oliver Berg, Chronist eines peinlichen Augenblicks

Die Verhandlung war für neun Uhr angesetzt. Im Großen Saal L 111 des Landgerichts Düsseldorf waren an diesem 21. Januar 2004 drei Tischreihen für die Angeklagten und ihre Anwälte reserviert. Weil nicht alle angemeldeten Journalisten in diesem Verhandlungssaal Platz finden konnten, erteilte das Gericht für jeden Prozesstag neue Akkreditierungen. Nur drei Fotoreporter durften am ersten Tag teilnehmen: Ein Mann von der Bildagentur Action Press, ein Mitarbeiter einer freien Agentur und der Fotograf der Deutschen Presseagentur dpa.

Oliver Berg, der damals 40-jährige dpa-Mann, hielt sich schon ab 8.30 Uhr im Gerichtssaal auf. Zwei Digitalkameras hatte er umhängen. Seine Bilder sollten von der dpa auch weiteren Nachrichtenagenturen zur Verfügung gestellt werden, so war es in einem so genannten Poolvertrag mit AP, AFP und Reuters geregelt. Er wollte rechtzeitig am Ort sein, bevor die Angeklagten und ihre Staranwälte eintreffen, um sich eine günstige Position zu sichern. Denn bei Gerichtsterminen muss er gewöhnlich schnell und konzentriert arbeiten. Oft bleiben ihm nur Minuten zwischen dem Eintreffen der Angeklagten und der Eröffnung des Verfahrens durch den Vorsitzenden Richter, wenige Minuten, um eine Regung oder eine Geste optisch einzufangen, die aus einem Kopf ein lebendiges Bild macht.

Dieses Mal war es anders. Richterin Brigitte Koppenhöfer erschien und teilte knapp mit, dass sich der Beginn der Verhandlung verzögere. Aus Sicherheitsgründen würden einige Teilnehmer durch einen Hintereingang geschleust. Kurz nachdem Esser eingetroffen war, erschien auch Ackermann. Beider Anwälte steuerten ihre Plätze in der zweiten Sitzreihe an. Ackermann begrüßte Esser. Oliver Berg ging durch die Sitzreihen und nahm die Köpfe der Angeklagten ins Visier, die ihn am meisten interessierten: der Chef der Deutschen Bank und der Mann, der als Mannesmann-Chef die höchste Abfindungssumme kassiert hatte und somit das größte öffentliche Ärgernis darstellte.

Der Gerichtssaal wurde zum Warteraum. «Die ganze Situation war für mich sehr ungewöhnlich», erzählt Berg. «Es wurde sehr laut, es wurde lebendig und locker. Das lange Warten nervte die Leute.» Vor den Gerichtsprozessen erlebe er die Angeklagten sonst in einer eher devoten Haltung, still, kontrolliert, peinlich berührt, gesteuert vom Respekt vor dem Gericht. Aber hier sei alles anders gewesen. Keine Ehrfurcht, keine Anspannung. Ein ganzes Dutzend Strafverteidiger hätte herumgestanden, allesamt Stars der Zunft. Sie kannten sich, sie begegnen sich häufig bei solchen Anlässen. Und insgesamt sechs Angeklagte waren erschienen, Topmanager, einstige und heutige Firmenchefs, ein ehemaliger Gewerkschaftsboss.

Der Fotoreporter fokussiert Esser und Ackermann. Er drückt bei jeder Bewegung ab. Er ist professionell so gesteuert, dass er bei jeder besonderen Bewegung auf den Auslöser drückt. Durch den Sucher seiner Nikon D2X registriert er wenige Minuten vor neun bei Ackermann eine ausladende Geste und er hört mit einem Ohr, dass die beiden scherzen, er vernimmt den Namen des amerikanischen Sängers Michael Jackson. «Ich fragte mich noch: Was reden die über Jackson?», erinnert sich Oliver Berg.

Nachdem die Richter der 14. Großen Strafkammer endlich eingetroffen waren und das Verfahren eröffneten, zogen sich die Fernseh- und Fotoreporter in einen Vorraum zurück. Oliver Berg verarbeitete zusammen mit zwei dpa-Kollegen seine Bilder auf seinem Laptop, den er mit einem USB-Kabel an seine Kameras angeschlossen hatte. Rund 270 Auslösungen registrierte er. Als Erstes wollte er sich das Foto «mit dieser komischen Gestik» anschauen. Und tatsächlich, das Bild strahlte Leben aus. Ackermann lacht, hebt seine Rechte zum Victory-Zeichen, Esser reagiert ebenso lachend. Im Hintergrund gut gelaunte

Anwälte und ein Gerichtsdiener. «Das ist das Bild», sagte er zu seinem Kollegen, und der erwiderte: «Das nehmen sie.»

Der Fotoreporter notierte in das Datenfeld als Bildbeschreibung: «Ackermann gestikuliert, während er mit Esser redet.» Dann sandte er die Aufnahme mit seinem Rechner über eine schnelle UMTS-Funkverbindung in die dpa-Bildredaktion. Rund 20 weitere Fotos der übrigen Angeklagten fügte er hinzu, wie immer, um den Kollegen eine Auswahl zu liefern.

Erst am folgenden Tag, dem zweiten Prozesstag, wurde Oliver Berg bewusst, dass er mehr als bloß ein gutes Foto geliefert hatte. «Ich war überrascht, dass die Tageszeitungen der Republik mit dem Bild gepflastert waren», erinnert er sich: «Aber erst als die Fernsehkollegen die Zeitungen mit dem Victory-Foto vor die Kameras hielten, um das Bild zu kommentieren, wurde mir klar, was ich ausgelöst hatte.»

Tausendfach wurde das Foto danach von Zeitungen, Online-Medien und Fernsehsendern publiziert. Es wurde das Erkennungslogo zum Mannesmann-Prozess und ein Symbolbild für die ungeliebte Managerkaste. Später wurde es während des Bundestagswahlkampfes im Herbst 2005 eingesetzt, als der SPD-Vorsitzende Franz Müntefering internationale Investmentgesellschaften und Private-Equity-Unternehmen als «Heuschrecken» bezeichnete, die ins Land einschwärmen und heimische Firmen angreifen. Es wurde für Wahlplakate benutzt und für politische Postkarten. Der böse Weltkapitalist war visualisierbar geworden.

Und Fotograf Oliver Berg wurde der stille Star des Mannesmann-Prozesses. Hinter dem klein gedruckten Copyright-Vermerk am Victory-Foto steckt ein 42-jähriger Agenturfotograf. Seine gewöhnlichen Fotomotive: «Alles.» Politiker, Fußballer, Schauspieler, Manager. In Wuppertal geboren und im Ruhrgebiet aufgewachsen, ist er heute ein bekennender Rheinländer. Berg lebt in Köln. Er jobbte während des Lehramtstudiums für Tageszeitungen, geriet wie so viele rasch in den Sog des Journalismus, wurde freier Fotograf für die *Westdeutsche Allgemeine*

Zeitung (WAZ) in Essen und stieg dann als Volontär bei der dpa ein.

Josef Ackermann fühlt sich von seinem Bild gebrandmarkt. «Das ist ein Teil meiner Lebensabschnittsgeschichte mit Deutschland, und ich glaube, das bringe ich nicht mehr weg», sagt er. Natürlich waren die Manager nervös, wie alle, die auf einem Zeugenstuhl oder einer Angeklagtenbank Platz nehmen müssen. «So angenehm ist das nicht, wenn man das zum ersten Mal erlebt, in einem Gerichtssaal zu stehen», sagt Ackermann. Innerlich angespannt, unterlaufen ihnen wie fast allen Menschen Verlegenheitsgesten oder Übersprunghandlungen, um die Drucksituation zu kompensieren. Ackermann hatte jedenfalls damals im Gerichtssaal das Gefühl, ungestört scherzen zu können. Er war davon ausgegangen, dass die Fotografen während der Wartezeit «den Raum verlassen mussten, sodass wir eigentlich unter uns waren». Zudem hatten die Rechtsberater den Angeklagten geraten, «locker zu sein und ja nicht den Eindruck zu erwecken, dass man jetzt reumütig dasitzt».

Die Situation in seiner Erinnerung: «Einer der Rechtsprofessoren hatte dann spaßeshalber gesagt, um uns etwas aufzulockern, dass hier das Gericht zu spät kommt, während in den USA der Celebrity-Angeklagte Michael Jackson – es war gerade Tage zuvor – zu spät gekommen ist. Ich habe darauf spontan reagiert, indem ich Michael Jackson mit seinem Victory-Zeichen nachmachte.»

Jedenfalls war niemandem ein Fauxpas bewusst. Ackermann erlebte die Wirkung erst am Abend, als er auf dem Weltwirtschaftsgipfel, dem World Economic Forum, im Bündnerland eintraf. «Ich bin am selben Tag nach Davos gefahren, komme im Hotel an, und alle sprechen mich an: Unglaublich, was da in den Medien abläuft. Oder so ähnlich.»

Später muss ihm irgendjemand erzählt haben, der Urheber des Fotos habe «dann viel Geld gemacht». Er gönne es ihm herzlich, meinte Ackermann in einem Fernsehinterview. Doch Oliver Berg hatte keinen monetären Gewinn. «Keinen Cent, nur Ruhm und Ehre», sagt der Fotograf, der in fester Anstellung bei seiner Agentur keinerlei Rechte an seinen Bildern hat. «Aber das ärgert mich jetzt nicht», fügt er hinzu. Heutzutage kann sich ein Pressefotograf schon glücklich schätzen, eine ordentliche Anstellung bei einem Medienunternehmen zu finden. Tausende verdienen ihr Brot als freischaffende Fotografen, die ihre Aufträge auf Zuruf erhalten. Oliver Berg verdient rund 4000 Euro brutto, das übliche Tarifgehalt.

Lediglich ein kleines Dankeschön erhielt er für das «dpa-Bild des Jahres». 1500 Euro betrug das Preisgeld. Bei einem weiteren Wettbewerb wurde Berg mit der «Rückblende» für politische Fotografie ausgezeichnet. Ein paar Fotomaterialien wurden ihm dafür geschenkt. Bundesjustizministerin Brigitte Zypries hielt die Laudatio:

«Wahrscheinlich ist der Schnappschuss in der professionellen Fotografie überhaupt keine zulässige Kategorie, und ich dürfte den Begriff gar nicht verwenden. Aber was ich meine, ist klar: Fotos, die einen ganz kurzen, frappierenden Moment erfassen und damit mehr als tausend Worte sagen. Oliver Berg hat für so ein Foto einen Preis bekommen. Es zeigt den Vorstandsvorsitzenden der Deutschen Bank Ackermann, der in dem nach ihm benannten Prozess ein Victory-Zeichen macht. Das Foto ist überall veröffentlicht worden. Es hat die öffentliche Debatte erheblich angeschärft. Es zeigt zwei der Angeklagten fröhlich und siegesgewiss. Manche haben auch gesagt, nach dem Motto: ‹Ihr könnt uns alle mal.›

Ich weiß nicht, ob Herr Ackermann und Herr Esser das so gemeint haben. Ich bin sicher, dass sie die erzeugte Wirkung nicht gewollt haben. Aber so ist das dann bei Momentaufnahmen: Die Wirkung, die sie erzeugen, kann kaum noch revidiert werden. Und auch die Geschichte dieses Fotos zeigt: Mit der Veröffentlichung verlieren diejenigen, die darauf abgebildet sind, die Deutungsmacht.

Prominente aus Politik, Wirtschaft und Gesellschaft müssen also vorsichtig sein und sie müssen vergegenwärtigen, dass in der Öffentlichkeit praktisch immer ein Fotograf in der Nähe ist.»

Ackermann hatte tatsächlich die Deutungsmacht über das Bild verloren, seine nachträgliche Erklärung zum Victory-Zeichen war keine Geschichte, mit der er die Gunst des Publikums wieder erlangen konnte. Sie klang wenig glaubwürdig, viel zu banal. «Wir haben immer nur schlechte Geschichten», sagt sein Verteidiger Eberhard Kempf. Auch er sagt, dass ihm der Ablauf von einem Beteiligten, der in der Nähe der Szene gestanden hatte, genau so berichtet wurde. Ackermann fühlt sich unverstanden: «Jeder Journalist weiß, wie das zustande gekommen ist. Aber das ist so schön und passt so gut. Ich glaube, ich muss damit leben, aber es zeigt natürlich auch die Manipulation, die möglich ist.»

Oliver Berg ist von keinem Journalisten zu seinem Schnappschuss interviewt worden. Niemand hat ihn nach dem Hergang befragt. Aber gedeutet und kommentiert haben sie alle. «Das Bild hat sich verselbständigt», meint Berg. Im gleichen Jahr hatte er noch einen ähnlichen Erfolg, mit einem Schnappschuss von Rudi Völler, dem ehemaligen Trainer der deutschen Nationalmannschaft, wie er sich für das Ausscheiden bei der Europameisterschaft mit einer achselzuckenden Geste des Bedauerns beim Publikum entschuldigte.

Spiegel-Autor Henryk M. Broder ironisierte: «Es gibt keine anständigen Kapitalisten mehr, nur noch Sozialarbeiter in Armani-Anzügen, die sich für das Gemeinwohl opfern.» Und: «Ein Bild sagt mehr als tausend Worte. Der Mann im feinen Zwirn lacht und macht das Victory-Zeichen. Der Mann ihm gegenüber lacht zurück, beide Männer sind bester Laune. Sie wirken, als hätten sie gerade eine Gehaltserhöhung bekommen, die sie gleich wieder klug angelegt haben. Oder als wären sie eben in einem Prozess freigesprochen worden und könnten nun nach Hause gehen, zurück zu Frau, Kind, Hund und Hobbykeller. We shall overcome some day!» Die *Frankfurter Rund-*

schau schrieb: «In den von ihm hochgeschätzten USA wäre der Chef der Deutschen Bank dafür wohl wegen Missachtung des Gerichts belangt worden.»

«Ackermann hat verloren, selbst wenn er den Prozess gewinnt», schrieb das Hamburger Nachrichtenmagazin, nahm das Thema auf den Titel («Die Arroganz der Mächtigen») und veröffentlichte eine Umfrage mit den Worten: «Ganz oben ist ganz unten. Nicht mehr als 24 Prozent der Deutschen setzen großes Vertrauen in die Gewerkschaften, 23 in die Wirtschaft, 22 in die Arbeitgeberverbände, 18 in die Bundesregierung, zwölf in die Parteien. Ein Countdown des Misstrauens. Darunter geht nichts mehr. Beriefe der Vorstand der Deutschland AG die Hauptversammlung des Volkes ein, würde er gefeuert. Komplett. Die da oben sind unten durch. Bei denen da unten.»

Der *Spiegel* notierte weiter: «Einen solchen Kommunikations-GAU hat die Bank nicht mehr erlebt, seit der damalige Vorsitzende Hilmar Kopper den 50-Millionen-Mark-Schaden, den die Pleite des Baulöwen Jürgen Schneider Handwerkern zufügte, als ‹Peanuts› bezeichnete. Wie damals war das Echo verheerend: Von Arroganz der Macht war die Rede, von einer beispiellosen Stillosigkeit und von einer ‹Verhöhnung der arbeitenden Menschen in Deutschland› (SPD-Generalsekretär Olaf Scholz).»

Unter der Überschrift «Das ist unsere Elite» kommentierte die *Berliner Zeitung*: «Was für jeden Bürger gelten muss, der Gehorsam gegen das Gesetz, das sieht Ackermann für seine Person als eine freiwillige Leistung an, die von Vorstandsmitgliedern der Deutschen Bank eigentlich nicht erwartet werden kann. Es ist das Exklusivitätsstreben, womit Repräsentanten der deutschen Wirtschaft derzeit ihre Führungsfähigkeit ruinieren. Ihr steter Gestus, nicht dazuzugehören, schönere Rechte beanspruchen zu dürfen, von den Schwierigkeiten und Opfern ausgenommen zu werden, entfernt sie von denen, die sie doch eigentlich führen möchten.» Die *Süddeutsche Zeitung* auf ihrer Meinungsseite: «Sein Lächeln drückte Verachtung aus – auch gegenüber denen, die für kleines Geld schuften und Werte schaffen. Das Victory-Zeichen, das er machte, war obszön und ein Abgrund an Arroganz. Es ist die Arroganz der Macht.»

Die *Welt* bemühte einen bekannten katholischen Sozialethiker, um das Bild der Woche zu interpretieren. Friedhelm Hengsbach urteilte: «Das angebliche Siegeslächeln deute ich als spaßiges Überspielen einer persönlich prekären Situation auf der Anklagebank, die im Vergleich zum regulären Chefsessel im Penthouse der Frankfurter Banktürme etwas komisch wirken muss. Aber ich finde Herrn Ackermanns Körpersprache und die ersten verbalen Äußerungen schädlich.»

«Arrogantes oder überhebliches Auftreten schadet nicht nur den Beteiligten selbst, sondern auch dem Ansehen unseres Rechtsstaates», sagte der stellvertretende FDP-Vorsitzende Rainer Brüderle der *Welt am Sonntag*. Ihr Leitartikel: «Ein Zeichen der Arroganz. Selbstherrlichkeit. Mangelndes Taktgefühl.» Und die Wochenzeitung *Die Zeit* zitierte den Kommunikationsberater Michael Spreng. Ein Angeklagter, der scherze und lache, «erweckt zwangsläufig den Eindruck, dass er den Prozess nicht sonderlich ernst nimmt». Ackermann sei «in diesem Fall entweder schlecht beraten, oder er hörte nicht auf seine Berater», erklärte der ehemalige *Bild*-Chef, der im Bundestagswahlkampf 2002 den CSU-Chef und damaligen Unionskanzlerkandidaten Edmund Stoiber beraten hatte. Spreng kritisierte auch die Erklärung für Ackermanns Victory-Zeichen: «Der Versuch, diese Geste im Nachhinein zu rechtfertigen, ist schon der nächste Fauxpas. Der Chef einer der größten Banken der Welt imitiert vor Gericht Michael Jackson! Das ist unangemessen und dem Gericht gegenüber respektlos.»

Das Foto von Ackermanns gespreiztem Finger ging um die Welt. Sogar als Werbeträger wurde es eingesetzt. Eine Pappfigur ist in Umlauf, Buchtitel, Postkarten der SPD, Werbeplakate der PDS und eine Parodie auf die Standort-Deutschland-Kampagne.

Nach dem Schnappschuss blieben die Hände der Angeklagten unten. Am zweiten Prozesstag, erinnert sich Berg noch, blickte Ackermann freundlich lächelnd zu den Fotografen hinüber, so als hätte ihn die Sache nicht berührt. Deutlicher fiel die Reaktion des Kommunikationschefs der Deutschen Bank, des Briten Simon Pincombe, aus. «Ich dachte, er wollte mich mit seinen Blicken töten», sagt Berg. Ab dem zweiten Prozesstag jedenfalls hat er Josef Ackermann nur noch mit verschränkten Armen vor die Linse bekommen.

Die Ackermann AG

«Wir sind Zeuge, wie jeden Tag 400 Milliarden Dollar an Devisengeschäften durch das System laufen. Es ist ein wenig wie mit der Erfindung der Atombombe ... Man erkannte recht schnell, dass diese Kraft das Angesicht der Welt im positiven wie im negativen Sinn verändert hatte. Man konnte nicht mehr zurück. Wir werden die Kapitalmärkte nicht rückgängig machen.»

John Reed, ehemaliger CEO der Citicorp, 1989

«Freiheit – und Offenheit, die damit einhergeht – wird uns nicht geschenkt. Die Menschen müssen um sie kämpfen, immer wieder.»

Alfred Herrhausen, der 1989 ermordete Vorgänger Ackermanns an der Spitze der Deutschen Bank

Der Herr der Kennzahlen

Ende März 2006 lud Josef Ackermann seine Bankiersfreunde in die Heimat ein, zum Mitgliedertreffen des Institute of International Finance (IIF) in Zürich. Die Limousinen der Fünf-Sterne-Hotels fuhren am Kongresshaus vor, die Chauffeure geleiteten die Herren ins Foyer des Tagungszentrums.

Zu dem Meeting waren alle seine Kollegen von Weltrang eingetroffen. Zum Beispiel William R. Rhodes. Der Mann von der Citibank hat gleich drei Titel auf der Visitenkarte stehen: Chairman, Präsident, Chief Executive Officer. Oder William B. Harrison, Jr., Aufsichtsratschef der J. P. Morgan Chase aus New York; Cees Maas vom niederländischen Finanzkonzern ING, Kielholz von der Credit Suisse, Wuffli von der UBS. Finanzminister, Premierminister und Ex-Präsidenten gaben ihm die Ehre, Notenbankchefs wie Jean-Claude Trichet von der Europäischen Zentralbank, Konzernlenker wie Hans Wijers von Akzo Nobel und aristokratische Berater wie Lord Leon Brittan von der UBS.

Die Teilnehmer verkörperten eine Machtballung, wie sie sonst nur auf dem Weltwirtschaftsforum in Davos erlebt wird, aber das Fernsehen blieb fern. Der Event eignete sich nicht für die erwünschte Oberflächendarstellung, das Thema war unzumutbar komplex. Das Treffen der Geld-Tycoons wurde nur von Finanzjournalisten wahrgenommen.

Josef Ackermann fühlte sich sichtlich wohl, hier war er in seinem Element. Ein britischer Reporter, der die IIF-Tagungen seit dem Gründungsjahr 1983 verfolgte, fragte die Vorstandsmitglieder, ob sie angesichts des Machtzuwachses in der Finanzwelt nicht allmählich Angst vor sich selbst bekämen. Ackermann setzte sein gewinnendes Lächeln auf, parierte die Frage gekonnt mit einer diplomatischen Wendung, um sogleich wieder zum Thema der Tagung zu kommen: Der Banker-Club sorgte sich um die hohe Kreditbelastung und die Transparenz bei den Hedgefonds, er stellte Prinzipien für eine faire Schuldenrestrukturierung in den «Emerging Markets», den aufstrebenden Ökonomien, auf. Gemeint sind Volkswirtschaften wie China, Mexiko, Korea, Russland oder die Türkei. Es ging um dieselbe Art von Problemen, mit denen sich Ende der achtziger Jahre bereits Alfred Herrhausen beschäftigte, Ackermanns ermordeter Vorgänger bei der Deutschen Bank. Aber während Herrhausen wie ein Politiker agierte, seine Plattform auf internationalen Schuldenkonferenzen und heimischen Wirtschaftstreffen suchte, operiert Ackermann in der geschlossenen Welt der internationalen Finanzgemeinde. Die politische Perspektive liegt ihm nicht, für ihn ist die Lösung eine Frage des globalen Risikomanagements, eine finanztechnisch zu klärende Angelegenheit. Er braucht auch kein nationales Publikum, um sich in öffentlicher Aufmerksamkeit zu sonnen, er sucht nicht die Anerkennung auf dem Weg über die Fernsehbühnen. Er hat mehr Macht und kann sie viel direkter entfalten, als es seinem Vorvorgänger Alfred Herrhausen möglich war.

Ackermann erläuterte die Zahlen. Die privaten Kapitalflüsse in diese Länder hätten im Jahr 2005 netto 400 Milliarden US-Dollar betragen, und das IIF-Institut rechne für 2006 mit weiteren 360 Milliarden US-Dollar. Private Geldflüsse in Anleihen und Aktienportfolios dieser Entwicklungsmärkte stünden ebenfalls vor einer Rekordmarke. Da sei Krisenprävention und Krisenmanagement notwendig. Diplomatisch hob er die Fortschritte hervor, die China gemacht habe, um für die Investoren transparente Regeln im Bankensektor und auf den Börsenmärkten aufzustellen. Es sei nun die Zeit gekommen, um weitere Maßnahmen in diese Richtung zu ergreifen.

Ackermann nahm als Konferenzleiter an der Mitte des Podiumtisches Platz und verfolgte die Beiträge der weiteren Redner wie ein Seminarleiter an der Universität. Sie forderten strukturelle Reformen in Europa, verlangten flexible Arbeitsmärkte, erläuterten ihre Vision von einem Europa irgendwo zwischen dem angelsächsischen und dem rheinischen Kapitalismusmodell. Es waren die geläufigen Reden des Finanzestablishments, und alle waren mit ihrer Meinung zufrieden. Als dann am späten Nachmittag die erfrischend offene Finanzministerin Ngozi Okonjo-Iweala aus Nigeria, eine weltgewandte Harvard-Doktorin, aus erster Hand über ihren kreativen Kampf gegen die zerstörerische Korruption in ihrem Land berichtete, machten sich die Bankiers auf den Weg in ihre Hotelzimmer, um sich auf den Dinner-Abend vorzubereiten. Nur Ackermann blieb höflich sitzen und applaudierte, er weiß eben noch, was sich gehört.

Im diesem Kreis ist Ackermann der amerikanisierte «Joe», wie Rhodes von der Citibank eben «Bill» gerufen wird. Das ist Ackermanns Arbeitsmilieu. Das ist seine Welt, jene, die sich geldtheoretisch durchdringen lässt und deren Risiken in Zahlen ausdrückbar sind. Als er vier Wochen später in Berlin auf dem Podium des Deutschen Bankentages saß, einem alle fünf Jahre stattfindenden Familientreffen der deutschen Finanzbranche, wurde ihm wieder deutlich, dass er in zwei parallelen Welten lebt, wie es der Wirtschaftsredakteur Nikolaus Piper von der *Süddeutschen Zeitung* formulierte: «Einerseits in der Welt der globalen Finanzmärkte mit hohem Tempo, hohen Risiken und hohen Gehältern. Und andererseits dem Heimatmarkt, auf dem es mit Merkels kleinen Schritten vorangeht und wo es einer Privatbank verboten ist, eine Kreissparkasse zu kaufen.» Auf diesem sehr deutschen Bankentag versprach SPD-Finanzminister Peer Steinbrück, dass nach der Mehrwertsteueranhebung nun endlich Schluss sein werde mit den Steuererhöhungen; Bundestagspräsident Norbert Lammert (CDU) mahnte, dass «Shareholder Value sich nicht als Gemeinwohl übersetzt»; eine 18-jährige Abiturientin durfte ganz putzig die «Erwartungen und Wünsche der Jugend» vortragen, und Altkanzler Helmut Kohl war davon derart begeistert, dass er das Plenum zum Zwischenapplaus animierte.

Mit Hilmar Kopper, Rolf-Ernst Breuer und Ackermann war die Spitze der Deutschen Bank anwesend; sie machte gute Miene zum Auftreten der Politiker von der regierenden Großen Koalition und spendete höflich Beifall. Zurückgekehrt in ihren Turm A in Frankfurt, gingen sie wieder ans globale Geschäft in dem Bewusstsein, was sie von dieser Berliner Regierung erhoffen dürfen und befürchten müssen: nichts.

Deutsche Minister und Konzernchefs haben sich entzweit. Bis in die siebziger Jahre glichen die leitenden Angestellten den Führungskräften im Staatsdienst und in der Politik. Beide Elitegruppen bewegten sich, als seien sie durch einen heimlichen Pakt miteinander verbunden. Politiker saßen in Aufsichts- und Verwaltungsräten der Unternehmen, die Konzernchefs in den Beiräten und Kommissionen von Parteien und Regierungen. Zuletzt galt dieser Pakt noch für die Staatsbetriebe; seitdem diese im Sinne einer höheren Wettbewerbsfreiheit flächendeckend privatisiert werden, ist auch dieses Band zwischen Politik und Wirtschaft dahin.

Tempi passati. «Das Zeitalter der amerikanischen Aktiengesellschaft und der amerikanischen Industrie geht seinem Ende entgegen. Die amerikanische Volkswirtschaft ist nur noch eine Region der Weltwirtschaft», schrieb Robert Reich 1991, bevor er US-Arbeitsminister wurde. Wer weiß. Selbstverständlicher jedenfalls gilt diese Feststellung für Deutschland, das längst von einer «antipatriotischen Wirtschaftselite» geführt wird, die den «immobilen Rest der Nation» hinter sich gelassen hat, wie es der Hamburger Wirtschaftsredakteur Henrik Müller formuliert. Oder wie es Lothar Gall, der Haushistoriker der Deutschen Bank sagte: «Die unternehmerisch Handelnden sehen das Gemeinwesen und die gemeinsame Arbeit daran nicht mehr.»

Die globalen Unternehmen werden auch in Deutschland von imperialen Chief Executive Officers regiert. Deshalb pflegte Josef Ackermann jahrelang keine nationale Rhetorik. Er wollte sich nicht in irgendeinem der 73 Länder besonders einschmeicheln, in dem die Deutsche Bank aktiv ist. Sein Credo war: Sagen, was man tut und denkt. Und er sagt es an allen Orten seines globalen Bankenimperiums im gleichen, klaren Tonfall, den viele als arrogant oder gar zynisch wahrnehmen. Aber es ist das, was er darunter versteht, wenn er davon spricht, ehrlich sein zu wollen. Sich wie die Politiker beim Fernsehpublikum anzubiedern, um dem Volk zu gefallen, ist seine Sache nicht. Denn vom Volk wird er nicht gewählt.

Manager wie Ackermann halten die Beziehungsarbeit zur Politik nicht mehr selbst in der Hand. Diese Aufgabe haben sie an professionelle Lobbyisten delegiert, die überall dort, wo die Interessen des Unternehmens von der Politik gefördert oder gefährdet werden könnten, nach Interventionsmöglichkeiten suchen, um gebührenden Einfluss auf die Entscheidungen zu nehmen. Oder sie kaufen einen ehemaligen Top-Politiker als Berater ein. Den globalen CEOs bleibt wie in dieser modernen Arbeitsteilung nur noch die Aufgabe der Spitzengespräche, ähnlich einem «Key-Account-Manager», dem die Verhandlungen mit den wichtigsten Großkunden vorbehalten sind.

Ackermann kommt auf die Frage, welchen Politiker er noch gerne persönlich kennen lernen möchte, ins Grübeln. Nach einer Denkpause fällt ihm ein: «Koizumi. Den habe ich noch nicht getroffen.» Die deutschen Regierenden sind längst nicht mehr seine einzige Bezugsgröße. Er muss mit allen sprechen, mit Tony Blair in London wie mit George W. Bush in Washington und Wen Jiabao in Peking oder mit Wladimir Putin in Moskau. Die Regierungschefs sind wichtige Kunden, sie entscheiden über die Wahl des Bankiers, der ihre Staatsanleihen auf den Markt bringt. Wenn sie über Großprojekte wie den Bau einer Gaspipeline oder eines Jahrhundert-Staudamms entscheiden, hängen Finanzierungsgeschäfte mit gewaltigen Gewinnmargen von ihrem Jawort ab. Und weil sie über die Steuerpolitik befinden, entscheiden sie darüber, wie viel vom Ertrag der Tochtergesellschaften, Holding- und Beteiligungsfirmen auf ihrem Territorium in die Taschen der Aktionäre und wie viel in die Staatskasse fließt.

Es sind oft merkwürdige Gespräche, die die imperialen Bankiers mit den nationalen Politikern führen müssen. Die vom Volk Erwählten haben bisweilen anspruchsvolle Wunschlisten, und sie legen viel Wert auf vertrauliche Behandlung dieser Angelegenheiten. Ihre Wünsche werden in US-Dollar und in Euro definiert, und nicht immer geht es ihnen dabei allein um das Wohl ihres Gemeinwesens. Die Deutsche Bank hat es sich immerhin in den USA zur Regel gemacht, keine Parteispenden zu zahlen. Und in der Heimat sind die Zahlungen nicht mehr selbstverständlich. «Ich bin der Meinung, wir sollten es nicht mehr tun», sagt Ex-Aufsichtsrat Hilmar Kopper.

Der Chef der Deutschen Bank, das war eine ganze Zeit lang der oberste Repräsentant der deutschen Wirtschaft, eine Art Staatschef der Deutschland AG. Das ist Geschichte. Heute sind Business-Stars gefragt, die einen Weltkonzern mit ihrer Person verkörpern und das Publikum jener Fernsehsender begeistern, bei denen das permanente Laufband mit den grünen und roten Aktienkursen über den Bildrand zieht. Die Medien verlangen nach extravaganten Chefs mit unverwechselbarem Image. Und die Mitarbeiter wünschen sich den Auftritt ihres Bosses mit gebührendem Pomp und Effekt, als Sinnbild der Macht ihres Hauses. Aber Ackermann liebt den Auftritt als Popstar im Nadelstreifenanzug nicht, er wirkt im Fernsehen auf eine sympathisch unverstellte Art unbeholfen und unprofessionell. Er ist kein Mikrophon-Bankier.

Kurze Amtszeit, großer Reibach

«Die Unternehmen verwandeln sich von Republiken in absolutistische Monarchien», sagte der britische Publizist Anthony Sampson. Und die neuen aristokratischen Führungsmodelle fordern ihren Tribut. Die Firmenkulturen verändern sich rapide. Eine Welle des individuellen Ehrgeizes ist zu beobachten, Spitze und Basis entfremden sich, und gleichzeitig lässt die Firmentreue der Mitarbeiter nach. Und auch die Kriminalität im und gegen den Betrieb wird zum endemischen Problem, dessen Bewältigung ganze Konzernabteilungen beschäftigt. Denn viele

Mitarbeiter, denen traditionelle Vergünstigungen, Betriebsrentenansprüche und paternalistische Gratifikationen im Zuge unternehmensweiter Sparübungen gekappt wurden, betrachten die Millionengehälter der Führungskräfte als ungerecht. Nicht selten suchen sie nach Gelegenheiten, auch einmal in den Genuss einer Sonderzahlung zu gelangen – durch Veruntreuung, durch Diebstahl oder Privatbestechung.

Besonders verbreitet ist das Phänomen auf der Ebene der Topmanager. Sie ahnen, dass ihre Verweildauer auf dem Chefposten begrenzt sein wird. Denn die CEOs haben inzwischen einen Kurzzeit-Job. Weltweit tritt bereits jeder zweite Manager unfreiwillig ab, wie eine Studie des Beratungsunternehmens Booz Allen Hamilton herausfand, das 2500 Großunternehmen befragt hat, darunter rund 300 im deutschsprachigen Raum («CEO Succession 2005»). Demnach schieden im Jahr 2005 mehr CEOs aus als je zuvor, nahezu jeder siebente Topmanager verlor seinen Posten. Die Quote stieg in den vergangenen Jahren um 70 Prozent. Ihr Durchschnittsalter beim Abgang lag bei knapp 55 Jahren. Mangelnde Leistung war in mehr als jedem zweiten Fall der Grund für den Rauswurf.

Diese Entwicklung fördert die Rekrutierung von Hasardeuren. So suchen Manager nicht selten nach der Gelegenheit, in kürzester Frist einen Reibach zu machen, um versorgt in die Frühpensionierung zu entschwinden. Private Ermittlungsfirmen, die solche Fälle aufklären, haben eine gute Konjunktur, sie arbeiten auf einem Wachstumsmarkt. Sie ermitteln geräuschlos und vertraulich. Weder Gerichte noch Medien nehmen Notiz. Allein der Prüfkonzern PricewaterhouseCoopers (PwC) beschäftigt auf der ganzen Welt in seiner Abteilung für «Forensic Accounting» mehr als 1400 Mitarbeiter, die sich unter anderem mit den trickreichen CEOs befassen. Die Konkurrenten KPMG, Ernst & Young oder Deloitte Touche bieten den Service ebenso an. Spezialisierte Investigationsunternehmen wie die New Yorker Kroll, Inc. sind klandestin operierende Giganten. 3900 Kroll-Detektive sitzen in 65 Büros, verteilt auf 25 Länder, und machen einen Umsatz von 12 Milliarden US-Dollar. Der Boom dieser Schattenpolizei demonstriert, dass in den Unternehmen etwas schief läuft.

Die AG bietet ihren Angestellten keine Heimat mehr, so wie dies Millionen Mitarbeiter in den Großunternehmen ein ganzes Jahrhundert lang erlebt haben. In den Büros der Gesellschaften durften sich Generationen heimelig-familiär einrichten, bis zum Abschied ins Rentenleben. Die Aktiengesellschaften waren «Bollwerke der Mittelschicht des 20. Jahrhunderts», so der britische Autor Anthony Sampson.

Björn Johansson, Ackermanns Studienkollege, schaut irritiert zurück auf die zu Ende gehenden neunziger Jahre: «Wir erlebten die Globalisierung und die Amerikanisierung des Managements. Wir erlebten die Dotcom-Euphorie. Und dann wurde die Knappheit an mobilen Führungskräften registriert, und plötzlich haben alle gesponnen.»

Nach dem Höhenrausch kamen die großen Pleiten. Erst kollabierten die überhitzten Internetfirmen, dann flogen die betrügerischen Machenschaften und Bilanzfälschungen bei Großkonzernen wie Enron und Worldcom auf. Die Medien schrien auf, die Politik reagierte mitunter brachial, zumal in den USA, wo der restriktive Sarbanes-Oxley-Act nun von den Firmenchefs den Schwur auf die Bilanz forderte.

«Das hat viele Fortschritte in Verwaltungs- und Aufsichtsräten und bei der Kontrolle des Managements ausgelöst», sagt Johansson, Änderungen, die von ihm wie von vielen anderen schon als Revolution in der Unternehmensführung empfunden werden. Inzwischen kann es sich kein börsennotiertes Unternehmen mehr leisten, ohne moderne Regeln für die gute Unternehmensführung zu bestehen – im Geschäftsenglisch «Corporate Governance» genannt. «Aber eines hat die Revolution in den Konferenzsälen der Aufsichtsräte nicht bewirkt – den Stopp der exzessiven Salärentwicklungen», wundert sich Johansson. Weiterhin zeichnen die Räte exorbitante Gehaltspakete ab, und weiterhin wachsen die Beträge.

Die Neue Welt gibt auch in dieser Frage den Takt vor; seit einem Jahrhundert exerziert sie dem alten Europa vor, wie schamlos die Dollar-Elite ihre politische Macht einsetzt. «Wealth against Commonwealth», titelte der Reformer Henry Demarest Lloyd 1894 sein Buch gegen die Machtansprüche der Monopolisten, Industriebarone und Millionäre. Der Finanzredakteur und Chefkolumnist der *Chicago Tribune* begründete die moderne Form des «investigativen» (ermittelnden) Enthüllungsjournalismus in den USA. Er war der erste Journalist, der Unternehmensbilanzen, Gerichtsakten und Parlamentsprotokolle systematisch untersuchte und damit eine öffentliche Debatte auslöste, die zum ersten Anti-Trust-Gesetz führte. (Henry Demarest Lloyd war es auch, der zu Beginn des 20. Jahrhunderts den Amerikanern das Modell der Schweizer direkten Demokratie nahe brachte, nachdem er von zwei Studienreisen in die Eidgenossenschaft begeistert zurückkehrte. Sein Buch beschrieb die Schweiz als «Labor der Demokratie».)

Als der Oberste Richter und Sozialreformer Louis Brandeis, der Sohn einer böhmischen Emigrantenfamilie, 1908 das Big Business als Gefahr für die amerikanischen Werte kritisierte, ahnte er noch nicht, wie groß und mächtig es noch werden sollte. «Wir können Demokratie in diesem Land haben, oder wir können den großen Wohlstand in der Hand einiger weniger konzentrieren, aber wir können nicht beides haben», sagte Brandeis. Er sollte sich irren.

Um heute einen Sitz im amerikanischen Senat zu erringen, müssen mindestens fünf Millionen US-Dollar aufgebracht werden, rechnet der Bürgerrechtspolitiker Ralph Nader vor. In den größeren Bundesstaaten müssen für den Wahlkampf bis zu 40 Millionen US-Dollar ausgegeben werden, sagt der Habenichts. Die Präsidentschaftskampagne des republikanischen Duos George W. Bush und Dick Cheney kostete 367 Millionen US-Dollar, die überwiegend von Unternehmen und superreichen Bürgern aufgebracht wurden. Es ist keine Frage, ihre Politik muss für das große Geld attraktiv sein. «Die Unternehmen sind unsere Diener, nicht unsere Herren», rief Nader, aber sein Ruf nach Veränderungen verhallte.

Bestätigt wurde Nader, als im März 2006 Henry Paulson, der deutschstämmige Präsident der Investmentbank Goldman Sachs, zum US-Finanzminister berufen wurde (Jahresgehalt als Banker 2005: 38,3 Millionen US-Dollar; Aktienvermögen: 484 Millionen US-Dollar). Er tritt damit in die Fußstapfen Robert Rubins, des früheren Goldman-Sachs-Chefs, der unter Bill Clinton als Finanzminister diente. Tatsächlich haben die imperialen Unternehmen längst die Herrschaft in allen für sie entscheidenden Fragen übernommen. Sie bestimmen, wer welche Steuern zahlt, sie entscheiden, wie die Rentner versorgt werden, und sie wissen, welche Kriege die Industrie benötigt. Maßgebliche Interessenkollisionen erschüttern die Politik nur noch, wenn es innerhalb der transnational agierenden Kaste des großen Geldes zum Streit kommt. Es geht dann um Konflikte zwischen Branchen, nicht zwischen Arm und Reich. Newt Gingrich, der ehemalige Sprecher der Republikaner im Repräsentantenhaus, propagierte das Ideal einer «konsumorientierten Regierung» und schlug vor, «Politiker sollten gewichtige Fragen lösen, indem sie einfach die größten multinationalen Konzerne um ihre Einschätzung bitten.»

Der amerikanische Autor Kevin Phillips, ein Republikaner, wird nicht müde zu kritisieren, dass die USA zur Plutokratie verkommen seien, deren Regierung einzig und allein die Interessen der Reichen schütze. Bill Bradley, ein führender Demokrat, erinnerte in einer Rede vor den Studenten der John F. Kennedy School of Government in Harvard an eine «Geschichte, welche die Amerikaner schon einmal gehört haben. Es ist die Geschichte aus dem späten 19. Jahrhundert, aus der Zeit des systematischen Raubs und der wiederholten Skandale, als die Politik zur Geisel der Geldmacht von Seiten der Finanziers an der Wall Street, der Eisenbahnen und der Industriellen wurde, als jeder Senator im Grunde Eigentum der Magnaten war, der seine Ernennung ermöglicht hatte.»

Auch die Demokraten betreiben das Geschäft der Reichen. Seit den neunziger Jahren kommen ihre Sponsoren aus der neuen Elite, die ihr Geld in den modernen Branchen der Telekom- und Medienindustrie gemacht hat. Ihre Brötchengeber sind die Internetmilliardäre, die sich im offenen Hemdkragen populär gebärden. 1995 offenbarte ein demokratischer Parteistratege gegenüber dem *Philadelphia Inquirer*: «Unglücklicherweise haben wir uns in die Position begeben, dass wir uns nicht mehr für die Arbeiter einsetzen, weil wir uns immer stärker auf die Interessen der Reichen konzentriert haben, um unsere Wahlkämpfe zu finanzieren. Und am Ende verbringt man seine Zeit mit reichen Menschen, die sagen: ‹Mach daraus bloß keine Klassenfrage.›»

Von einem «Reichtumsexzess» spricht Phillips, und er rechnet vor, dass das oberste Prozent am Ende des 20. Jahrhunderts mehr als die Hälfte der Einkommenszuwächse für sich verbuchte. Für die politische Krise in Washington, die «korrupte Politik», wie er es nennt, macht er einzig einen Umstand verantwortlich: «Das Anwachsen der 400 größten Vermögen von insgesamt mehreren hundert Milliarden US-Dollar 1981 auf drei Billionen US-Dollar 2000.»

Nahezu hundert Jahre nach dem Ausspruch von Richter Brandeis erlebt die amerikanische Gesellschaft beide Phänomene zugleich – Demokratie und exzessive Reichtumskonzentration. «An Punkten des Übergangs hatten wir stets beides», sagt Phillips, und er nimmt es als Indiz dafür, dass ein neuer Zyklus eingeläutet wird, der dem Gemeinwohl wieder mehr Gewicht gibt als dem privaten Interesse.

Es gibt sogar Stimmen aus dem Elitelager, die eine Reform wollen, und sie möchten zuerst dort ansetzen, wo dem Publikum das Gefühl der Ungerechtigkeit am deutlichsten vermittelt wird – bei den exorbitanten Managergehältern. Warren Buffett, der weltberühmte Milliardär und Spekulant, sieht den Lackmustest der Unternehmensreform in der Bereitschaft, das Wachstum der exzessiven CEO-Löhne zu zügeln.»

Diese Bereitschaft ist nicht erkennbar. Josef Ackermann sprach schon vor zwei Jahren davon, dass sich «der Wettbewerb um die besten Mitarbeiter» wieder intensiviert habe. «Wir müssen gute Gehälter zahlen, weil wir sonst im globalen Wettbewerb um die besten Talente den Kürzeren ziehen. Die Diskussion um die Managergehälter hat in Deutschland zu viel Gewicht bekommen. Wenn wir die besten Führungskräfte und Talente gewinnen, kommt dies der gesamten Volkswirtschaft zugute.»

Zwar haben die Aktienrechtsreformen der vergangenen Jahre mehr Transparenz gebracht. Aber die märchenhaften Bezüge steigen weiter. Wie das Beispiel des amerikanischen Hedgefonds-Managers James Simons von Renaissance Technologies demonstrierte, der im Jahr 2005 rund 1,5 Milliarden US-Dollar mit nach Hause nahm, oder der Fall des Ex-Chefs des weltgrößten Ölkonzerns Exxon Mobil Corp., Lee Raymond, der summa summarum mit 350 Millionen US-Dollar in Pension ging, die sich aus der Hochrechnung von Gehaltszahlungen, Pensionsgeldern, Boni, Optionen und Aktienpaketen ergaben.

Ackermanns Mitbewerber an der Wallstreet mussten auch nicht darben. Die Zahlungen an die Chefs der fünf größten börsennotierten Wall-Street-Banken Bear Stearns, Goldman Sachs, Lehman Brothers, Merrill Lynch und Morgan Stanley rangierten 2005 zwischen 30 und 38 Millionen US-Dollar.

«Diese Leute konkurrieren nicht auf dem Personalmarkt, sondern auf dem Produktmarkt. Jeder von diesen Jungs kann einen Hedgefonds gründen und dort ein Vielfaches verdienen», sagte der Bankenforscher Hans Geiger, der Generaldirektorenkollege Ackermanns aus den Tagen bei der Zürcher Kreditanstalt. Geiger will den superreichen Bankiers mit solchen Aussagen keineswegs schmeicheln, er verkörpert eher das Gegenmodell der gut schweizerischen Bescheidenheit: seit Jahr und Tag das gleiche Haus, die gleiche Familie und das gleiche Transportmittel – ein flottes Fahrrad.

Markantes Beispiel ist Ackermanns Großverdiener Anshu

Jain, der Nachfolger seines verstorbenen Freundes Edson Mitchell im Londoner Investmentbanking. Er lebt zurückgezogen im Westen der Stadt und sitzt an der Great Winchester Street im Gebäude der Deutschen Bank in einem kleinen Glaskasten im Handelsraum, auf enger Tuchfühlung mit seinen Händlern und den roten, elektronischen Laufbändern, auf denen in Echtzeit die Kurse angezeigt werden, ein Zahlen-Junkie. Von hier dirigiert Jain den Aktienhandel der Deutschen und ist global zur Nummer zwei in diesem Geschäft aufgestiegen. In der Deutschen Bank wird er wie ein Geldautomat betrachtet, den man einmal im Jahr ordentlich füttert, damit er bis zum Ende des Jahres ein Vielfaches wieder ausspuckt.

Niemand weiß genau, wie viel er verdient, aber sein Gehaltspaket wird auf ein Vielfaches von jenem seines Chefs geschätzt. Im Juni 2006 gab die Bank auf der Hauptversammlung immerhin bekannt, dass die Chefs der sechs Hauptabteilungen, zu denen auch Jain gehört, im Jahr 2005 zusammen 50 Millionen Euro erhielten, aber es war nicht ganz klar, ob in dieser Summe alles enthalten ist, was diesen Führungskräften zufließt.

Um nur einen Eindruck zu bekommen, in welcher Größenordnung sich Jains Gehaltspaket bewegt, reicht ein Blick in die Pflichtmitteilungen über die Aktiengeschäfte der Führungspersonen, die als «Directors Dealings» veröffentlicht werden müssen. Jain hat demnach allein im Februar 2006 Deutsche-Bank-Aktien im Wert von mehr als 44,7 Millionen Euro verkauft – mit einem Gewinn von rund 14 Millionen Euro.

Mythen und Renditen

Immer kürzere Amtszeiten und immer höhere Einkünfte der Topmanager – bringt es den Unternehmen wenigstens etwas?

Josef Ackermann würde vermutlich argumentieren, dass er der Gesellschaft dient, indem er Gewinne erzielt und den Aktionären dient, indem er für sie Werte schafft – Aktionärswerte oder Shareholder Value. Und so Wachstum und Arbeitsplätze schaffe.

Es ist interessant, was heute der Shareholder-Value-Papst dazu sagt, der Ackermanns Managergeneration wie kein anderer geprägt hat. Es ist der amerikanische Ökonom Alfred Rappaport, der 1986 mit seinem bahnbrechenden Werk «Creating Shareholder Value» eine Art Streitschrift für die Rückbesinnung auf das Aktionärsinteresse herausbrachte. Er musste entdecken, dass die Manager sich keineswegs an seiner Grundhaltung orientierten, aber fleißig seine Idee zur Steigerung ihrer eigenen Werte einsetzten. Im Sommer 2002 gestand er, inzwischen 70-jährig, in einem Interview mit dem *Spiegel*: «Mein Konzept des Shareholder Value bezog sich immer auf die nachhaltige Wertsteigerung eines Unternehmens. Leider trugen viele Vorstände das Postulat nur noch wie ein politisches Statement vor sich her. Sie kümmerten sich mehr darum, Gewinne und Kurse hochzutreiben, statt langfristigen Kapitalfluss zu schaffen.»

Rappaport beklagt vor allem fehlende Visionen der Manager, er nimmt an, dass «der typische Vorstandschef tief in seinem Herzen glaubt, dass Märkte kurzfristig wirken.» Dem ist aber nicht so, wie er an einem Börsenbeispiel vorrechnet: «Um den Aktienpreis eines Unternehmens zu rechtfertigen, braucht es meistens zwischen 10 und 20 Jahre wertbildenden Kapitalfluss. Wer Wert produzieren will, kann nicht nur eine kurze Zeitspanne planen.» Wie sollen sie auch anders denken, wenn bei jedem die Uhr tickt, sobald der erste Arbeitstag begonnen hat.

Der Shareholder-Value-Prophet sagt heute, dass sich die Idee, den Managern Leistungsanreize durch Aktienoptionen zu geben, «schrecklich verselbstständigt» habe. Sie dürften zum Beispiel nicht so eintariert werden, dass die Manager auch von solchen Kurssteigerungen profitieren, die allein vom Gesamtmarkt an der Börse geprägt sind und nicht durch ihre Leistung verursacht worden sind. Daher empfiehlt er Index-Optionen, bei denen die individuellen Werte des Unternehmens mit dem Branchenindex verglichen werden.

Rappaport ist von dem Glauben beseelt, dass letztlich die Eigentümer das Sagen hätten. Ein Mythos, wie der kürzlich verstorbene amerikanische Wirtschaftswissenschaftler John Kenneth Galbraith sagte, der auf 75 Jahre Wirtschaftsbeobachtung zurückblicken konnte, bevor er 92-jährig diesen Satz schrieb: «Die Macht in den Konzernen liegt beim Management.» Der Ökonom mit dem großen Gedächtnis erinnerte an die Studie von Adolf A. Berle Jr. und Gardiner C. Means, die 1932 unter dem Titel «The Modern Corporation and Private Property» (Die moderne Aktiengesellschaft und das Privateigentum) erschien. Sie hatten als erste Forscher die «Managerherrschaft» erkannt – die Trennung von Eigentum und Verfügungsgewalt über Unternehmen. Weil die Leitung der modernen Großunternehmen eine anspruchsvolle und komplexe Aufgabe sei, sei die Leitungsbefugnis wie auch die Verfügungsgewalt auf das professionelle operative Management übergegangen, schrieben Berle und Means, und sie bemerkten, dass dieser Prozess unumkehrbar sei. Die Manager hätten die Oberhand gewonnen und nicht die Aktionäre.

Heute wird – trotz einer viel komplexeren Struktur der Weltkonzerne – wieder von «Aktionärsdemokratie» gesprochen, und die «Investoren» wähnen sich in der Rolle der mächtigen Entscheider, die den Unternehmen ihre Anteilsscheine abkaufen oder nicht. Mythen leben eben länger, sie sind unsterblich.

Den Eigentümern, großen wie kleinen, genügt offenbar immer noch das schöne Gefühl des Besitztums. Einen beherzten Eingriff in die Arbeit der Manager erleben wir allenfalls, wenn Spekulationskünstler, «Raider» genannt, unfreundlich riesige Aktienpakete eines Unternehmens aufkaufen, das sie als unterbewertet und schlecht geleitet betrachten, um sogleich den Managern Dampf zu machen oder sie durch Personen ihres Vertrauens zu ersetzen.

Doch die gewöhnliche Machtverteilung sieht tatsächlich so aus, wie sie schon Berle und Means beschrieben. Vielleicht mit dem Unterschied, dass die Manager heute durch ihre Aktienoptionsprogramme beachtliche Teile an ihren Konzernen besitzen (ihr Aktienbesitz wird bei der Deutschen Bank zum Beispiel auf einen Anteil zwischen fünf und zehn Prozent geschätzt und wächst kontinuierlich). Wie wäre es sonst zu erklären, dass die Aktionäre ihre Aufsichts- und Verwaltungsräte, denen schließlich die Kontrolle des Managements obliegt, so schlecht vergüten? Denn welche Wertschätzung soll Josef Ackermann für den Job des Aufsichtsrats zum Beispiel bei der Bayer AG aufbringen, wenn ihm für diese angeblich so verantwortungsvolle Arbeit knapp 80 000 Euro im Jahr bezahlt werden? Das entspricht im Vergleich zu seinem Jahressalär bei der Deutschen Bank nicht einmal dem Gegenwert von zwei Arbeitstagen.

Zum Geschäft mit dem Mythos gehört es, dass die Manager den Investoren regelmäßig Kennzahlen mitteilen, mit denen sie beweisen sollen, wie ihre Investitionen sich rentieren. So erklären Ackermanns Finanzchef und sein Oberbuchhalter regelmäßig den Analysten, wie sich ihre Geschäfte entwickeln, welche Risiken sie dabei eingehen und wie sich die einzelnen Geschäftszweige mausern. Die Analysten wiederum haben die Aufgabe, im Auftrag der Investoren Berichte zu erstellen, in denen sie bewerten, ob sich der Kauf der Aktie des untersuchten Unternehmens lohnt oder ob es nicht besser wäre, diese Wertpapiere abzustoßen. Auch stellen sie Vergleiche in den Branchen an, um zu ermitteln, welches Unternehmen das beste sei.

Regelmäßig begeben sich Ackermann und seine Finanzmanager auf eine zeitraubende Rundtour zu den wichtigsten Investoren, um ihnen diese Zahlen zu liefern, und routinemäßig stehen seine Finanzverantwortlichen den Analysten in Telefonkonferenzen Rede und Antwort. Dann schalten sich junge Damen und Herren von den großen Konkurrenzunternehmen ins Gespräch ein, geben kurz und knapp ihre Namen kund und das Unternehmen, für das sie ihre Analysen erstellen. Es sind gewöhnlich die Finanzfirmen, mit denen sich Ackermann zu messen hat. Ihre Arbeitgeber sind die Kollegen Chairmen und

Chief Executive Officers aus Ackermanns globaler Finanzwelt: Merrill Lynch, J. P. Morgan, Citibank, Goldman Sachs und so weiter.

Auf diesen Analystenkonferenzen darf der Mythos der Eigentümerherrschaft wieder hochleben. Die Analysten beziehen ihr Selbstvertrauen aus Macht und Einfluss über große Investitionsvolumen, die ihre Arbeitgeber und andere Marktteilnehmer zum Beispiel über Fondsgesellschaften an den Weltbörsen platzieren können. Sie fragen in einem mal gefälligen, mal brummigen Stil die Zahlen ab, und die Finanzmanager liefern ihre Antworten in einem verbindlichen Tonfall. Die Analysten nehmen die Daten entgegen, bedanken sich freundlich und schreiben ihre Berichte. Aber so gut wie noch nie haben sie als Erste einen großen Betrugsfall bemerkt, der sich schon allein durch unplausible Zahlenwerke hätte erkennen lassen. Ihre Konferenzen, auf denen die Manager brav die auskunftsfreudigen Prüflinge spielen, nützen wenig. Sie sind ein Ritual, das den Mythos von der Aktionärsherrschaft aufrechterhält.

Ein weiteres solches Ritual, das so wenig infrage gestellt wird wie der sonntägliche Kirchgang in einem katholischen Dorf, sind die Bilanzpressekonferenzen, auf denen die Konzernlenker den Wirtschaftsjournalisten die Zahlen ihrer Jahresabschlüsse mitteilen. Umsorgt von Eventmanagern, Videotechnikern und PR-Fachleuten, die sich für den perfekten Auftritt ihrer Chefs einsetzen, treten sie vor die Kameras. Die Bilanzmedienkonferenzen gehören zu den langweiligsten Veranstaltungen im Journalistenleben, aber sie gelten als eminent wichtig. Schließlich wird auf ihnen Gewinn oder gar Verlust des abgeschlossenen Geschäftsjahres und die Höhe der Rendite bekannt gegeben, die das Management für die Investoren auf ihr eingesetztes Kapital erzielt haben.

Ackermanns imposanteste Vorstellung dieser Art erlebten die Finanzjournalisten, als er im Februar 2005 in Frankfurt seine Bilanzzahlen für das Jahr 2004 präsentierte. Die Problemsituation der Deutschen Bank war schnell umrissen: Berechnet nach der Bilanzsumme, mit der sich in früheren Jahrzehnten die deutschen Finanzinstitute verglichen, schaffte es sein Haus auf Platz sechs der Weltrangliste, mit seinen Erträgen von 21,8 Milliarden Euro immerhin auf Rang zehn. Aber gemessen an den modernen Kennzahlen der Finanzgemeinde sah es schlecht aus, beim Börsenwert belegte es gerade einmal den 23. Platz. Mit 35,5 Milliarden Euro brachte Ackermann im Vergleich zu seinen Kollegen von der Citigroup, der «wertvollsten» Bank der Welt, nur ein Fünftel auf die Waage.

Zur Verbesserung dieser ungemütlichen Lage versprach Ackermann, im kommenden Jahr eine Eigenkapitalrendite vor Steuern von 25 Prozent zu erzielen. Um dieses Ziel zu erreichen, müssten allerdings nochmals 6400 Arbeitsplätze gestrichen werden. Gleichzeitig müsse die Bank in Billiglohnländern 1200 neue Stellen aufbauen, vor allem in Osteuropa und Asien. Er benutzte dafür den Modebegriff der McKinsey-Leute, die solcherlei Sparideen vorschlagen: «Smartsourcing».

Das war nicht mehr die Rede des bodenständigen Josef Ackermann, der angetreten war, seinen Job selbst auf dem Chefstuhl «bescheiden, offen, ehrlich und glaubwürdig» zu verrichten. Es war der Auftritt eines typischen weltentrückten, imperialen CEO. Trotz des besten Ergebnisses seit vier Jahren erklärte er schnörkellos, wieder Stellen zu streichen – in einem Tonfall, mit dem die Umstellung der Buchhaltung von dem Rechnungslegungsstandard IAS auf US-GAAP mitgeteilt würde. Ausgerechnet wenige Wochen nach der Veröffentlichung der deutschen Arbeitslosenstatistik, der zufolge gerade die magische Zahl von fünf Millionen arbeitsloser Menschen überschritten worden war. Als gäbe es keinen besseren Zeitpunkt, um ein solches Sparprogramm zu verkünden, schimpften noch wohlwollende Kritiker. «Sozialer Autist», rief der IG-Metall-Chef Jürgen Peters, «unbelehrbarer Ignorant», schrieb der *Stern*. Und in Zürich spottete sein Konkurrent Peter Wuffli, der im Stil des strebsam-nüchternen und akkuraten Oberprimaners seine UBS in die Weltmeisterriege führt: «Wenn wir entdecken würden, dass wir 6000 Arbeitsplätze zu viel haben, müsste man mich umgehend entlassen.»

1900 Stellen sollten in Deutschland abgebaut werden, eine weitere Entlassungswelle sollte vor allem Investmentbanker in London und New York sowie Mitarbeiter im Backoffice treffen. Damit hatte Ackermann seit seinem Amtsantritt im Mai 2002 insgesamt 20 000 Arbeitsplätze gestrichen.

Auf ihren Bilanzpressekonferenzen zeichnen sich die Manager durch gewisse Vorlieben bei der Wahl der Finanzkennzahlen aus. Die einen heben den Gewinn pro Aktie hervor, die anderen präferieren den Reingewinn ihres Unternehmens nach Steuern und Abgaben, und wieder andere stellen die Eigenkapitalrendite heraus, die sie in der modernen Buchhaltersprache als «Return on Investment», kurz RoE bezeichnen. Ackermann schwört auf die Eigenkapitalrendite, die populärste Kennzahl in der Finanzindustrie, wobei er Wert darauf legt, dass es die «Eigenkapitalrendite vor Steuern» ist.

Die Eigenkapitalrendite also. Mit «vor Steuern» meinen Ackermanns Finanzmanager die Renditegröße, die sich ergibt, bevor weltweit alle Steuern und staatlichen Abgaben abgezogen worden sind. «Nach Steuern» würde seine Zahl naturgemäß erheblich schlechter aussehen. So ist Ackermanns Zielgröße auch ein Stück politische Proklamation: Für die notorisch hohen deutschen Unternehmenssteuern möchte er nicht verantwortlich gemacht werden. In Zürich feixte darüber wieder einer seiner Konkurrenten. Oswald Grübel, der tyrannische Führer der Credit Suisse Group, kostete die Antwort auf eine entsprechende Frage während seiner Bilanzpressekonferenz aus: «Vor Steuern geben wir sie nicht an.» Grübels Finanzchef musste erst einmal den Taschenrechner zur Hand nehmen und kam auf 23 Prozent – sechs Prozent besser als Ackermanns Ergebnis für 2004.

Die Eigenkapitalrendite ist seit seinem Antritt bei der Deutschen Bank Ackermanns Lieblingskennzahl. Ende der neunziger Jahre, nach seinem Eintritt in die Deutsche Bank, erkannte

Josef Ackermann den Trend – der nicht auf die Finanzbranche beschränkt sei –, den «weltweiten Wettbewerb um Eigenkapital». In Deutschland sei diese Entwicklung erst relativ spät registriert worden, aber dafür umso «intensiver erlebt» worden: Die «Eigenkapitalinvestoren» – also die Aktionäre – würden auf Dauer nur jene Anlage in ihrem Portfolio berücksichtigen, die «den unter Risikogesichtspunkten und im Kontext des Gesamtportfolios höchsten Ertrag abwirft». Daher sei im Unternehmen eine konsequente «Wertorientierung» erforderlich, um zu verhindern, «dass das eigene Unternehmen am Kapitalmarkt ins Hintertreffen gerät». Es würde zudem auf lange Sicht durch höhere Kapitalkosten leiden.

Unter Wertorientierung verstünde er aber «mehr als die kurzfristige Eigenkapitalrentabilität». Es sei eine «Wertschaffung in allen Planungs- und Entscheidungsprozessen», die aber nur bei einem funktionierenden Risikomanagement möglich sei. Das also versteht Ackermann unter Unternehmenswerten.

Gesagt, getan, sollte man meinen. Denn nach seiner Bilanzmedienkonferenz im Frühjahr 2006 verkündete Ackermann, assistiert von seinem damaligen Finanzvorstand Clemens Börsig, das Erreichen seines hohen Zieles: «Wir haben die Bank mit großem Erfolg weiterentwickelt und unsere Ziele erreicht. Hierzu zählt insbesondere unser Renditeziel von 25 Prozent vor Steuern auf das eingesetzte Eigenkapital, das wir sogar leicht übertroffen haben.» Die Assistenten projizierten die passende Powerpoint-Folie an die Wand: «We delivered on targets», stand darauf: Wir haben nach den Zielvorgaben geliefert. Vier fette blaue Balken zeigten die Eigenkapitalrenditen für die Jahre 2002 bis 2005. Links ein schmaler Block mit 4 Prozent für 2002, 13 Prozent für 2003, 16 Prozent für 2004 und eben für 2005 eine dick in dunkelorange eingefettete Zahl: 26 Prozent!

«Ackermann legt starke Zahlen vor», schrieb die Wirtschaftspresse, und seitdem gilt er als verlässlicher Bankier, der seine Ankündigungen wahr macht. Doch schon fünf Wochen nach der Bilanzmedienkonferenz war Ackermann gezwungen, seine Zahlen zu korrigieren. Die Bank musste für Rechtsstreitigkeiten in den USA ihre Rückstellungen deutlich erhöhen. Entsprechend sank das Vorsteuerergebnis und somit auch die Eigenkapitalrendite auf rund 25 Prozent.

Wie kommt diese Zahl zustande? Das kleine Einmaleins der Bilanzwelt geht so: Um die Rentabilität eines Unternehmens zu berechnen, setzt man – in der einfachen Version – den Gewinn ins Verhältnis zu einer Grundgröße, zum Beispiel zum Aktienkapital. Das waren bei der Deutschen Bank Ende des Jahres 2005 insgesamt 29,9 Milliarden Euro, wenn wir die Zahlen nehmen, die das Unternehmen der amerikanischen Börsenaufsicht nach den Buchhalterregeln US-GAAP mitgeteilt hat. Die Bank erzielte im Jahr 2005 einen Vorsteuergewinn von 6,112 Milliarden und einen Reingewinn von 3,529 Milliarden Euro. Der Anteil des Gewinns am Kapital lag somit bei 20,4 Prozent vor Steuern und bei 11,8 Prozent nach Steuern.

11,8 Prozent? 20,4 oder 25 Prozent? Was ist jetzt richtig? Wie sind Ackermanns Rechnungsexperten unter der Leitung von Finanzvorstand Clemens Börsig, dem heutigen Aufsichtsratschef, auf die schöne Zahl gekommen, die punktgenau den Plan erfüllte?

Lesen wir das Kleingedruckte auf Ackermanns Präsentationsfolie. Dort steht, dass es sich bei seinem Return on Investment um eine Zahl handelt, die auf dem «durchschnittlichen Active Equity» basiert, dass Restrukturierungsaktivitäten nicht eingeschlossen sind und ebenso wenig substanzielle Erträge aus den Industriebeteiligungen.

«Average Active Equity» ist also die wahre Bezugszahl und nicht das Eigenkapital. Aber was ist das jetzt schon wieder? Eine neue Rechnungslegungsgröße nach den modernen, internationalen Standards? Der neueste Schrei der amerikanischen Bilanzierungsregeln? Wir recherchieren also nach der neuen Zielgröße mit der Methode, auf die auch die Konzernprüfer zurückgreifen, wenn sie nach dem Studieren Dutzender Handbücher, Accounting-Wörterbücher und Wirtschaftsprüferbibeln nicht mehr weiterkommen. Wir googeln den Begriff, lassen also das Internet nach der genauen Wortgruppe absuchen. Das Ergebnis ist merkwürdig: Es gibt 626 Treffer, und alle beziehen sich auf Publikationen der Deutschen Bank. Keine Citibank, keine Barclays Bank, keine HSBC – niemand außer der Deutschen Bank verwendet diese Grundgröße, um ihr Eigenkapital zu umschreiben.

Nachdem die Deutsche Bank ihre weltgewandt klingende Zahl einführte, erklärte sie in den Erläuterungen zu ihren Jahresabschlüssen: «Wir berechnen eine bereinigte Messgröße für unsere Eigenkapitalrendite, anhand deren ein Vergleich mit unseren Konkurrenten vereinfacht wird. Diese bereinigte Messgröße definieren wir als unser ‹Averaged Active Equity›.»

So wird also die Erfindung einer neuen Kennzahl erklärt. Wobei das Wissen darüber, wie damit ein Vergleich mit den Konkurrenten möglich sein, ja sogar vereinfacht werden soll, ein Geheimnis der kreativen Zahlenmeister der Deutschen Bank bleibt. Denn auf der ganzen Welt verwendet kein anderes Unternehmen diese Messgröße.

Sie ist nichts anderes als eine neue Phantasiegröße aus dem Reich der Finanzarchitekten. Und beim genauen Studieren der kleingedruckten Erläuterungen entdeckt man schließlich, dass dies gar keine geprüfte Zahl ist: «Es handelt sich jedoch nicht um eine Performance-Messzahl nach US-GAAP.» Sie ist nach den Worten der Accounting-Experten schlicht und einfach «non-audited» – nicht testiert und für die Aktionäre eine Sache des Glaubens.

Wenn wir uns nun die Finanzberichte der Deutschen Bank anschauen, die sie bei der amerikanischen Börsenaufsicht SEC hinterlegen muss, dann finden wir verlässliche Daten und eine erhellende Erklärung vor: «Diese Renditen, die auf dem averaged active equity basieren, sollten nicht mit denen anderer Unternehmen verglichen werden, ohne die Unterschiede in der Kalkulation dieser Kennzahlen zu berücksichtigen.» Es wird erläutert, dass die Deutsche Bank zum Beispiel alle Erträge aus den Industriebeteiligungen herausgerechnet hat. Die Aktionäre können nur spekulieren, welche Auswirkungen dies auf die so errechnete Eigenkapitalrendite haben mag: Werden hohe Aktienbeteiligungen dem Eigenkapital zugerechnet, dann sinkt die Renditezahl. Werfen diese Beteiligungen aber hohe Gewinne ab, so wird die Eigenkapitalrendite erhöht. Noch komplexer und unübersichtlicher wird die Sache, wenn man berücksichtigt, dass hohe Restrukturierungskosten wie zum Beispiel die Entschädigungszahlungen an die Kunden der von der deutschen Bank geschlossenen Immobilienfondsgesellschaft Grundbesitz-Invest herausgerechnet wurden.

Daher verwenden viele Finanzmarkt-Datenbanken auch nicht Ackermanns hübsche «averaged active equity»-Zahl, sondern allenfalls die Rendite auf das Eigenkapital, so wie diese nach US-GAAP und nach den der SEC berichteten Zahlen aussieht. So deklariert die Deutsche Bank für 2005 bei der SEC als vergleichbare Zahl die «Rendite auf das durchschnittliche, gesamte Aktienkapital nach Steuern» und kommt dabei auf 12,51 Prozent, während die Eigenkapitalrendite vor Steuern wiederum, basierend auf dem durchschnittlichen Eigenkapital, 21,7 Prozent betrug. Und die vereinfachte Kalkulation – Reingewinn × 100 dividiert durch Aktienkapital – ergibt 11,8 Prozent.

Um zu berechnen, wie sich die Rendite seit Ackermanns Eintritt in die deutsche Bank verbessert hat, müsste also diese, an der Wall Street gültige Eigenkapitalrendite vor Steuern von 21,7 Prozent mit jener verglichen werden, die für das Jahr 1996 erzielt wurde – die erste Eigenkapitalrendite, die Josef Ackermann mit seiner Unterschrift unter einen Geschäftsbericht der Deutschen Bank bestätigt hat: Sie lag bei 17,1 Prozent. Demnach wäre dies nicht gerade eine Kennziffer, die geeignet ist, ihm einen außerordentlichen Erfolg zu testieren. (Und wenn man Ackermanns Leistung an der Marktkapitalisierung der Deutschen Bank bemisst, könnte man auch nicht davon sprechen, dass er Werte geschaffen hat: Im Mai 2002, als er Sprecher des Vorstands wurde und die Verantwortung für das ganze Haus übernahm, lag der

Börsenwert bei rund 48 Milliarden Euro. Am 1. Juni 2006, dem Tag der jüngsten Hauptversammlung, war sein Geldhaus an den Börsen rund 46,1 Milliarden Euro wert.)

Wie auch immer die Zahlen gedreht und gewendet werden, Josef Ackermann kam nur mit Hilfe seiner Eigenkreation auf die angestrebten 26 bzw. 25 Prozent. Auch wenn er diesen Wert als Beweis seines Erfolges präsentiert – er ist nur bedingt aussagekräftig. Denn es gibt genügend Möglichkeiten, diese Messgröße zu manipulieren. Zum Beispiel, indem das Unternehmen eigene Aktien zurückkauft. Damit wird das Eigenkapital gesenkt, und die Verhältniszahl steigt bei gleichbleibendem Gewinn. Zudem treibt dies in der Regel den Aktienkurs an der Börse, weil weniger Wertpapiere im Umlauf sind.

Von dieser Variante zur Steuerung der Eigenkapitalrendite hat Ackermann regelmäßig Gebrauch macht. So nahm er innerhalb von vier Jahren rund zehn Milliarden Euro Eigenkapital aus der Bilanz. Inzwischen steht der Konzerngewinn einer Summe von knapp 30 Milliarden Euro gegenüber. 2002 waren es noch 40 Milliarden Euro. Entsprechend stieg die Kapitalrendite.

Die Eigenkapitalrendite ist überdies lediglich eine statische Kennzahl, die nur für die Periode eines Geschäftsjahres gültig ist und das zukünftige Potenzial des Unternehmens kaum erfasst. Zähler und Nenner können in einem komplexen Konzerngebilde vielfach verändert werden. Währungstransaktionen, die Bewertung von Beteiligungen und verschieden kalkulierte Abschreibungsverfahren können die ausgewiesenen Gewinne verändern, obwohl die wirtschaftlichen Zahlungsströme gleich geblieben sind. Außerdem vernachlässigt diese Messgröße das Risiko, das vom Unternehmen in Kauf genommen wurde, um den Gewinn zu erzielen, und ist auch insofern eine schlechte Vergleichszahl.

Aussagekräftiger für den Aktionär wäre zum Beispiel eine Zahl, die ihm erklärt, wie viel Gewinn eine Aktie abwirft, wenn er sie heute kaufen würde, die also das Verhältnis des Gewinns zum Börsenwert des Eigenkapitals, zur so genannten Marktkapitalisierung benennen würde. Denn dies gäbe den Aktionären Auskunft über die Rendite des effektiv eingesetzten Kapitals, das sie eben auch alternativ investieren könnten. Bei der Deutschen Bank lag dieser Marktwert – die Börsenkapitalisierung – am Tag der Hauptversammlung 2006 bei 46,1 Milliarden Euro. Bezogen auf den Reingewinn (nach Steuern) von 3,529 Milliarden Euro ergibt dies eine Rentabilität von ganz gewöhnlichen, aber immer noch guten 7,6 Prozent.

Wegen all dieser Unzulänglichkeiten ist also die Eigenkapitalrendite als generelles Unternehmensziel nur bedingt brauchbar, mitunter sogar irreführend. «Aus dem Zusammenhang gerissen ist das eine Unzahl», sagt Wendelin Wiedeking von der Porsche AG. Und Peter Wuffli von der UBS kritisiert: «Wenn wir immer nur die Rendite messen, vergessen wir die Menschen, die Kundenbeziehungen, die ebenfalls dem Wert eines Unternehmens zugerechnet werden müssen.»

Vom «Götzenbild der Eigenkapitalrendite» sprach Kurt Hauri, der frühere Präsident der Eidgenössischen Bankenkommission, er rügte das «verwunschene Streben nach der Eigenkapitalrendite». Während er «vom Management mit Fug erwarte», dass «es zukunftsorientiert handelt und eine Langzeitperspektive anstrebt», verkörpere diese Kennzahl «genau das Gegenteil». Sie sei «rückwärts gewandt, begrenzt auf eine vergangene Zeitperiode». Sie verschweige, «welche Risiken eine Bank läuft». Zur Beeinflussung dieser Messzahl seien die Banken veranlasst, «mit Akribie nach – durchaus legalen – Mitteln und Wegen zu suchen, um Eigenmittel einzusparen».

Der oberste Schweizer Bankenaufseher setzte mit einer vernichtenden Kritik nach: «Schließlich lässt sich die magische Zahl der Eigenkapitalrendite – nochmals: durchaus rechtmäßig – steuern, indem für perioden- oder betriebsfremden, also außerordentlichen Aufwand oder Ertrag Rückstellungen und Reserven vielfältiger Art gebildet oder aufgelöst werden. Damit kann die Rentabilität geglättet, aus irgendwelchen Gründen aber auch erhöht oder vermindert werden. Wächst diese Außerordentlichkeit über Jahre hinweg zur Ordentlichkeit, so leidet jedenfalls der Vergleich, so verwässert sich die Aussage über den effektiven Jahresgewinn. So bleibt nur die – mir unbeantwortbare – Frage: wozu dieser Fetischismus.»

Hauri mochte sich die Antwort nicht selbst geben, die Bankiers unter seinen Zuhörern wussten sie ohnehin. Warum also liegt den Finanzmanagern der Deutschen Bank, wie im Übrigen auch den meisten Kollegen in der Branche, die Eigenkapitalrendite so sehr am Herzen? Ein Blick in die Anmerkungsnotiz Nr. 20 ihres Jahresabschlusses liefert einen Hinweis zur Erklärung. Dort steht geschrieben, dass bei der Deutschen Bank die Bonuszahlungen an die Führungskräfte «im Wesentlichen vom Erreichen der Eigenkapitalrendite» abhängig sind. Darum also müssen sich die Manager in ihrem Handeln an dieser einen Zielgröße orientieren.

25 Prozent ist die magische Marke, die sich die Manager mittlerweile weltweit in der gesamten Finanzindustrie gesetzt haben. Für sie ist es sozusagen die Preisabsprache beim Finanzpoker. Doch wohin führt die einseitige Orientierung an dieser Zahl, die den Unternehmen sogar quartalsweise abverlangt wird? Wozu treibt sie die Unternehmensführer? – Diese Rendite kann nicht durch größere Produktivität im Alltagsgeschäft oder langfristige Investition im Kerngeschäft erreicht werden. Sie führt im Zweifel nicht zur Investition in einen Geschäftszweig, der unterdurchschnittlich rentiert, sondern zu dessen Verkauf. Sie kann in dieser Höhe nur noch durch eine neue Handelsaktivität erzielt werden – durch das Verkaufen und Kaufen von Unternehmen. Daher macht diese Messzahl die Konzerne zu Firmenhändlern. Im Ergebnis verdienen sie ihr Geld durch das Verschieben von Vermögenswerten. Deshalb besitzen die Beteiligungsgesellschaften und Hedgefonds an der Frankfurter Börse bereits mehr als 25 Prozent der gehandelten Aktien und sind in der Lage, den Dax zu ihrem Spielball zu machen.

Für Ackermann wird daher das klassische Kreditgeschäft

immer weniger interessant. Die Margen dort lassen sich nicht beliebig vergrößern, während die Risiken in die eigenen Bücher übernommen werden müssen – was man vermeiden kann, wenn man den Großkunden statt Geschäftskrediten zum Beispiel die Beratung bei der Auflage einer Unternehmensanleihe angedeihen lässt – Investmentbanking also. Oder die Bank betreibt eine profitable Risikoverteilungsmaschine, indem sie den Kunden Zukunftsverträge verkauft, mit denen sie auf das Eintreten eines bestimmten Kurszieles wetten dürfen, und den Kunden für diese Wetten zusätzlich Kredite des Hauses anbietet, um eine höhere Wirkung zu erzielen. Und um die Risiken zu verteilen, bietet die Bank wiederum anderen Kunden andere «Finanzprodukte» an, Derivate genannt, deren Wetten entgegengesetzte oder ganz andere Ziele verfolgen. Derivatgeschäfte gehören inzwischen zu den «Highlights» unter den profitablen Geschäftszweigen der Deutschen Bank.

Im ersten Quartal 2006 meldete Ackermann wieder eine exzellente Eigenkapitalrendite (vor Steuern) von 40 Prozent. «Ein idealer Start», schrieb die eher emotionslose *Neue Zürcher Zeitung*; «schlicht gewaltig», meinte die *Welt am Sonntag*.

Wohin geht die Deutsche Bank?

Es ist und bleibt Josef Ackermanns Verdienst, der Deutschen Bank eine global beachtliche Größe verliehen zu haben: Weltweit 54 000 Geschäftskunden im Investmentbanking, 13 Millionen Kunden im Privat- und Geschäftskundengeschäft, 2,5 Millionen Fonds-Depots und 123 000 reiche Vermögensverwaltungskunden. Allein auf dem Wachstumsmarkt Indien betreibt sein Institut acht Filialen in sieben Städten und versorgt dort 15 000 Kunden mit 500 Mitarbeitern. Zweifelsfrei gehört das Geldhaus wieder zu den Mitspielern auf der Weltbühne. Aber die Rendite ist nicht alles. Wie hat er das Institut für die Zukunft gerüstet? Wie überlebensfähig ist die Deutsche Bank? Welches sind ihre kritischen Themen?

Historische Erfolgsanalysen können helfen zu verstehen, wie weit kurzfristiger Erfolg reicht. In zwei Studien haben die US-Ökonomen Robert Wiggins und Tim Ruefli 2002 und 2005 nachgewiesen, dass zwar viele Unternehmen kurzfristige Ausbrüche mit hoher Performance erreichen können, nur ganz wenige sie aber ununterbrochen auch über einen längeren Zeitraum auf hohem Niveau durchhalten. Nur fünf Prozent dieser Firmen ritten für zehn Jahre oder gar länger auf einer Erfolgswelle, und nur noch 0,5 Prozent erreichten dieses Ziel 20 Jahre lang. Nur drei Firmen oder 0,04 Prozent schafften dies über 50 Jahre hinweg: American Home Products, Eli Lilly und 3M.

So gelten auch an Ackermanns heimatlichem Börsenplatz die großen Konzerne, die bereits in der Gründerzeit der Schweizer Wirtschaftsgeschichte einen Namen hatten, eher als «lahme Enten», deren Kursentwicklung und Performance über längere Zeit hinweg wenig begeisterte: ABB (früher Brown Boveri), CibaGeigy (Geigy), Roche (Hoffmann-LaRoche), Schindler (Schindler Aufzüge), Holcim (Schmidheiny, Holderbank) und eben auch die Kreditanstalt. Und in Deutschland gelten Traditionskonzerne wie Siemens, RWE und Degussa an der Börse zwar als verlässliche Werte, aber nicht gerade als Geheimtipp für Kursspekulanten.

Die Autoren Richard Foster und Sarah Kaplan wiederum haben in ihrer Arbeit mit dem Titel «Creative Destruction» («Schöpferische Zerstörung») herausgefunden, dass nur ganz wenige Unternehmen über einen längeren Zeitraum bestehen. Von den ersten 100 größten US-Firmen, die 1917 vom amerikanischen Wirtschaftsmagazin *Forbes* gelistet wurden, haben nur 13 als unabhängige Einheiten überlebt. Es ist klar, dass die Forscher diesen Firmen eine hohe Anpassungsfähigkeit attestieren, schließlich haben sie Weltkriege und Wirtschaftskrisen überstanden. Ihr interessantester Befund lautet aber, dass die Überlebenden – mit der einzigen Ausnahme des General-Electric-Konzerns – eine mittelmäßige bis schlechte Performance im Verhältnis zu ihrer Branche oder der Gesamtwirtschaft aufweisen.

Da lohnt es sich, am Phänomen General Electric zu studieren, warum dieser Konzern so anpassungsfähig und erfolgreich war. Der langjährige GE-Chef Jack Welsh sagt, dass es an der «sozialen Architektur» des Unternehmens liegt. Er meint damit eine Kombination aus individuellem Verhalten, Struktur und Kultur, die den langfristigen Erfolg sichert. «Prozesse und Strukturen» im Unternehmen, die er Hardware nennt, müssten sich mit den weichen Faktoren «Kultur und Normen» – der Unternehmens-Software – im Einklang befinden. Es geht also um viel mehr als um Geld und Gewinn.

In der Tat hat Josef Ackermann außerordentlich viel Energie daran gewendet, die Regeln beim Verwandlungsprozess der Bank zu einem globalen Finanzunternehmen für jeden Mitarbeiter nachvollziehbar zu halten und die Kulturen nicht völlig auseinander driften zu lassen. Offensichtlich werden aber die Bruchstellen zwischen der Welt der Internationalisten in London und dem Frankfurter Stammhaus immer deutlicher erkennbar. Hier die Investmentbanker, M&A-Berater, Broker und Asset Manager, dort die traditionellen Kommerzbanker, Hypothekenberater und Kundenbetreuer.

Ackermann weiß sehr wohl, dass es mehr gibt als die Eigenkapitalrendite, auch wenn sich die eigene Leistung mit dieser biegsamen Kennzahl nach außen so schön präsentieren lässt. Weltweit ist die Zahlenfixierung der Manager weitaus geringer, als sich angesichts ihrer ständigen Renditenvergleiche ahnen lässt. Die Mehrheit der Führungskräfte huldigt längst nicht mehr den radikalen Leitsätzen des Wirtschaftsnobelpreisträgers Milton Friedman, der eine ganze Managergeneration vom hohen Lied des Gewinnstrebens begeisterte. «Die soziale Verantwortung der Wirtschaft besteht in der Steigerung des Profits», war sein Leitsatz, den er 1970 im *New York Times Magazine* veröffentlichte. Vier von fünf führenden Managern sind heute der Meinung, dass zum Generieren hoher Renditen für die Investoren ein deutlicherer Beitrag zum öffentlichen Wohl geleistet werden müsse. Zu diesem Resultat kam eine Umfrage des Beratungskonzerns McKinsey, der im Dezember 2005 4238 Führungskräfte in 116 Ländern befragte, mehr als ein Viertel davon auf dem C-Niveau der Chief Executive Officers und ihresgleichen. Verpflichtet Eigentum also doch noch?

Die in der Zeitschrift *The McKinsey Quarterly* publizierte Studie lässt sich wie ein Friedman-Barometer lesen, das frappierende nationale Unterschiede anzeigt. So betonen 90 Prozent der indischen Manager das «öffentliche Wohl», während nur 25 Prozent ihrer chinesischen Kollegen gesellschaftliche Werte neben dem Profitstreben anerkennen. Manager, die nicht in Diktaturen ihr Geld verdienen, machen sich nach eigener Aussage zunehmend Sorgen um ihre gesellschaftliche Verantwortung. Wie Josef Ackermann hat etwa ein Drittel der Manager selbst erlebt, dass die Reputation ihres Unternehmens unter der Kritik von Medien und Interessengruppen gelitten hat, und die Mehrheit war der Ansicht, dass sie selbst die Lösung des Problems in der Hand haben. Die Hälfte meinte, dass sie entscheidend dazu beitragen könnten, ein weiteres Viertel denkt, ein gewissen Einfluss darauf zu haben, und nur verschwindend wenige – drei Prozent der Befragten – waren der Überzeugung, dass sie auch gesellschaftlich einen «guten Job» machen. Diese Aufgabe, so meinte eine gute Hälfte der Befragten, sei eindeutig der Job der Chefs.

Überraschend waren auch die Einschätzungen der Unternehmenslenker über die kritischsten Themen, die Einfluss auf den Aktienwert ihrer Gesellschaften hätten. Nur ganz wenige nannten die Menschenrechte, die über Jahrzehnte hinweg ganz oben auf der politischen Problemagenda stehen. Die Kaderleute aus der Finanzindustrie haben ein anderes Thema, das sie berührt – Datensicherheit und Privatsphäre. Denn seit einigen Jahren erleben sie immer wieder gravierende und massive Datenverluste in ihren elektronischen Systemen durch Diebstahl, Hacking, Spionage oder Schlamperei, von denen mitunter Hunderttausende Kunden betroffen sind. Noch werden diese Phänomene fast nur branchenintern wahrgenommen, aber sie nehmen zu und entwickeln gewaltige Dimensionen. Viele Bankiers treibt aber auch die Sorge um, dass sie gegenüber ihren Kunden nicht mehr so ungeniert mit dem Bankgeheimnis werben können, weil Finanzämter, Steuerfahnder, Terrorismusermittler und Anti-Geldwäschebehörden immer mehr Zugriffsrechte auf Kundendaten erhalten.

Von Steueroasen und Geldverstecken

Das Managerthema schlechthin ist aber «Arbeitsplatzverlust und Offshoring» – die Auslagerung von Firmeneinheiten, Produktionsstätten sowie von Finanz- und Beteiligungsgesellschaften in Länder mit jeweils besonders günstigen Bedingungen. Oder wie es der Londoner Autor William Brittain-Catlin formulierte: «Die dunkle Seite der globalen Wirtschaft». Dieses Phänomen rangiert auf der Problem-Hitliste der Führungskräfte ganz oben, weit vor den Protesten etwa gegen die ungleiche

Lohnverteilung zwischen den Chefs und den normalen Mitarbeitern.

Es geht dabei einerseits um öffentlich spürbare Praktiken wie Ackermanns «Smartsourcing», mit dem er mehr als tausend Arbeitsplätze in Länder verlegte, die preiswerte, aber dennoch qualifizierte Arbeitskräfte anbieten. Das typische Beispiel sind Software-Programmierer in Indien. Aber die Manager wissen auch um Operationen, die von der Gesellschaft bislang kaum wahrgenommen wurden, jedoch große Sprengwirkung entfalten können. Sie meinen damit die beinahe schon virtuellen Verschiebungen von Unternehmenseinheiten, deren Sinn und Hintergrund sich dem Publikum wie auch den Aktionären völlig verschließt, für die Gesellschaften an den Heimatstandorten der Konzerne aber verheerende Folgen hat: die Nutzung von steuergünstigen Offshore-Ländern, so genannten Steueroasen, für die Ansiedelung aller abgabenrelevanten Aktivitäten der Konzerne, mal legal, mal halblegal in einer rechtlichen Grauzone.

Die Ausbreitung dieses Management-Trends kann man in Kleinstaaten studieren, die nichts weiter als ihre Souveränität zu verkaufen haben und daraus Kapital schlagen, Länder wie Bahamas, Bermudas, British Virgin Islands, Cayman Islands, Luxemburg, Zypern oder Malta. Diese Offshore-Finanzplätze locken ausländische Firmen mit dem Standortvorteil niedriger oder gar keiner Steuerpflicht an. 60 bis 90 Offshore-Zentren werden auf der Welt gezählt, je nach Definition. Die Bürgerrechtsorganisation Tax Justice Network (TJN) veröffentlichte im März 2005 Forschungsergebnisse, denen zufolge 11,5 Billionen US-Dollar an Privatvermögen in Offshore-Zentren angelegt sind. Rund drei Millionen Briefkastenfirmen werden dort verwaltet, eingerichtet von Anwälten, Treuhändern und Vermögensverwaltern an den großen Finanzplätzen der Welt wie London, Zürich, Singapur oder New York. Sie sorgen für die normgerechte Abwicklung und Anpassung an das heimische Recht. Sie operieren geräuschlos und diskret. Sie machen alles legal, was eigentlich als verboten gilt. Denn sie nutzen einfach die Landesgrenzen, um den unbequemen nationalen Verpflichtungen zu entgehen. Rechtlich einwandfrei, aber unschön.

Es sind keine Dunkelmänner, die diese Dienstleistungen feilbieten, sondern Starjuristen aus den weltgrößten Anwaltsbüros, die ihren Kunden 500 Euro pro Stunde für ihren Service berechnen. Und die Kunden sind nicht die Finsterlinge, die wir aus schlechten Kriminalserien kennen, sondern die ersten Adressen der globalisierten Wirtschaftswelt. Also auch die Deutsche Bank.

Ackermanns Offshore-Geschäfte werden von einer ganzen Hundertschaft von Gesellschaftsrechts-, Finanz- und Steuerarchitekten orchestriert, deren Job es ist, stets den besten Platz auf der Welt zu erkunden, um die unangenehmste Seite des Wirtschaftlebens auf ein erträgliches Maß zu reduzieren – das Steuernzahlen. Die Offshore-Gruppe der Deutschen Bank wurde 1984 auf den Cayman Islands gegründet, sie ist mit Büros in Guernsey und Jersey (britische Kanalinseln), Irland, Luxemburg, Mauritius, den Niederlanden und der Schweiz vertreten. Repräsentationsbüros existieren in Hongkong, New York sowie Singapur, und in den USA bietet die Deutsche Bank mit ihren Leuten ihre Dienstleistungen im Bundesstaat Delaware an, der die Hälfte aller Firmendomizile der 500 größten amerikanischen Unternehmen beherbergt.

Beim Lesen der Medienmitteilungen dieser Abteilung könnte man den Eindruck gewinnen, dass es sich um den Wohltätigkeitszweig der Deutschen Bank handelt. Da wird mitgeteilt, dass dem örtlichen Rotary-Club auf Jersey ein Weihnachtsbaum spendiert, die jährliche Radrundfahrt auf Mauritius unterstützt und der Damenchor auf Guernsey gefördert wurde. Und außer einigen Ankündigungen internationaler Fachkonferenzen findet man keinen weiteren Hinweis auf die eigentliche Tätigkeit der Offshore-Gruppe.

Auch im Geschäftsbericht sind nur wenige Zeugnisse der Offshore-Praxis zu finden, und selbst diese wenigen Belege erschließen sich nur eingeweihten Experten des internationalen Steuerrechts und der kniffligsten Varianten der Rechnungslegung. So finden sich dort Hinweise auf etliche Firmenbeteiligungen der Deutschen Bank im Hafenstädtchen St. Peter Port auf der britischen Kanalinsel Guernsey, aber keine Angaben über deren Sinn und Zweck: zum Beispiel auf eine Deutsche Bank Investments, eine Deutsche Bank Nominees, eine Deutsche Bank Trust Services und eine Platinum Guernsey. Das Gleiche erleben wir in St. Helier auf dem benachbarten Eiland Jersey oder weiter weg in Georgetown auf den Cayman Islands.

Hier also ist der gesellschaftliche Explosivstoff gebunkert, dessen Zündung unsere globalen Führungskräfte so fürchten. Einen ersten Vorgeschmack der Probleme, die da kommen mögen, erhielten sie im November 2003, als im amerikanischen Senat ein Untersuchungsausschuss seine Erhebungen über die Steuervermeidungsindustrie veröffentlichte. Es war ein ziemlich trockener Stoff, der die Medien kaum interessierte, aber unter den Steuerprofis für große Aufregung sorgte. Der Untertitel: «Die Rolle der Wirtschaftsprüfer, Anwälte und Finanzexperten». In dem 131 Seiten dicken Bericht wurden vier Steuersparmodelle des internationalen Prüfkonzerns KPMG beschrieben, die von den Beratern mit den lustigen Abkürzungen FLIP, OPIS, BLIPS und SC 2 bezeichnet wurden.

Diese Beratungsprodukte wurden zahlungskräftigen Unternehmen wie Anzüge von der Stange verkauft. Sie wurden eigens massenmarktfähig konzipiert, damit die gleiche Beratungsleistung möglichst vielen Kunden angeboten werden konnte. FLIP, OPIS und BLIPS kamen von KMPG, CARDS lautete ein ähnliches Angebot der Deutschen Bank selbst. Die Abkürzung stand für «Customized Adjustable Rate Debt Facility» (Kundengerecht regulierbares Schuldzinsraten-Programm).

Die amerikanische Finanzbehörde Internal Revenue Service (IRS) deklarierte das CARDS-Programm als eine «potenziell missbräuchliche Steuerflucht», und der Senatsausschuss, der insgesamt 19 solche Programme untersucht hatte, kam im Fall von CARDS zum gleichen Ergebnis: «Das Angebot ist eigens entwickelt worden, um die Steuerschulden von Unternehmen und Privatpersonen zu reduzieren, und es enthält Elemente wie strukturierte Transaktionen, komplexe Buchhaltungsmethoden und neue Interpretationen des Steuerrechts, die häufig bei illegalen Steueroasen gefunden werden.»

Die US-Senatoren wissen, wovon sie berichten. Sie hatten den untersuchten Unternehmen Beamte ins Haus geschickt, die jeden Papierfetzen zu den Steuerberatungsgeschäften studierten. Alles wurde beschlagnahmt: Computerdaten mit E-Mails, Fax-Dokumente, Konferenzprotokolle, Powerpoint-Präsentationsdateien und interne Memos.

Die Dokumente belegen auch, dass die Mitarbeiter durchaus Skrupel entwickelten. So tauschte sich Ivor D. im Juli 1999 mit mehreren Deutsche-Bank-Kollegen über ein Risikopapier aus: «In dieser Transaktion bezieht sich das Reputationsrisiko auf Steuerfragen und wir sind von der Steuerabteilung gebeten worden, keine Revisionsspur in Hinsicht auf die Steuerangelegenheiten der Bank zu legen.» Ein anderes Memo, das für das «Neuprodukt-Komitee» erstellt wurde, erläutert, dass die BLIPS für jene KPMG-Kunden mit mehr als einer Million flüssiger Vermögenswerte, die so genannten High Net Worth Individuals (HNWI), entworfen und vermarktet wurden. Und die Deutsche Bank solle «zu keinem Zeitpunkt irgendwelchen Personen Steuerberatung anbieten, die an diesen Transaktionen beteiligt sind». Von einer amerikanischen Großkanzlei wurde eine juristische Abklärung erstellt, die «wenige bis gar keine Risiken für die Deutsche Bank» ergeben habe.

Doch letztlich hatte das Geschäft Vorrang vor den Bedenken, wie der Senatsbericht feststellte: «Interne Dokumente zeigen, dass die Deutsche Bank ihre Steuerprodukte aggressiv gegenüber großen amerikanischen Unternehmen und Privatpersonen vermarktete und geplant hatte, Transaktionswerte von Milliarden US-Dollars zu erzielen.» Auch europäischen Kunden wurden solche Steuervermeidungsprodukte angeboten, wenn sie nach «Gewinnminderungsstrategien» suchten. Die Deutsche Bank habe Kredite in zweistelliger Millionenhöhe vergeben, um die Transaktionen zu ermöglichen. Sie habe zwischen 1999 und 2000 an 60 OPIS- und mehr als 50 BLIPS-Transaktionen mitgewirkt, Kreditlinien von nahezu 2,5 Milliarden US-Dollar eingerichtet und dabei mehr als 79 Millionen US-Dollar eingenommen. Zudem monierte der Senatsbericht, dass KPMG gleichzeitig die Jahresabschlüsse der Deutschen Bank revidiere, und diskutierte die Frage der erforderlichen Unabhängigkeit der Prüfgesellschaft vom geprüften Unternehmen. Die US-Börsenaufsicht hat dazu nämlich sehr strenge Regeln aufgestellt.

Der Bericht blieb nicht ohne Konsequenzen. Das amerikanische Justizministerium eröffnete eine Strafuntersuchung. Die Prüfgesellschaft KPMG stand vor der Alternative, sich schuldig zu bekennen und ein saftiges Bußgeld zu kassieren, um so einen Strafprozess zu umschiffen, der im Zweifel das Ende des Prüfkonzerns hätte bedeuten können. Den Leuten von KPMG war der Crash ihrer Kollegen von Arthur Andersen noch sehr präsent, deren Firma das Strafverfahren im Fall Enron nicht überlebt hatte.

Die Strafe für die amerikanische KPMG fiel trotzdem bitter aus. Sie einigte sich 2005 außergerichtlich mit dem Justizministerium auf eine Strafzahlung von 465 Millionen US-Dollar – eine harte Nuss für die US-Partner von KPMG, die in der Hierarchie der Prüffirma ganz oben angesiedelt und als Gesellschafter am Gewinn – wie auch am Verlust – beteiligt sind. Das globale KPMG-Netz selbst ist im Übrigen eine Offshore-Konstruktion, an deren Spitze die Genossenschaft KPMG International steht, die ihr Domizil in den Räumen einer Anwaltskanzlei im steuergünstigen Schweizer Kanton Zug hat. Insgesamt arbeiten ca. 10 000 Mitarbeiter in 144 Ländern für den Prüf- und Beratungsriesen, davon ca. 7000 in den gut 20 deutschen Niederlassungen sowie knapp 1500 in der Schweiz.

Für die Deutsche Bank war die Sache mit dem KPMG-Deal nicht ausgestanden. Ackermanns Juristen entschieden sich für den Strafprozess. Die Deutsche Bank ist gezwungen, in ihrem Geschäftsbericht die Aktionäre über solche Risiken aufzuklären. Ihre Mitteilung über die Einschätzung dieses Falles fiel allerdings für das Jahr 2005 nicht sehr aussagekräftig aus: «Die Ermittlungen des US-Justizministeriums dauern an.»

Folge dieser Auseinandersetzungen sind außerdem Schadensersatzklagen, die in den USA in solchen Fällen ebenso unvermeidlich wie unberechenbar sind. Unter der Rubrik «Steuerbezogene Finanzprodukte» teilte die Deutsche Bank im März 2006 mit, dass Mitarbeiter der Bank wie auch das Unternehmen selber «in mehr als 75 Rechtsstreitigkeiten im Zusammenhang mit steuerbezogenen Geschäften» beklagt sind. Diese Klagen wurden von den Kunden angestrengt: «Die Investoren haben aufgrund dieser Geschäfte Steuervorteile gegenüber den US-Steuerbehörden geltend gemacht, die jedoch von diesen nicht anerkannt wurden. Die Investoren behaupten, dass die Deutsche Bank und die Berater sie unzulässigerweise dahingehend irregeführt haben, dass die geltend gemachten Steuervorteile von den US-Steuerbehörden anerkannt würden.» Die Rechtsstreitigkeiten befänden sich in verschiedenen «Vorverhandlungsphasen (*Pre-trial Stages*) einschließlich der wechselseitigen Auskunftserteilung (*Discovery*)».

Wie teuer der Deutschen Bank die Dienstleistungsleistungen für die Superreichen und die Firmenkunden am Ende kommen werden, ist nicht abzuschätzen. Jedenfalls müsste die Untersuchung der US-Senatoren für die Fiskalexperten der Bank eine schmerzliche Lehre sein. Ackermann spricht von einem «Umdenken» in seinem Finanzkonzern; man sei viel vorsichtiger geworden.

In diesem Zusammenhang drängt sich die Frage auf, wie sich Ackermanns Deutsche Bank selbst als Steuerzahler verhält. Zunächst zeigt ein Blick in die Bilanz, dass die Steuerquote der Deutschen Bank im Vergleich zu den ausländischen Konkurrenten immer noch sehr hoch ist. 2005 lieferte sie ein Drittel des Gewinns von 6,1 Milliarden Euro den Finanzämtern ab.

Weltweit waren dies mehr als 2,5 Milliarden Euro, aber davon landete weniger als die Hälfte beim deutschen Fiskus: rund 850 Millionen Euro. Die Bank zahlt entsprechend der Herkunft ihrer Gewinne inzwischen den größeren Teil der Steuern im Ausland.

In Ackermanns Heimat sähe die Steuerrechnung wesentlich moderater aus. Die erfolgreiche Schweizer Großbank UBS, ebenfalls ein Weltunternehmen, wies im gleichen Jahr 13 Milliarden Gewinn aus und zahlte davon insgesamt nur 2,5 Milliarden Steuern – weniger als 20 Prozent. Die Credit Suisse lieferte im gleichen Geschäftsjahr sogar weniger als 7 Prozent des Ertrages ab. Würde Ackermann die Deutsche Bank an den Standort Zürich umsiedeln – aus patriotischer Sicht sicherlich eine verwegene Idee –, hätte die Deutsche Bank also mit demselben Ergebnis rund 1,4 Milliarden Euro mehr Reingewinn abgeworfen. Insofern ist es nicht verwunderlich, dass Ackermann mit seinen Strategen hin und wieder über derlei Varianten nachgedacht hat. Die steuerliche Belastung zwinge sein Unternehmen, eingehend zu prüfen, ob man nicht einzelne Geschäftsteile in «Länder mit einer niedrigeren Steuerquote» verlagern müsse, sagte Ackermann. Sogar über eine große Fusion dachte er nach: «Entweder wir werden übernommen, oder wir schließen uns mit einer gleich großen Bank zusammen», erklärte er Anfang 2004. Für die klare Ansage wurde er öffentlich gescholten, aber er meinte es wie immer ehrlich und scherte sich nicht darum, dass das Volk lieber Schönrednern applaudiert, von denen es in der politischen Arena so herrlich verwöhnt wird. Rücksichtslos würde er den deutschen Standort aufs Spiel setzen, wenn es sich nur rechne, hieß es. In Frankfurt wurde gar ein Umzug nach London befürchtet.

Öffentliche Äußerungen über Fusionsabsichten sind nicht in Mode, das hat auch Josef Ackermann registrieren müssen. Sie lösen Ängste aus. Die Mitarbeiter fürchten um ihre Arbeitsplätze. Die Gesellschaft bangt um den Verlust wirtschaftlicher Stärke – und um Steuereinnahmen. Inzwischen hat er auch diese Botschaft verstanden, und er setzt seitdem auf Signale, die bei den Deutschen besser ankommen. «Mit der Heimat im Herzen die Welt umfassen», zitierte er auf der Hauptversammlung 2006 den verstorbenen Verleger Axel Springer, und das kam gut an. So billig ist Zustimmung zu haben.

Hinter verschlossenen Türen werden dennoch weiterhin alle Varianten durchgespielt und durchgerechnet. Dann setzen sich die Vordenker an ihre Datenbanken von Bloomberg, Bankscope und anderen Informationslieferanten und kombinieren ihre eigenen Zahlen mit denen der Konkurrenz. Als «Transforming Deal» bezeichnen Bankstrategen solche Fusionsüberlegungen mit einer anderen Großbank im Ausland. Auch über ein Zusammengehen mit der Credit Suisse wurde bereits sinniert. Damit wäre das Geldhaus zugleich auf einem Spitzenplatz unter den größten Weltbanken angekommen. Ackermann weiß, dass seine Bank nach wie vor in Gefahr ist, bei dem globalen Spiel zu verlieren, bei dem es darum geht, zu fressen oder gefressen zu werden. Allein in den USA hat er mit der Citigroup, J. P. Morgan Chase und der Bank of America gleich drei Konkurrenten, die seine Deutsche Bank leicht schlucken könnten. Diese drei Finanzkonzerne sind an der Börse ein Vielfaches der Deutschen Bank wert: die Citibank fast 250 Milliarden US-Dollar, die Bank of America mehr als 220 Milliarden und J. P. Morgan immer noch mit 146 Milliarden fast dreimal so viel wie die Deutsche Bank.

Da die Deutsche Bank aber ihren Hauptsitz einstweilen im Herzen Deutschlands hat, arbeitet eine ganze Hundertschaft von Fiskalexperten daran, Wege und Mittel zu suchen, um den rabiaten Steuervögten zu entkommen. Die professionelle Suche nach Steuerschlupflöchern, Niedrigsteuerzonen und Gesetzeslücken gehört zum modernen Geschäft wie Fernsehwerbung oder Konkurrenzforschung, und Josef Ackermann würde sein Institut schlecht führen, wenn er nicht die kreativsten Steuertüftler Deutschlands beschäftigte.

Ein Blick in ihre Werkstatt bestätigt indessen, dass seine

Experten auf der Höhe der Zeit und damit den Steuereintreibern ein Stück voraus sind. Nehmen wir als Beispiel für dieses Katz-und-Maus-Spiel die deutsche Gewerbesteuer. Sie ist neben der Einkommenssteuer eine zweite Ertragssteuer, die deutsche Unternehmen zu berappen haben. 2005 wurden in Deutschland rund 28 Milliarden Euro an Gewerbesteuern eingenommen. Für die Gemeinden ist sie neben der Grundsteuer die einzige wesentliche Einnahmequelle, die für sie beeinflussbar ist. Der Grundtarif, Hebesatz genannt, wird von den Gemeinden sehr unterschiedlich festgelegt. Den höchsten Hebesatz mit 490 Prozent hatte Anfang des Jahrzehnts Frankfurt am Main und den niedrigsten, nämlich null Prozent, bis 2004 ein kleines Dörfchen im Wattenmeer: Norderfriedrichskoog.

Norderfriedrichskoog war jahrelang ein Geheimtipp als Steueroase im Watt: Panama an der Waterkant. Es leben dort 45 Menschen in einer eingedeichten Landschaft, die dem Meer abgetrotzt wurde. Plötzlich siedelten im Dorf hunderte Großkonzerne und multinationale Unternehmen ihre Tochtergesellschaften an, rein formal natürlich nur. Ihr Domizil beschränkte sich auf eine Hängeregistermappe im örtlichen Amtsgericht und eine simple Büroadresse, zum Beispiel im Häuschen von Gisela Dietrichsen, die im Koog an einer der beiden Dorfstraßen ein einträgliches Büroservice-Geschäft betrieb, damit der Form halber auch das ein oder andere Dokument über ein Faxgerät im Koog versandt werden konnte.

Mehr als 500 Firmen machten bei dem Spiel mit, darunter die WestLB, der Nahrungsmittelkonzern Unilever oder das Pharmaunternehmen Eli Lilly, der Energieriese e.on, die Drogeriekette Schlecker und die Lufthansa. Sie konnten ihre Gewerbesteuer im Vergleich zu großstädtischen Standorten um rund neun Prozent senken.

Die Deutsche Bank siedelte im Dezember 2001 in der kargen Wattlandschaft ihre Beteiligungsunternehmen an, darunter die DB Value GmbH, die DB Valoren GmbH, die DB Valence GmbH und die DB Enterprise GmbH. Die DB Value mit einem

Stammkapital von 25 000 Euro war im Bankkonzern das Firmenvehikel, über das die traditionellen Industriebeteiligungen verwaltet wurden, darunter maßgeblicher Anteilsbesitz am Motorenwerk Deutz in Köln, an DaimlerChrysler in Stuttgart, am Mischkonzern Linde in Wiesbaden und dem kriselnden Baukonzern Philipp Holzmann in Frankfurt. Allein die DaimlerChrysler-Beteiligung war Ende 2003 mehr als 4,4 Milliarden Euro wert.

Das Steuervermeidungsspiel währte allerdings nicht lange. Bald war die Kunde vom Geheimtipp in aller Munde, und auch die Finanzminister bemerkten einen bedenklichen Ertragseinbruch. Sie sorgten für das «Gesetz zur Änderung des Gewerbesteuergesetzes», das allen Gemeinden einen Mindesthebesatz vorschreibt. Anfang 2004 musste Norderfriedrichskoog den Hebesatz entsprechend anheben: von null auf 200. Das war zwar immer noch moderat im Vergleich zum Standort Frankfurt, aber nicht mehr wettbewerbsfähig, weil die Bundesregierung zusätzliche Interventionen androhte, die der Steueroase im Koog den Garaus gemacht hätten. Also war es für Ackermanns Steuertüftler an der Zeit umzusiedeln.

Das deutsche Panama liegt jetzt in Sachsen-Anhalt, im Landkreis Weißenfels. Sössen heißt die neue Gewerbesteueroase, ein Dorf mit 250 Einwohnern, fast vier Autostunden von Frankfurt oder eben eine halbe Stunde vom Flughafen Leipzig entfernt. Es bedarf schon einer detaillierten Straßenkarte, um den Weg dorthin zu finden. Das Dorf hat nichts zu bieten außer einem garantierten Hebesteuersatz von 200 Prozent: dem niedrigsten der Republik.

Die Frankfurter Experten registrierten die DB Value und weitere Beteiligungsgesellschaften beim Amtsgericht Halle-Saalkreis. Ihr neues Domizil wurde ein Minibüro in der Scharnhorststr. 20 in Sössen, im früheren Schuppen der Freiwilligen Feuerwehr des Dorfes. Hier residierte nun also das Milliardenimperium der Deutschen Bank. Der DB Value gehörten Ende 2004 noch 4,51 Prozent an der Deutz AG, 9,99 Prozent an der

Linde und 10,4 Prozent an DaimlerChrysler, 4,8 Prozent an der Südzucker, ein Prozent an Fiat und ein 2,4-Prozent-Paket an der Allianz-Versicherung.

In der Abteilung «Corporate Investments» sitzen Josef Ackermanns Finanzmanager, um diese Beteiligung durch Verkäufe Schritt für Schritt zu reduzieren. Geleitet wird die Gruppe von dem jungen Bankstrategen Axel Wieandt, der sich «Global Head Corporate Investments» nennt und wie ein frisch gebackener Harvard-Professor wirkt. Er ist zudem Leiter der Vordenker-Einheit «Corporate Developments», in der die künftige Entwicklung des Finanzkonzerns geplant wird. Wieandt und sein Team kümmern sich auch um den Immobilienbesitz der Bank, der seit Jahren ebenfalls sukzessive verkauft wird. Bis 2003 steckte die Beteiligungssparte noch tief in der Verlustzone, seit 2004 wirft sie Gewinne ab. Ackermanns erklärte Strategie lautet, die Industriebeteiligungen zu verkaufen. Im Einklang mit seinen Vorstandskollegen und auch mit seinem Mentor Hilmar Kopper nimmt er damit von einer großen Tradition des Geldhauses Abschied. Die Beziehungen zwischen der Deutschen Bank und den Beteiligungen reichen lange zurück, im Fall der Südzucker AG zum Beispiel bis ins 19. Jahrhundert. Schon Georg von Siemens, der erste Vorstandssprecher der 1870 gegründeten Deutschen Bank, engagierte sich als Aktionär in neu gegründeten Unternehmen. Noch in den siebziger Jahren des vergangenen Jahrhunderts waren die Deutsch-Banker auf ihre Besitzungen stolz. «Wir haben einen eisernen Bestand an Industriebeteiligungen», sagte Vorstandssprecher Wilfried Guth 1974, und er zählte damit auch auf seine Macht, in diesen Unternehmen «den Aufsichtsratsvorsitzenden oder Stellvertreter zu stellen».

Auslöser für Ackermanns «Deinvestitionsprogramm» war ausgerechnet ein Sozialdemokrat. Hans Eichel hatte als Finanzminister der ersten rot-grünen Regierungskoalition in Berlin eine Steuerreform durchgesetzt, die Veräußerungsgewinne steuerfrei stellte. Für die Deutsche Bank kam dies wie gerufen.

Schon lange hatte Kopper in Berlin darauf gedrängt, die hohe Besteuerung auf Gewinne beim Verkauf von Beteiligungen und Tochtergesellschaften fallen zu lassen.

Inzwischen ist die Verkaufsrunde weit vorangeschritten. Im Jahr 2001 zählte die Abteilung «Corporate Investments» noch Beteiligungswerte von 15,4 Milliarden Euro. Bis Ende 2005 waren viele Besitzungen bereits komplett veräußert worden, zum Beispiel die Südzucker, Münchner Rück, RWE, Heidelberger Zement, Buderus, Metallgesellschaft oder Continental. Geblieben sind noch große Pakete an DaimlerChrysler, Allianz, Linde und Fiat im Gesamtwert von 4,1 Milliarden Euro.

Im Herbst 2005 entdeckten Ackermanns Steuermanager einen neuen Dreh. Und der ging so: Die DB Value GmbH mit Sitz in Sössen gründete Anfang Oktober 2005 eine Tochterfirma in Luxemburg, die DB Equity S.à.r.l., nach Luxemburger Recht ebenfalls eine Gesellschaft mit beschränkter Haftung. Einquartiert wurde sie im schicken Bürohaus der Luxemburger Bankfiliale. Zunächst stattete man diese Firma mit einem ganz gewöhnlichen Stammkapital von 20 000 Euro aus. Das war noch keine große Sache, denn die Gründungskosten betrugen nicht mehr als 1300 Euro. Kurz darauf wurde der Beteiligungsbesitz der DB Value aus Sössen nach Luxemburg auf die Tochter DB Equity transferiert. Auch das ist innerhalb der Europäischen Union kein großer Akt, weil Kapitalverkehrsfreiheit vereinbart wurde.

Wenige Wochen später erschienen dann die DB-Value-Geschäftsführer Lutz Roba und Andreas Siewert erneut im Großherzogtum, um eine Erhöhung des Gesellschaftskapitals notariell beurkunden zu lassen. Auch dies wäre eine Routineangelegenheit gewesen, die Gebühren waren mit 7500 Euro veranschlagt worden. Aber der Umfang des Geschäfts lässt selbst erfahrene Konzernbuchhalter zunächst an einen Rechenfehler glauben, so gewaltig ist er: Das Stammkapital der Luxemburger GmbH wurde auf sage und schreibe 6,6 Milliarden Euro erhöht.

Die DB Value aus Sössen hatte damit also ihr gesamtes Vermögen in die DB Equity eingebracht und diesen Betrag dann anschließend als Sacheinlage dem Gesellschaftskapital der Firma zugeführt. Welchen Sinn macht diese ungewöhnliche Ausstattung einer Auslandstochter mit derart viel Aktienkapital, wo doch nicht erkennbar ist, wofür die Luxemburger Gesellschaft haften sollte? Zum Vergleich: das Aktienkapital der Deutschen Bank AG in Frankfurt beträgt rund 1,3 Millionen Euro. Das Rätsel ist lösbar, wenn man einen intensiveren Blick in den Code fiscal luxembourgeois wirft, die Steuerrechtssammlung des Großherzogtums. Dort ist im Artikel 4-1 geregelt, dass eine Gesellschaft Steuerbefreiung genießt, wenn sie Vermögenswerte als Sacheinlage in eine Luxemburger Gesellschaft einbringt, die ausschließlich zur Bezahlung neuer Gesellschaftsanteile dienen. Das Kapital kann auf dem Wege einer Kapitalherabsetzung steuerfrei auch wieder zurückgeführt werden; eine Steuer auf Dividendenausschüttungen fällt dabei dann nicht mehr an, und die Gewerbesteuer wird reduziert.

Mit der Luxemburger DB Equity verfügt Ackermann also über ein steuerlich elegant organisiertes Beteiligungsvehikel, um künftige Übernahmen zu bezahlen.

An der Gesamtliste des Anteilsbesitzes der Deutschen Bank für 2005 sind 2054 Tochtergesellschaften und Beteiligungen des Finanzkonzerns notiert, jede Immobilienfirma, alle Fondsgesellschaften und sämtliche Töchter, die durch die Übernahme anderer Häuser wie Bankers Trust hinzukamen. Sie füllen ein 68 Seiten starkes Handbuch. Wer weiß, wonach er sucht, findet darin auch das eher unscheinbar wirkende Geflecht der DB Value und ihrer Luxemburger DB Equity und zweier weiterer Beteiligungsfirmen in Sössen – mit einem gesamten Eigenkapital von 16,496 Milliarden Euro.

Das ist Josef Ackermanns Kriegskasse. Er hat sie dem Jungstar Axel Wieandt anvertraut, seinem kommenden Mann.

Der Protegé: Axel Wieandt, schöpferischer Zerstörer

Wenn Josef Ackermann über wichtige Personen in seiner Umgebung bei der Deutschen Bank nachdenkt, dann kommen ihm zunächst neben den Mentoren die bekannten Topmanager in Vorstand und Aufsichtsrat in den Sinn und natürlich auch seine teuersten Kollegen im Londoner Investmentbanking. Anshu Jain, Michael Cohrs und Michael Dobson zum Beispiel. Im selben Atemzug nennt er aber einen Mann, der dem großen Publikum noch nicht aufgefallen ist: Axel Wieandt.

In der Fachwelt ist er bereits eine Größe. Der junge Banker, gerade 39 Jahre alt, gilt in der angloamerikanischen Finanzpresse als «Ackermanns wingman». Abstrahiert von dem militärisch orientierten Jargon der Londoner Geldmänner bedeutet dies: Er wird in der deutschen Bankenwelt noch eine bedeutende Rolle spielen. Denn der «Wingman», der Flügelmann, ist ein Pilot, der seine Kampfmaschine in geringer Distanz seitlich oder hinter dem Anführer einer Flugformation bewegt und ihn so deckt. Wieandt wird seit Jahren von Josef Ackermann protegiert. Die britische *Financial News* bezeichnete ihn als «Rising Star». Der neue Stern am Himmel der Finanzwelt war bereits im Gespräch für den Chefposten der Deutschen Börse, als ihr Vorstandsvorsitzender Werner Seifert nach einem misslungenen Fusionsversuch mit der Londoner Börse abtreten musste.

1998 kam Axel Wieandt zur Deutschen Bank, und zwei Jahre später wurde er bereits zum – damals jüngsten – Bereichsvorstand ernannt. «Etliche alteingesessene Banker müssen mich damals als eine Provokation empfunden haben», sagt er, und man kann sich lebhaft vorstellen, wie mancher alte Haudegen auf den gerade 31-jährigen Beratertyp reagierte. Er blickt durch eine große Hornbrille und wirkt wie ein junger Assistenzprofessor, intellektuell, smart, ehrgeizig. Freundlich stellt er sich der Unterhaltung, erklärt seinen Werdegang und wer er ist, denn von ihm wissen dies schließlich noch nicht alle. Aufmerksam und konzentriert ist er, und er hat auch schon die Gabe entwickelt, mit dem nötigen Schneid dazwischenzufahren, wenn ihm ein Thema unpassend erscheint. Wieandt, der Herr der Beteiligungen bei der Deutschen Bank, leitet ein Team von rund siebzig Leuten in New York, London, Singapur und Frankfurt. Sie sind Banker, Wirtschaftsprüfer, Consultants oder Juristen. Und ein paar seiner Mitarbeiter verrichten ihren Dienst im ostdeutschen Sössen, jenem Minibüro im Spritzenhaus, in dem die Milliardenbeteiligungen der Deutschen Bank aus steuertechnischen Gründen verwaltet werden.

Axel Wieandt stammt aus einer lupenreinen deutschen Bankiersfamilie. Der Vater Paul, Jahrgang 1936, sanierte die letzte große Kasse der Arbeiterbewegung, er war Chef der Bank für Gemeinwirtschaft (BfG) in Frankfurt. Der Steuerrechtler begann seine Karriere bei der Privatbank der Münchner Milliardärsfamilie von Finck; er war sowohl bei öffentlich-rechtlichen als auch privaten Banken tätig, er hatte Chefposten bei der Stadtsparkasse Düsseldorf wie bei der Landesbank Rheinland-Pfalz, und er sanierte die Schmidt-Bank in Hof. Axels Schwester Dorothee Blessing war nach ihrem Studium an der Hochschule St. Gallen zwölf Jahre im Investmentbanking bei Goldman Sachs tätig, bevor sie Anfang 2004 ebenfalls zur Deutschen Bank wechselte, wo sie im Bereich Unternehmensfinanzierungen dem Amerikaner Michael Cohrs unterstellt wurde. Sie blieb allerdings nicht lange, im November 2004 kehrte sie zurück zu Goldman Sachs. Ihr Mann Martin Blessing wiederum, ein ehemaliger McKinsey-Berater, sitzt im Vorstand der Frankfurter Commerzbank.

Auch Axel Wieandt war beim Beratungsunternehmen McKinsey, in Düsseldorf und in Boston, bevor er bei Morgan Stanley in London eine Karriere als Investmentbanker beginnen sollte. Da meldete sich ein Headhunter bei ihm, um ihn nach Frankfurt zur Deutschen Bank zu locken. Nach zwei Vorstellungsgesprächen mit Tillmann Lauk, der für strategische Konzernplanung und strategisches Controlling zuständig war, und dem damaligen Vorstandssprecher Rolf-Ernst Breuer hatte er den Job. Er wurde Stellvertreter von Lauk, ging kurzzeitig zu Michael Dobson nach London ins Asset Management und dann zurück nach Frankfurt in die Strategieabteilung von Breuer.

Die Vision wurde damit seine konkrete Aufgabe, er wollte sich nun über die künftige Entwicklung der Bank Gedanken machen – und diese auch umsetzen. Als Ackermann ans Ruder kam, expandierte sein Tätigkeitsfeld. Wieandt wurde nun auch zuständig für den Konzernbereich «Corporate Investments».

Damit hat er heute den wichtigsten Posten bei den Abrissarbeiten am Hauptquartier der «Deutschland AG». Wieandts Job ist nicht investieren, sondern «deinvestieren»: Er muss den historisch gewachsenen Industrieanteilsbesitz der Deutschen Bank loswerden, und er ist damit schon ein gutes Stück vorangekommen. 700 Positionen verkauft und 14 Milliarden Euro Bilanzvolumen reduziert, lautet seine Leistungsbilanz, eine Bilanz so positiv wie sein Selbstbild. Er sorgt dafür, dass der Kapitalmarkt frische Wertpapier-Zufuhr bekommt und die Deutsche Bank neues Geld für künftige Investitionen in das moderne Finanzgeschäft. So bringt er die Wirtschaft in Schwung, durchbricht die jahrzehntelange Blockade durch die Finanzunternehmen, welche gewaltige Aktienpakete von Deutschlands Industriekonzernen bunkerten, die an den Börsen nicht gehandelt werden konnten. Seine Arbeit ist, die Regie zu führen bei dieser Inszenierung von Zerstörung und Aufbau, einen «Kreislauf» in Schwung zu bringen, der Deutschlands Wirtschaft fortschreitend in die Weltwirtschaft integriert und den Unternehmen neue Zugänge zum Kapital verschafft.

Damit zerstört Wieandt, er weiß es wohl, auch «Harmonie und Stabilität», die lange Zeit für Deutschlands Wirtschaft wichtig waren, als die Investitionszyklen noch relativ lang waren. Und er stellt auch fest, dass Deutschland früher damit gar nicht so schlecht gefahren ist, jedenfalls «den internationalen Wettbewerbern nicht erheblich unterlegen» war. Wehmütig erinnern sich manche Konzernchefs wie Wolfgang Reitzle von der Linde AG noch an die Zeiten, als «loyale Großaktionäre auch schlechte Zeiten mit ihnen durchgestanden und nicht verkauft haben». Allianz, Commerzbank, Münchner Rück und Deutsche Bank hielten über Jahrzehnte die großen Fäden in diesem Netzwerk der Überkreuzverflechtungen in der Hand, das in den Zeichnungen der Ökonomen vor zehn Jahren noch wie ein unentwirrbares und unzerstörbares Geflecht aussah.

Doch diese Zeit ist vorbei, das Netz der Deutschland AG hat sich gelichtet, und es sind nicht zuletzt die Finanzkonzerne, die es entflechten. Die Querverbindungen sind überschaubar geworden. Hermann Josef Abs, der Nachkriegschef der Deutschen Bank, hatte 30 Aufsichtsratsmandate in deutschen Großunternehmen. Josef Ackermann nimmt nur noch vier wahr.

Wieandt beschreibt die Hintergründe dieses Wandels schlicht und knapp: Die Banken waren gezwungen, ihre Kapitalrendite zu steigern, und folgerichtig versuchten sie, «in renditeschwachen Bereichen – wie beispielsweise Industriebeteiligungen – gebundenes Kapital freizusetzen und es in Kernaktivitäten mit höheren Renditen zu reinvestieren». Es hat freilich auch damit zu tun, dass die Banken ihre Firmenkunden nicht mehr so gerne mit Krediten unterstützen, weil ihnen die Risiken zu hoch und die Margen zu gering wurden. Stattdessen verkaufen sie den Firmenkunden heute lieber eine Beratungsleistung, helfen beim Aufbau eigenständiger Finanzierungstechniken über den Finanzmarkt, zum Beispiel mittels Unternehmensanleihen oder Börsengängen. Das bringt den Banken mehr Geld, und es verringert die Gefahr, auf faulen Krediten sitzen zu bleiben. Die Risiken tragen nun die Aktionäre und Investoren. Die Banken bieten der Wirtschaft intellektuelles statt finanzielles Kapital, und die Unternehmen sind dem rauen Wind der Kapitalmärkte ausgesetzt.

«De-Risking», sagt Wieandt dazu, das klingt modern und

finanztechnisch sauber. «Zerstörer» will er nicht genannt werden, Beteiligungsmanager ist ihm lieber, auch wenn «Zerstörer» für die Ökonomen gar nicht so bösartig klingt, seitdem der Volkswirt Josef Schumpeter die Theorie von der «schöpferischen Zerstörung» aufgestellt hat. Das ist Wieandts Metier. Seine Doktorarbeit schrieb er 1994 über «Die Entstehung, Entwicklung und Zerstörung von Märkten durch Innovationen», vorgelegt an der Wissenschaftlichen Hochschule für Unternehmensführung (WHU) in Koblenz, die heute den Namen des deutsch-schweizerischen Milliardärs Otto Beisheim trägt. Dort hat er auch 1986 sein Studium begonnen. Nach dem Diplom ging er in die USA an die Kellogg School of Management, um den MBA-Titel zu erwerben. Inzwischen hat ihn seine Koblenzer Hochschule zum Honorarprofessor berufen. Er liest über Finanzunternehmen und publiziert über die «Transformation der Deutschland AG» sowie über die Strategie der Deutschen Bank.

Josef Ackermann entdeckte den fleißigen Mann schon früh. Er setzte ihn zunächst ein, um Abteilungen und Beteiligungen der Bankers Trust in das Imperium der Deutschen Bank zu integrieren. Anfang 2003 durfte er dann den Verkauf eines großen Beteiligungs-Portfolios der Deutschen Bank, zu dem Anteile an so unterschiedlichen Gesellschaften wie Center Parcs und United Biscuits gehörten, orchestrieren. Der Besitz wurde für 1,5 Milliarden Euro an die beiden eigenen Topmanager Ted Virtue und Graham Clempson verkauft, ein «Management-Buy-Out» im Unternehmerjargon.

Als Virtue die Bank mit dem Milliardenpaket verließ, durfte Wieandt dessen Job als «Global Head of Corporate Investments» zusätzlich übernehmen und wurde damit Herr über alle verbleibenden Private-Equity- und Venture-Capital-Aktivitäten, sämtliche Industriebeteiligungen und das Immobilienvermögen der Bank. Damit hat er jetzt nicht nur zwei Hüte auf dem Kopf, sondern auch ein ganzes Bund von Schlüsselfunktionen in seinen Händen. Im Turm A der Deutschen Bank zählt

Wieandt nun auch zu den Nutznießern des millionenschweren Vergütungsprogramms, die von den Managern der Deutschen Bank «DB Equity Units» genannt werden.

Den Rat seiner Exkollegen von McKinsey und Boston Consulting schätzt er bei seinen Strategieplanungen nicht besonders. «Wir haben das Consulting-Budget heruntergefahren und setzen Berater nur noch gezielt ein.» Sie lieferten zu viele Ideen, die die Organisation gar nicht verwirklichen kann. Wieandt kommt es auf die konsequente und nachhaltige Umsetzung von Strategien an.

Ob es die Deutsche Bank noch gibt, wenn er 60 wird? Eine Zwanzig-Jahres-Prognose scheint ihm zu gewagt. Allenfalls möchte er sich auf eine Zehn-Jahres-Perspektive einlassen. Axel Wieandt ist davon überzeugt, dass die Deutsche Bank auch dann noch unter den weltweit führenden Investmentbanken sein wird. Allerdings weiß er besser als viele andere um die Schnelllebigkeit der Finanzmärkte. Er erlebt die ständig steigende Drehzahl, mit der stetig wachsende Kapitalvolumina auf die Finanzmärkte geschleudert werden, und er weiß auch, dass viele Unternehmen die gewaltigen Zentrifugalkräfte nicht schadlos überstehen werden. «Kapital wird dabei immer mehr zur handelbaren Ware», sagt er. Er spricht nachdenklich vom Risikomanagement, das notwendig ist, um die kommenden Schocks und Krisen zu ertragen: globale Preisblasen, rechtliche und politische Risiken, soziale Spannungen und auch die zunehmende Ungleichverteilung des Wohlstands.

Die nächste Generation wird wohl noch weniger Zeit haben, ihr Selbstverständnis zwischen heimischer Bodenständigkeit und globalem Bewegungsdrang zu entwickeln und zu hinterfragen.

Spätestens im Jahr 2010 dürfte diese Generation bei der Deutschen Bank an die Macht kommen. Dann nämlich läuft der Arbeitsvertrag von Wieandts Mentor Josef Ackermann aus.

Dann wird der Bub aus dem Sarganserland seine «Lebensabschnittsgeschichte mit Deutschland» beenden. Es sei denn, das

Düsseldorfer Landgericht verurteilt ihn rechtskräftig. In diesem Fall wird Josef Ackermann bei der Deutschen Bank sofort ausscheiden. Einen «goldenen Fallschirm» mit hohen Abfindungszahlungen hat er dafür nicht vereinbart. «Ohne Leistung kein Geld», meint er dazu. Mit sich selbst ist er strenger als mit seinen Managerkollegen.

Anhang

Chronik: Ackermanns Karriere

> «Es ist an sich traurig, dass Delinquenten in den Archiven verewigt bleiben, während diejenigen, die stets recht und ehrenhaft lebten, der Vergessenheit anheim fallen. Unser Staat ist leider mehr zum Strafen berufen als zum Anerkennen.»
>
> *Aus der Dorfchronik der Gemeinde Mels*

1948 Geburt am **7. Februar** in Walenstadt. Kindheit in Mels im Kanton St. Gallen.

1955 Primarschule in Mels.

1967 Kantonsschule in Chur im altsprachlichen Zweig. A-Matura.

1967 Wirtschaftsstudium an der Hochschule St. Gallen.

1977 Dissertation in St. Gallen bei Professor Hans Christoph Binswanger mit der theoretische Analyse «Der Einfluss des Geldes auf das reale Wirtschaftsgeschehen»; Lehrauftrag in Volkswirtschaft. Heirat mit der finnischen Volkswirtin Pirkko Mölsä.
Beginn der Banklaufbahn bei der Schweizerischen Kreditanstalt.

1978 Ackermann wird in der Schweizerischen Kreditanstalt (SKA) Assistent von Generaldirektor Robert Jeker. Mehrere Stationen im Ausland, darunter London und New York.

1984 Geburt der Tochter Catherine.

1990 Aufstieg in die Generaldirektion der SKA (heutige Credit Suisse Group).

1993 Mit 44 Jahren wird Ackermann zum Präsidenten der Generaldirektion der SKA gewählt. Er bleibt die Nummer zwei, weil sein Mentor Rainer E. Gut im Verwaltungsrat der Bank nach wie vor die Zügel in der Hand hält.

1996 Ackermann wird von Verwaltungsratspräsident Rainer E. Gut beim Aufbau der neuen Struktur der Credit Suisse Group nur als Leiter der Investmentbanking-Division berücksichtigt, bei strategischen Planungen wird er übergangen. Er nimmt im Juli den Hut.
Im Herbst Einstieg in die Deutsche Bank als Vorstandsmitglied. Die Eigenkapitalrendite vor Steuern (IAS) beträgt in diesem Geschäftsjahr 17,1 Prozent.

1999 Josef Ackermann wird am **28. Mai** Mitglied des Aufsichtsrates der Mannesmann AG. Er gehört dort dem «Ausschuss für Vorstandsangelegenheiten» an, der über die Gehälter für die Vorstandsmitglieder entscheidet.

Im November unterbreitet Vodafone-Chef Sir Christopher Gent Mannesmann-Vorstand Klaus Esser ein Übernahmeangebot. Esser lehnt ab. Wenige Tage später richtet Vodafone das Übernahmeangebot direkt an den Aufsichtsrat. Die Abwehrschlacht kostet 320 Millionen Franken, mehr als 200 Millionen Euro.

2000 Am **3. Februar** besiegeln Esser und Gent die Fusion ihrer Konzerne.

Am **4. Februar** wird Ackermann unterrichtet, dass Großaktionär Hutchison Whampoa einen «Appreciation Award» in Höhe von 10 Millionen Pfund für Esser vorschlägt. In einer Sitzung unter vier Augen trägt Aufsichtsratschef Joachim Funk den Wunsch an Ackermann heran, auch eine Anerkennungsprämie zu erhalten – 3 Millionen Pfund.

Großaktionär Hutchison war einverstanden. Ackermann unterrichtete das nicht anwesende Gremienmitglied Klaus Zwickel per Telefon. Esser wollte nur annehmen, wenn das Geld von Mannesmann komme und sein Team ebenfalls bedacht würde. Daraufhin regte Hutchison einen weiteren Fonds mit 10 Millionen Pfund für Manager an. Esser kommen danach aktienrechtliche Bedenken.

Am **14. Februar** veranlasst Esser, dass Anerkennungsprämien für Vorstandsmitglieder in das Gehaltsabrechnungssystem eingegeben werden. Nach Offenlegung der Zahlungen im Vodafone-Börsenprospekt bricht ein Sturm der Entrüstung aus.

Am **17. Februar** unterrichtet Ackermann die Mitglieder des Aufsichtsrates. Vielen blieb danach unklar, wer die Anerkennungsprämien von 20 Millionen Pfund bezahlt: Mannesmann, Vodafone oder Hutchison Whampoa. Ein Prüfer erhebt Einwände. Laut Anklageschrift der Staatsanwaltschaft Düsseldorf «fertigten die Angeschuldigten Esser, Funk, Ackermann (...) in arbeitsteiligem Zusammenwirken ein auf den 17. Februar rückdatiertes Beschlussprotokoll, um die Auszahlungen durch den Anschein einer Rechtsgrundlage zu ermöglichen». Ackermann unterzeichnet das Protokoll erst nach dem 21. Februar. Später wird im Umlaufverfahren erneut über die Prämie für Esser entschieden.

Am **27. März** werden von Mannesmann-Aufsichtsräten Einmalzahlungen an «Witwen und Waisen» beschlossen – laut Anklage mehr als 12 Millionen Euro über dem gesetzlichen Rahmen.

Am **28. März** wird ein neuer Beschluss über die Vergütungen von Ackermann als «Sicherheitsbeschluss» bezeichnet. Esser veranlasst die Zahlung von 10 Millionen Pfund brutto auf sein Konto.

Am **17. April** legt das Präsidium des Aufsichtsrates die Prämie für Funk auf 6 Millionen Mark fest – ein Drittel unter dessen Wunschvorstellung, für Ackermann eine «angemessene» Zahlung.

Im September entscheidet der Deutsche-Bank-Vorstand, dass Ackermann im Mai 2002 Nachfolger von Rolf-Ernst Breuer im Amt des Vorstandssprechers wird.

2001 **Im März** beginnt die Staatsanwaltschaft Düsseldorf mit den Ermittlungen gegen die Führungsmannschaft von Mannesmann.

2002 **Im Mai** wird Ackermann zum Chef der Deutschen Bank gekrönt.

2003 Am **17. Februar** erhebt die Staatsanwaltschaft Anklage gegen Ackermann, Zwickel, Esser und Funk sowie gegen einen früheren Konzernbetriebsrat und einen Manager aus der Rechtsabteilung. Der Vorwurf lautet auf Untreue in besonders schwerem Fall oder auf Beihilfe zur Untreue.

2004 Am **21. Januar** beginnt der Prozess gegen die Angeklagten im Fall Mannesmann vor dem Landgericht Düsseldorf. Am 31. März kommt es zu einer Zäsur im Mannesmann-Prozess: Die Richterin zieht mit einem Rechtsgespräch Zwischenbilanz und erklärt, dass bisher keine Straftaten erkennbar seien. Nach 37 Prozesstagen und der Vernehmung von 55 Zeugen halten die Staatsanwälte alle sechs Angeklagten hingegen in allen Punkten für schuldig. Ex-Aufsichtratschef Funk soll für drei Jahre ins Gefängnis. Ackermann soll nach dem Willen der Ankläger wegen schwerer Untreue zu zwei Jahren auf Bewährung verurteilt werden. Esser soll für zweieinhalb Jahre ins Gefängnis, Ex-IG-Metall-Chef Zwickel eine Bewährungsstrafe von einem Jahr und zehn Monaten erhalten. Die Verteidiger fordern in allen Fällen Freispruch.

Urteilsverkündung am **22. Juli**: Das Landgericht Düsseldorf spricht alle Angeklagten frei. Die Staatsanwaltschaft legt anderntags Berufung ein.

2005 Der Generalbundesanwalt bringt **im Mai** den Revisionsantrag beim Bundesgerichtshof ein.

Im Frühjahr verkündet Ackermann ein Rekordergebnis für die Deutsche Bank und verbindet dies gleichzeitig mit der Ankündigung eines Stellenabbaus von mehr als 6000 Arbeitsplätzen.

Die Eigenkapitalrendite vor Steuern, berechnet nach dem amerikanischen Rechnungslegungsstandard US-GAAP, beträgt 21,7 Prozent.

Der Bundesgerichtshof (BGH) in Karlsruhe verhandelt am **20.** und **21. Oktober** über den Fall. Die Bundesrichter lassen Zweifel an der Rechtmäßigkeit der Prämien erkennen und sprechen von «Geschenken». Am 21. Dezember hebt der BGH das Freispruch-Urteil des Landgerichts Düsseldorf auf und verweist das Verfahren zur erneuten Verhandlung an das Landgericht Düsseldorf zurück.

2006 Einen Tag vor der Bilanzpressekonferenz vom **2. Februar** verlängert der Aufsichtsrat der Deutschen Bank Ackermanns Arbeitsvertrag, der nun als Vorsitzender des Vorstandes oder amerikanisch als Chief Executive Officer bezeichnet wird, bis 2010. Im **Juni** kündigt Ackermann anlässlich der Hauptversammlung der Deutschen Bank an, im Jahr 2006 tausend neue Arbeitsplätze zu schaffen. Für rund 680 Millionen Euro erwirbt die Deutsche Bank die Bankgesellschaft Berlin. Die Medien nehmen die Übernahme als ein Bekenntnis zum Standort Deutschland wahr.

Ebenfalls im **Juni** bestimmt der Vorsitzende der Zehnten Großen Wirtschaftsstrafkammer am Landgericht Düsseldorf die Termine im Mannesmann-Verfahren. Die Hauptverhandlung gegen die sechs Angeklagten soll am 26. Oktober 2006 beginnen. 25 Verhandlungstermine sind im Gerichtssaal L 111 des Landgerichts reserviert – bis zum 28. Februar 2007. Sollten die Verhandlungen andauern, geht es im März 2007 weiter.

Verwendete Literatur und Quellen

1. Rechtsprechung

Staatsanwaltschaft am Landgericht Düsseldorf: Anklage gegen Prof. Dr. Funk u. a., Düsseldorf 2004, unveröffentlicht (Archiv des Autors)

Landgericht Düsseldorf: Untreuevorwurf wegen Verletzung aktienrechtlicher Pflichten – Mannesmann/Vodafone, Urteil vom 22. 7. 2004 – XIV 5/03, NJW 2004, Heft 45, S. 3275

Generalbundesanwalt, Revisionsbegründung zur Anklage gegen Prof. Dr. Funk u. a., Karlsruhe, unveröffentlicht (Archiv des Autors)

Bundesgerichtshof, Untreuevorwurf wegen Verletzung aktienrechtlicher Pflichten – Mannesmann/Vodafone, Urteil vom 21. 12. 2005 – 3 StR 470/04 – (LG Düsseldorf), NJW 2006, Heft 8, 522

Bundesgerichtshof: Untreue durch Zuwendungen aus dem Vermögen einer Aktiengesellschaft, Urteil vom 6. 12. 2001 – 1 StR 215/01 (LG Offenburg), NJW, Heft 21, 1585

Bundesgerichtshof: Pflicht des Aufsichtsrats zur Geltendmachung von Schadensersatzansprüchen gegen Vorstandsmitglieder – ARAG/Garmenbeck, Urteil vom 21. 04. 97 – II ZR 175/95 (Düsseldorf) NJW 1997, Heft 29, 1926

2. Rechtswissenschaftliche Publikationen

Adams, Michael: Vorstandsvergütungen, Die Fälle Mannesmann und DaimlerChrysler, in: Hans G. Nutzinger: Regulierung, Wettbewerb und Marktwirtschaft/ Regulation, Competition, and the Market Economy. Festschrift für C.-C. von Weizsäcker zum 65. Geburtstag, Göttingen 2003, S. 295–364

Bauer, Arnold: Mannesmann und die Folgen für Vorstandsverträge, LSK 2006, 170999

Baums, Theodor: Rechtsgutachten vom 22. 10. 2003, unveröffentlicht (Archiv des Autors)

Binz, Mark, und Sorg, Martin: Erfolgsabhängige Vergütungen von Vorstandsmitgliedern einer Aktiengesellschaft auf dem Prüfstand, Betriebsberater, 2002, 1273

Brauer, Markus: Die aktienrechtliche Beurteilung von «appreciation awards» zu Gunsten des Vorstands, NZG 2004 Heft 11, 502

Dierlamm, Alfred, und Links, Martin: BGH: Untreue – Pflichtwidrigkeit der Kreditvergabe, NStZ 2000 Heft 12, 656

Eidgenössische Bankenkommission (EBK): Verfügung der Übernahmekammer der Eidg. Bankenkommission in Sachen Saia-Burgess Electronics Holding AG betreffend die Empfehlung der Übernahmekommission vom 23. 8. 2005 – Abwehrmaßnahme, Bern 19. 9. 2005

Fleischer, Holger: Zur Angemessenheit der Vorstandsvergütung im Aktienrecht (Teil I), DStR 2005 Heft 30, 1279

Fleischer, Holger: Untreue Aufsichtsrat Vorstand Vergütung, DB 2006, 542

Fonk, Hans-Joachim: Die Zulässigkeit von Vorstandsbezügen dem Grunde nach – Aktienrechtliche Anmerkungen zum Urteil des LG Düsseldorf, NZG 2004, 1057 – Mannesmann, NZG 2005, Heft 6, 248

Geschwandtner, Markus: Josef Ackermann im Visier der Bundesanstalt für Finanzdienstleistungsaufsicht – Wirtschaftlich erfolgreich – Persönlich unzuverlässig, NJW 2006, 1571–1573

Götz, Heinrich, Die Pflicht des Aufsichtsrats zur Haftbarmachung von Vorstandsmitgliedern – Besprechung des ARAG-Urteils des BGH NJW 1997, Heft 49, 3275

Goette, Wulf: zu Bundesgerichtshof: Pflicht des Aufsichtsrats zur Verfolgung von Schadenersatzansprüchen gegen den Vorstand, DStR 1997 Heft 22, 880

Hamm, Rainer: Kann der Verstoß gegen Treu und Glauben strafbar sein?, NJW 2005, Heft 28, 1993

Hoffmann-Becking, Michael: Vorstandsvergütung nach Mannesmann, NZG 2006 Heft 4, 127

Hüffer, Uwe: Mannesmann/Vodafone: Präsidiumsbeschlüsse des Aufsichtsrats für die Gewährung von «Appreciation Awards» an Vorstandsmitglieder, Beilage Nr. 7 zu Betriebsberater, 2003, Heft 43, 1

Hüffer, Uwe: Aktiengesetz, 6. Aufl, München 2004

Jakobs, Günther: LG Düsseldorf: Untreue-Vorwurf wegen Verletzung gesellschaftsrechtlicher Sonderpflichten – Mannesmann/Vodafone, NStZ 2005, Heft 5, 276

Knauer, Christoph: Die Strafbarkeit der Bankvorstände für missbräuchliche Kreditgewährung, NStZ 2002 Heft 08, 399

Körner, Marita: Die Angemessenheit von Vorstandsbezügen in § 87 AktG – Eine unbeachtete Vorschrift?, NJW 2004 Heft 38, 2697

Kort, Michael: Das «Mannesmann»-Urteil im Lichte von § 87 AktG, NJW 2005 Heft 6, 333

Kort, Michael: Das «Aus» für nachträglich vorgesehene Vorstandsvergütungen ohne Anreizwirkung?, NZG 2006 Heft 4, 131

Lange, Oliver: BGH: Gesellschaftsrecht: Zu den gesellschaftsrechtlichen Grenzen des Handlungsspielraums eines Vorstandsmitglieds, DStR 2002 Heft 26, 1102

Lücke, Oliver: Die Angemessenheit von Vorstandsbezügen – Der erste unbestimmbare unbestimmte Rechtsbegriff?, NZG 2005, Heft 17, 692

Lutter, Marcus (Hrsg.): Festschrift für Martin Peltzer, Köln 2001

Lutter, Marcus, und Krieger, Gerd: Rechte und Pflichten des Aufsichtsrats, Köln 2002

Mertens, Hans-Joachim: Rechtsgutachten zu Fragen der Vergütung des Vorstandsmitglieds einer Aktiengesellschaft, unveröffentlicht

Pape, Torsten: Vergütungs- und Abfindungszahlungen an Vorstandsmitglieder deutscher Aktiengesellschaften im Fall feindlicher Unternehmensübernahmen, Dissertation, Jena, 2004

Ransiek, Andreas: Anerkennungsprämien und Untreue – Das «Mannesmann»-Urteil des BGH, NJW 2006 Heft 12, 814

Rönnau, Thomas, und Kristian Hohn: Die Festsetzung (zu) hoher Vorstandsvergütungen durch den Aufsichtsrat – ein Fall für den Staatsanwalt?, NStZ 2004 Heft 3, 113

Säcker, Franz Jürgen, und Boesche, Katharina Vera: Vom Gutsherren zum Gutsverwalter: Wandlungen im Aufsichtsratsrecht unter besonderer Berücksichtigung des Mannesmann-Urteils, BB 2006 Heft 17, 897

Schünemann, Bernd: Der Bundesgerichtshof im Gestrüpp des Untreuetatbestandes, NStZ 2006 Heft 4, 196

Schwark, Eberhard (Hrsg.): Kapitalmarktrechts-Kommentar: Börsengesetz mit Börsenzulassungsverordnung, Verkaufsprospektgesetz mit Verkaufsprospektverordnung, Wertpapierhandelgesetz, Wertpapiererwerbs- und Übernahmegesetz, München 2004

Spindler, Gerald: Vergütung und Abfindung von Vorstandsmitgliedern, DStR 2004 Heft 1–2, 36

Übernahmekommission (Swiss Takeover Board): Empfehlung V in Sachen Saia-Burgess Electronics Holding AG, Zürich 23. 8. 2005 (www.takeover.ch)

3. Monographien

Achleitner, Ann-Kristin: Handbuch Investment Banking, Wiesbaden 2000

Ackermann, Josef: Der Einfluss des Geldes auf das reale Wirtschaftsgeschehen: eine theoretische Analyse, Dissertation Hochschule St. Gallen, 1977

Ackermann, Josef: Akkreditive, Dokumentarinkassi und Bankgarantien – mehr Sicherheit im Auslandgeschäft, Zürich 1989

Ackermann, Josef: Erfahrungen beim Schulterschluss zweier Großbanken, St. Gallen 1994

Ackermann, Josef: Masse statt Klasse? Vom Wandel in der Finanzbranche, Vaduz 1998

Balkhausen, Dieter: Alfred Herrhausen. Macht, Politik und Moral, Düsseldorf 1990

Bär, Hans J.: Seid umschlungen, Millionen. Ein Leben zwischen Pearl Harbor und Ground Zero, Zürich 2004

Beinhocker, Eric D.: The adaptable corporation, The McKinsey Quarterly, 2006, Nr. 2, S. 76–87

Bernasconi, Paolo: Finanzunterwelt. Gegen Wirtschaftskriminalität und organisiertes Verbrechen, Zürich 1988

Binswanger, Hans Christoph, u. a.: Arbeit ohne Umweltzerstörung, Frankfurt/M. 1988

Bonini, Sheila M. J., Mendonca, Lenny T., und Oppenheim, Jeremy M.: When social issues become strategic, The McKinsey Quarterly, 2006, Nr. 2, S. 76–87

Brittain-Catlin, William: Offshore. The Dark Side of the Global Economy, New York, 2005

Burnham, James: The Managerial Revolution, New York 1972

Capgemini und Merrill Lynch: World Wealth Report, 2006

Craig, Gordon A.: Geld und Geist. Zürich im Zeitalter des Liberalismus, 1830–1869, München 1988 (engl.: The triumph of liberalism: Zürich in the golden age, 1830–1869)

Eichenwald, Kurt: Conspiracy of Fools. A True Story. New York 2005

Foster, Richard, und Kaplan, Sarah: Creative Destruction. Why Companies That Are Built to Last Underperform the Market – And How to Successfully Transform Them, New York 2001.

Friedman, Milton: Capitalism and Freedom, Chicago 1962 (dt.: Kapitalismus und Freiheit, München 1976)

Friedman, Thomas L.: The World is Flat, New York 2005

Galbraith, John K.: The Economics of innocent Fraud: Truth of Our Time, New York 2004 (dt.: Die Ökonomie des unschuldigen Betrugs, München 2005)

Gall, Lothar, u. a.: Die Deutsche Bank 1870–1005, München 1995

Grässlin, Jürgen: Das Daimler-Desaster. Vom Vorzeigekonzern zum Sanierungsfall, München 2005

Holliger, Carl M.: Die Reichen und die Superreichen in der Schweiz, Hamburg 1974

James, Harold: Die Deutsche Bank im Dritten Reich, München 2003
Jung, Joseph: Von der Schweizerischen Kreditanstalt zur Credit Suisse Group. Eine Bankengeschichte, Zürich 2000
Jung, Joseph: Zwischen Bundeshaus und Paradeplatz. Die Banken der Credit Suisse Group im Zweiten Weltkrieg: Studie und Materialien, Zürich 2001
Jung, Joseph: Alfred Escher 1819–1882. Der Aufbruch zur modernen Schweiz, Zürich 2006
Kopper, Christopher: Bankiers unterm Hakenkreuz, München 2005
Leemann, Eduard: Die Macht des Geldes. Globalisierung, Gier und Grenzen, Zürich 2006
Lewis, Michael: Liar's Poker, Rising Through the Wreckage on Wall Street, New York 1990
Lloyd, Henry Demarest: A sovereign people. A study of Swiss Democracy, New York 1907
Lowenstein, Roger: When Genius Failed. The Rise and Fall of Long-Term Capital Management, London 2002
Lowenstein, Roger: Origins of the Crash, The Great Bubble and Its Undoing, New York 2004
Lüchinger, René, und Nolmans, Erik: Rainer E. Gut. Bankier der Macht. Anatomie einer Karriere, Zürich 2003
Lundberg, Ferdinand: The Rich and the Super-Rich, New York 1968
Mabillard, Max, und de Weck, Roger: Der Fall Chiasso, Genf 1977
Maissen, Thomas: Verweigerte Erinnerung. Nachrichtenlose Vermögen und Schweizer Weltkriegdebatte 1989–2004, Zürich 2005
McKinsey & Company: The McKinsey Global Survey of Business Executives: Business and Society, The McKinsey Quarterly, 2006, Nr. 2, S. 33–39
McLean, Bethany, und Elkind, Peter: The Smartest Guys in the Room. The Amazing Rise and Scandalous Fall of Enron, New York 2004
Müller, Henrik: Wirtschaftsfaktor Patriotismus. Vaterlandsliebe in Zeiten der Globalisierung, Frankfurt 2006
Myers, Gustavus: The History of Great American Fortunes, New York 1916 (dt.: Die großen amerikanischen Vermögen, 2 Bde., Darmstadt 1969
Nolmans, Erik: Josef Ackermann und die Deutsche Bank. Anatomie eines Aufstiegs, Zürich 2006
Office of Military Government for Germany, United States Finance Division – Financial Investigation Section (OMGUS): Ermittlungen gegen die Deutsche Bank, bearbeitet von der Dokumentationsstelle zur NS-Politik, Hamburg, Nördlingen 1985
Palan, Roman: The Offshore World, London 2003

Phillips, Kevin: Wealth and Democracy. A Political History of the American Rich, New York 2002 (dt.: Die amerikanische Geldaristokratie, Frankfurt/M. 2003)

Platthaus, Andreas: Alfred Herrhausen. Eine deutsche Karriere, Berlin 2006

Pury, David de, Heinz Hauser und Beat Schmid (Hrsg.): Mut zum Aufbruch. Eine wirtschaftspolitische Agenda für die Schweiz, Zürich 1995

Sampson, Anthony: The Money Lenders, London 1981 (dt.: Die Geld-Verleiher, Reinbek 1987)

Sampson, Anthony: The Midas Touch, London 1989 (dt.: Globalmacht Geld, Hamburg 1990)

Sampson, Anthony: Company Man, London 1995 (dt.: Die Manager, Porträt einer Führungskaste, Hamburg 1996)

Schütz, Dirk: Der Fall der UBS. Zürich 1999

Schütz, Dirk: Gierige Chefs. Warum kein Manager zwanzig Millionen wert ist, Zürich 2005

Schwarz, Friedhelm: Die Deutsche Bank. Riese auf tönernen Füßen, Frankfurt/M. 2003

Seidenzahl, Fritz: 100 Jahre Deutsche Bank 1870–1970, Frankfurt/M. 1970

Sorensen, Theodore C.: Kennedy, New York 1965

United States Senate, Permanent Subcommittee on Investigations, Committee on Governmental Affairs: U.S. Tax Shelter Industry: The role of accountants, lawyers, and financial professionals, report prepared by the minority staff of the Permanent Subcommittee on Investigations released in conjunction with the Permanent Subcommittee on Investigations' hearings, Washington D.C., 2003

Weiß, Hans, und Schmiederer, Ernst: Asoziale Marktwirtschaft, Köln 2005

Wiggins, Robert, und Ruefli, Timothy W.: Sustained competitive advantage: Temporal dynamics and the incidence and persistence of superior economic performance, Organization Science, 2002, Heft 13, Nr. 1, S. 81–105

Wiggins, Robert, und Ruefli, Timothy W.: Schumpeters Ghost. Is hypercompetition making the best of times shorter?, Strategic Management Journal, 2005, Heft 26, Nr. 10, S. 887–911

Wittmann, Walter: Der helvetische Filz. Eine geschlossene Gesellschaft, Frauenfeld 2002

Personenregister